Dieter Bednarz
Überleben an der Wickelfront

Dieter Bednarz

Überleben an der Wickelfront
Vom Elternglück in den besten Jahren

Deutsche Verlags-Anstalt

Für Esther:
Alles ist nichts ohne dich.
Ohne die Kinder wäre es noch weniger.

Für Rosa, Lilly und Fanny:
Damit sie später mal wissen, wofür sie ihren Papa
gerne haben dürfen.

Und für alle, die eine Familie gründen:
Das kann dabei rauskommen!

Inhalt

Richtigstellung

Selbst wohlmeinende Mitmenschen äußerten während meiner Arbeit an diesem bescheidenen Werk die Vermutung, ich könnte mir mit meinen Bekenntnissen den Rest geben. Das ist falsch.
Richtig ist, dass ich bereits vor den ersten Zeilen völlig fertig war.

Ferner verwahre ich mich dagegen, die geschilderten Verhältnisse einzig darauf zurückzuführen, dass ich bei der Geburt unserer Kinder schon älter war.
Richtig ist, dass ich in den drei Jahren ihres Daseins rapide gealtert bin.

Ebenso haltlos ist die Annahme, die Liebe zwischen meiner Frau und mir gehe in der Flut der neuen Herausforderungen unter.
Richtig ist, dass wir uns durchaus erfolgreich am eigenen Schopf über Wasser halten.

Und besonders energisch trete ich der Unterstellung entgegen, dass ich unsere Kinder nicht über alles liebe.
Richtig ist, dass mir jeder Tag tausend Gründe beschert, sie ins Herz zu schließen – nur fällt mir manchmal keiner ein.

Hamburg, im Vollbesitz meiner verbliebenen Kräfte

Dieter Bednarz

Der Morgen oder
Ein Putzerfisch und vier Haie

Jede Geschichte hat einen Anfang und ein Ende. Manche beginnen mit einem Ende, das ein Anfang ist, bei manchen nimmt der Anfang kein Ende. Meine Geschichte fängt morgens an, wenn für normale Menschen der Tag beginnt, für mich aber ist er dann schon gelaufen. Morgens um sieben, für andere ist die Welt noch in Ordnung, stehe ich schon mittendrin in meinem täglichen Überlebenskampf, das heißt: Eigentlich sitze ich. Die erste Niederlage von vielen an diesem Tag droht mir an einem kleinen Ort, gerade dort, wo im alten Rom selbst der Kaiser zu Fuß hinging, ganz allein, ohne Sänftenträger, ohne Gefolge. Allein! Ich bin sicher, der Kerl hat es genossen, auf dem Örtchen mal seine Ruhe zu haben. Die hätte ich auch gern. Ich gäbe ein Kaiserreich für Ruhe.

Mein Reich ist allerdings nicht einmal groß genug, um die Tageszeitung voll zu entfalten. Das macht aber auch nichts, denn zum Lesen komme ich ohnehin nicht, nicht einmal zum schnellen Sichten der Schlagzeilen. Früher hatte ich auf meinem Örtchen eine ganze Bibliothek. »Ulysses« habe ich da in einem Monat weggelesen, so viel Zeit hatte ich.

Jetzt würde ich in vier Wochen nicht einmal die Stelle schaffen, an der ich heute so gern mit Leopold Bloom tauschen würde: »Auf dem Kackstuhl hockend, entfaltete er seine Zeitung und schlug auf den entblößten Knien die Seiten um«, beschreibt James Joyce die entspannte Variante des Stuhlgangs. Beneidenswert, sich seinem Innersten so ungestört widmen zu dürfen wie der gute Poldy. Aber der ist ja auch kinderlos. Mich bekümmert, dass das kleine Schild »Bloom's Place« an unserer WC-Tür nur noch ein Stück Erinnerung an meine Junggesellenwohnung ist. »Das Lesen macht den ganzen Menschen«, hat die Literaturnobelpreisträgerin Doris Lessing einmal geschrieben. So ein ganzheitliches Gefühl hatte ich schon seit Ewigkeiten nicht mehr.

Aber noch ist dieser kleine Platz mein Platz. Wenig mehr als ein Quadratmeter ist alles, was mir geblieben ist von unserer geräumigen Altbauwohnung. Früher hatte ich mal ein großes Arbeitszimmer. Das ist schon lange weg. Meine Steuererklärung erledige ich jetzt an einer Spanplatte auf den Heizungsrippen in unserem sogenannten Wohnzimmer. Stehpulte sollen ja gut sein für die Wirbelsäule. Aber selbst dieses Wenige verliere ich gerade an drei Zwerge, die den Aufstand proben. »Wenig macht die Art des besten Glücks«, tröstet mich meine Frau mit Nietzsche. Und verschwindet lautlos in die Kleiderkammer. Ich hingegen hocke da, mit heruntergelassenen Boxershorts, die eigene Brut an den Hacken, im Wortsinne. Bedrängt werde ich von meinen Töchtern Lilly und Fanny, den zweieinhalbjährigen Zwillingen, und ihrer jüngeren Schwester Rosa, ein Jahr alt.

Eigentlich sollte an der Tür in meinem Rückzugsgebiet inzwischen »Massada« stehen. Vielleicht liegt es daran, dass wir im alten jüdischen Viertel von Hamburg wohnen, am Grindel, vielleicht hat es auch damit zu tun, dass ich mich beruflich viel mit dem Nahen Osten beschäftige, aber wenn ich hier hocke und da draußen drei Bonsai-Terroristen mir den Krieg erklären, muss ich unweigerlich an die Felsenfestung in der Judäischen Wüste denken. Wie ich auf meiner Keramik-Anhöhe, so leisteten im Jahr 72 nach Christus hoch über dem Toten Meer 960 Israeliten dem römischen Gouverneur Flavius Silva beherzt Widerstand. Acht Monate wehrten sie alle Angriffe der 15 000 Mann starken Römertruppe ab. Dann musste ihr Anführer erkennen, dass ihr Ende nahe war. »Lasst uns lieber sterben, als von unseren Feinden versklavt zu werden«, soll er seinen Anhängern zugerufen haben, bevor sie sich alle in den Freitod stürzten. Massada wurde zu einem Symbol der Entschlossenheit eines Volkes, in seinem eigenen Lande frei zu sein.

Ich dagegen bin schon versklavt und ärmer dran als Onkel Tom. Der hatte zumindest seine Hütte. Tür zu. Ruhe. Bei mir schreien und poltern sie draußen, dass mir nur die Wahl bleibt zwischen Pest und Cholera: Lass ich die Kinder außen vor, brüllen sie mir nicht nur meine kleine Bude ein, sondern das ganze Haus, was weder dem familiären und nachbarschaftlichen Frieden dient, noch der eigenen Verdauung förderlich ist; gebe ich nach, muss ich nicht nur den ersten Autoritätsverlust des Tages einstecken, sondern kann auch gleich die Hosen wieder hochziehen und die Stellung räumen.

Aus reiner Notwehr habe ich kürzlich alttestamentarische Härte gezeigt und der Bande mal vorgeführt, was in dem blauen Behälter steckt, den ich vor dem Rasieren immer so schüttele. Dauerhaft auf Distanz halten konnte ich sie mit meinem Schaumwerfer nicht. Aber die weißen Kleckse in ihren Gesichtern haben sie zumindest zeitweilig in die Flucht geschlagen. Dafür eröffnete meine Frau eine neue Front: »Dann kannst du sie ja gleich vergiften!«, wies sie mich zurecht – und schaltete mir zur Strafe noch das Licht aus. Im Wiederholungsfall will sie mich vor den Europäischen Gerichtshof für Menschenrechte zerren. So ist es, wenn eine Mutter nicht nur Anwältin ihrer Kinder ist, sondern auch Volljuristin.

Andererseits würden mich wohl auch einige dieser modernen Pädagogen an den Pranger stellen. In deren Augen beraube ich meine Kinder der großen Chance, von ihrem Vater durch direkte Anschauung die autonome Notdurftverrichtung zu erlernen. »Damit ein Kind trocken und sauber wird, braucht es kein Topftraining, sondern Vorbilder«, schreibt der Schweizer Kinderarzt und Experte für Entwicklungspädiatrie Remo Largo: »Wenn seine Eigeninitiative erwacht, beginnt es Interesse an der Toilette zu zeigen. Es will dabei sein, wenn Eltern und Geschwister auf die Toilette gehen.« Der Kinderfreund Largo erklärt daher das WC zu einem Ort der offenen Tür: »Wenn Sie die Toilettentür hinter sich schließen und Ihrem Kind damit jede Möglichkeit zum Nachahmen nehmen, haben Sie als ›Preis‹ für ihre Diskretion einen unnötigen Mehraufwand zu leisten: Sie müssen dem Kind das Verhalten ›anerziehen‹.« Davon, dass auch Eltern einen Anspruch auf Achtung haben, und sei es nur für drei Minuten auf dem Klo, schreibt Largo nichts. Ich scheine der Einzige zu sein, der *Equal dignity*, die »Gleichwürdigkeit« von Eltern und Kindern, auch für das Verhalten der Kleinen gegenüber Vater und Mutter fordert.

Meine Devise, zumindest wenn es um die Verteidigung meines letzten Quäntchens Freiheit geht: Nur kein falsches Mitleid und keinen übertriebenen Trost! Dadurch verlieren Kinder nur ihre Bereitschaft, das Gegebene zu akzeptieren – meint auch der Fachmann Rudolf Dreikurs. Zu viel Mitgefühl fördere eine unangemessene Erwartungshaltung. »Ein solches Kind ist überzeugt, dass die Welt ihm etwas schuldet als Ausgleich für das, was es erlitten hat«, schreibt der Psychiater in seinem Buch »Kinder fordern uns heraus«. Familientherapeuten wie der Däne Jesper Juul verlangen sogar, dass wir Erwachsene unseren Kindern regelrechte »Sparringspartner« sind und ihnen »maximal qualifizierten Widerstand« entgegenbringen.

Vielleicht erfüllt mein Rasierschaum-Konter nicht unbedingt das Kriterium »qualifiziert«, aber es geht ja vor allem darum, »sich auf eine Weise auszudrücken, die ›Eindruck macht‹, und darum, ernst genommen zu werden«, so der liberale Däne. Im Juul'schen Sinne habe ich meinen Kindern also einen großen Gefallen getan, zumindest auf den zweiten Blick: »Kinder, die angeblich ihre Grenzen ›austesten‹, suchen gewissermaßen nach der wahren Persönlichkeit ihrer Eltern. Sie wollen wissen, wer ihre Eltern eigentlich sind und wofür sie stehen«, schreibt der Erziehungsberater in seinem Bestseller »Die kompetente Familie«. Das wissen meine Kinder nun: Ihr Vater ist ein Freiheitskämpfer.

Ob harte Hand oder Nachsicht, für alles lässt sich ein anerkannter Berater in der jüngsten Erziehungsliteratur finden. Irgendein Psychologe wird bestimmt irgendwo begründen, warum bilaterale Gespräche selbst mit Zweijährigen sinnvoll sind. So weit geht der Schweizer Largo nicht, der die Erziehung von drei Töchtern gemeistert hat. Aber nachdrücklicher, als mir lieb ist, weist er darauf hin, wie schwer es meine Kleinen gerade haben. Sie sind nämlich in einer Phase, in der sie schwanken zwischen ihrem Drang, selbständig sein zu wollen, und ihrer Angst, sich dann verlassen zu fühlen. Sie überfordern sich, so der Kinderarzt, in ihrem Wunsch, sich in dieser Welt durchzusetzen, und befürchten, die Zuneigung ihrer Eltern zu verlieren, wenn sie versuchen, auf eigenen Füßen zu stehen. Die armen Kleinen. Auf gar keinen Fall wollen wir sie durch überzogenes Elternverhalten weiter verstören. Darin sind meine Frau und ich uns immerhin einig.

Umstritten ist zwischen uns nur, wie weit wir sie gewähren lassen und wo wir ihnen Grenzen setzen. Bei diesem »Akt auf dem hohen Seil« (Largo) stürzen wir immer wieder ab. Ich jedenfalls habe für meine deutliche Ansage an die Kinder den Bestsellerautor Michael Winterhoff auf meiner Seite. In seinem Erfolgsbuch »Warum unsere Kinder Tyrannen werden« kritisiert der Psychiater, dass viele Eltern, aber auch Erzieher und Lehrer, das Gefühl dafür verloren haben, den Kindern die Begrenzung des eigenen Ichs zu vermitteln. Und genau diesen Fehler will ich nicht begehen. Dieser knappe Quadratmeter ist mein Reich, ich werde es verteidigen – so wahr mir Gott helfe und meine Frau mir nicht in den Rücken fällt.

Meine deutliche emotionale Reaktion auf den Ansturm der Zwillinge mit der Nachhut Rosa ist eigentlich ein ganz gesunder Reflex. »Authentizität« heißt das in der psychoanalytischen Praxis. Bezogen auf die Kindererziehung bedeutet das nichts anderes, als deutlich Freude und ebenso deutlich Ärger zu zeigen. Und zwar »spontan«.

Nichts leichter als das, für mich jedenfalls. Meine Frau behauptet, bei Winterhoff stehe auch was von »angemessen«, aber das ist typisch Juristin: In jedem Schriftsatz, den sie nicht selbst formuliert hat, findet sie etwas, das sie auseinanderpflücken kann.

Andererseits gebe ich als guter, vielleicht aber auch nur entnervter Vater letztlich nach und öffne die Tür zu meiner Zufluchtsstätte. Ich bin ja froh, wenn jemand noch was von mir lernen will, und sei es auch nur das Notdürftigste.

In Anbetracht meiner eigenen Geschichte räume ich gerne ein, dass meine Kinder es mit mir auch nicht ganz leicht haben. Doch erst durch die Auseinandersetzung mit schwierigen Personen oder problematischen Bedingungen reift der Mensch zur wirklichen Persönlichkeit heran, oder? Wie sollen meine Kinder Unerschrockenheit lernen, wenn nicht schon jetzt im spielerischen Ringen mit ihrem Vater?

Außerdem, sagt der Psychiater Dreikurs, erlebt das Kind in der Beziehung zu den Eltern die Gesellschaft im Allgemeinen. Und wir leben nun mal in harten Zeiten. Wenn es die drei später besser haben sollen als ich, dürfen sie sich nicht von Rasierschaum schrecken lassen. Aber ich fürchte, sie werden es wohl nicht weiter bringen. »Du alte Dame, du«, schimpft Fanny und sucht Solidarität bei der Mutter. Lilly zieht sich in ihre Schmollecke zurück. »Apfel fällt unter die

Baum«, sagt dazu mein Freund Marco, Kellner bei unserem Stamm-Italiener »Casa Mia«, voller Verständnis für die sich ähnelnden Verhaltensmuster von Tochter und Vater.

Allein Rosa, die für Lagerdenken noch zu klein ist, hält an mir fest. Vielleicht ist es aber auch nur ein frühkindlicher Angstreflex: Mit ihren kleinen Händen krallt sie sich in meine Wadenhaare und zieht sich an meinen Beinen hoch. Bloß nicht schreien, denke ich, auch wenn's wehtut, sonst weint Röschen, und dann weinen die beiden anderen gleich mit.

Zu den wenigen, denen ich mich noch nahe fühle in meinem neuen Leben als später Vater, gehört Britney Spears, die gestrauchelte Pop-Prinzessin. »Ich will mein Leben wiederhaben«, schreit der einstige Teenie- und Männerschwarm in der Luxuspsychiatrie die Ärzte an – und sehnt sich nach alten Erfolgen und vergangener Beliebtheit. Und auch ich sehne mich nach früher. Ich möchte einfach mal wieder duschen, ohne dass ein Krabbelkäfer die Schwingtür aufdrückt, wie unlängst Rosa: Plötzlich lag sie vor mir in der Duschwanne und war schneller nass, als ich mich bücken konnte. Aber wozu überhaupt noch duschen? Einige Sekunden Deospray tun es ja vielleicht auch, und Wasser spare ich obendrein.

Ich möchte mir auch mal wieder die Fingernägel schneiden, ohne dass jemand so heftig an mir zerrt, dass ich mir die Nagelhaut verletze. Ich mag es selbst kaum glauben, dass ich in meinem früheren Leben zur Maniküre gegangen bin. Das war sicherlich etwas übertrieben, was ich aber sagen will, ist, dass ich eigentlich mal ein gepflegter Mann war. Jetzt bin ich froh, wenn ich auf dem Weg in die Redaktion nicht in der U-Bahn angestarrt werde, weil ich in der morgendlichen Hast zu den falschen Socken gegriffen habe: Links trage ich eine blaue und rechts eine braune – und das zu schwarzen Schuhen.

Um kein Missverständnis aufkommen zu lassen: Ich habe nichts gegen Kinder, gegen die eigenen schon gar nicht, die möchte ich nicht mehr missen, trotz allem. Nur wäre es schön, wenn der Kindertag feste Zeiten hätte, so wie es für alles im Leben einen irgendwie geregelten Ablauf gibt. Von mir aus könnte der Kindertag sogar gerne früh beginnen, sagen wir, um sechs Uhr. Dann würde ich den Wecker auf fünf stellen, meinen Tee im Bett trinken, mich rasieren, duschen, dabei noch Radio hören, um zu wissen, was in der Welt über Nacht passiert ist; ja, vielleicht fände ich sogar noch Zeit, einen Blick in unsere zwei Tageszeitungen zu werfen und im Netz die neuesten Nachrichten anzuklicken. Also alles wie früher, nur alles etwas gestraffter.

Nach so einem Start in den Tag wäre ich auch bereit für die wunderbarsten Kinder der Welt, würde sie liebevoll aus ihren Bettchen heben, sie wickeln, anziehen und ihnen das Frühstück bereiten. Ich glaube, ich wäre ihnen dann ein wirklich guter Vater und meiner Frau auch eine spürbare Stütze.

Tatsache aber ist, dass wir sehr aufgeweckte Kinder haben. Gute Morgen sind solche, an denen Fanny so gegen halb sechs zu uns ans Bett kommt und stolz ins Schlafzimmer ruft: »Tertig!« Ich räume ein, das klingt sehr niedlich, aber das ändert nichts daran, dass es ein Schlachtruf ist. Danach gibt sie keine Ruhe mehr.

Ein schlechter Morgen hingegen beginnt damit, dass Fanny schon um vier auf sich aufmerksam macht: mit lauten Schreien aus dem Kinderschlafzimmer. Wenn Esther und ich dann schnell genug sind, können wir das Schlimmste verhindern, und Rosa wie auch Lilly schlafen weiter, während wir Fanny zu uns ins große Bett hinübertragen. Wenn wir nicht rasch genug aus den Federn kommen, hat Fanny nicht nur Rosa geweckt, sondern auch die in Sachen Nachtruhe eher ausgeschlafene Lilly.

Was sehne ich mich nach einem Aufwachen, wie es vor vielen Jahren Eric Malpass in seinem Klassiker »Morgens um sieben ist die Welt noch in Ordnung« beschrieben hat. Da schreckt der kleine Gaylord die liebe Verwandtschaft damit, dass er sie mit einem Tee aus dem Bett jagt, der aussieht »wie Kräutersauce«. Als ich das irgendwann in den frühen siebziger Jahren gelesen habe, fand ich die Vorstellung, von so einem Bengel um sieben aus dem Schlaf gerissen zu werden, fürchterlich. Jetzt würde ich Gold dafür geben, auf so geradezu zärtliche Weise geweckt zu werden.

Alle Versuche, den Kindern ein elternverträgliches Aufstehen anzuerziehen, sind bislang gescheitert. Über Wochen habe ich den Zwillingen aus einem Buch mit »Schmusegeschichten« vorgelesen, vor allem die mit dem Papa, der von seiner Tochter so liebevoll aus dem Schlaf geholt wird – mit einem Kuss auf die Stirn, auf die Augen, auf die Nase, auf die linke Wange, die rechte Wange und schließlich einem Kuss auf das Kinn. »Ui, die Bartstoppeln pieksen so schön!«, flüstert die kleine Ina dem Papa dabei ins Ohr. Nach dem letzten Morgen-Grauen habe ich das Buch zerrissen. Tertig.

Das Traurige an den schlechten Tagen ist, dass sie mit wachsender Kinderzahl zu normalen Tagen werden – Tagen, an denen ich von meiner Frau schon gedeckelt werde, noch bevor ich überhaupt aus dem Bett gestiegen bin. Das geht ganz schnell, etwa mit der Frage meiner Liebsten: »Wie war denn deine Nacht?« Sage ich: »Schlimm, ich bin dreimal raus, um Lilly den Schnuller zu geben«, so trifft mich spöttisches Blinzeln. Mit dreimal Aufstehen kann ich Esther nicht imponieren. Das wollte ich auch gar nicht, aber schließlich hat sie doch gefragt. Antworte ich aber, dass die Nacht »ganz okay« gewesen sei, weil ich mal fünf Stunden halbwegs durchgeschlafen habe, treffen mich neidvolle Blicke. »Dein Leben möchte ich führen«, höre ich noch, dann ist die beste Ehefrau von allen auch schon aus den Federn. Als wir uns vor zehn Jahren kennenlernten, hat mir imponiert, wie scharf sie als Rechtsanwältin vor Gericht auftreten konnte. Nun sitze ich manchmal im Bett wie auf der Anklagebank. Mein Vergehen: Verletzung der nächtlichen Solidaritätspflicht.

Dabei könnte ich »Spitzenvater des Jahres« werden. Eine Großbäckerei bei uns in der Nähe lobt 5000 Euro Preisgeld aus für zwei Väter, die »mehr Papa fürs Unternehmen« sind, weil sie Beruf und Familie unter einen Hut bringen, die »mehr Papa fürs Alter« sind, weil Mutter und Vater die Altersvorsorge gemeinsam gestalten, und die »mehr Papa fürs Kind« sind, weil sie eine »intensive Beziehung« zu ihrem Nachwuchs pflegen. Für die Preisstifter bricht der Superdaddy »mit der traditionellen Vorstellung, dass allein die Mutter für die ersten Monate und Lebensjahre eines Kindes zuständig ist«.

Das ausgesetzte Geld könnten wir gut brauchen, damit wären die Windelkosten für die nächste Zeit gedeckt. Vor allem aber würde mir guttun, dass mir jemand mal die Hand auf die Schulter legt und meine Verdienste für die Familie würdigt. Aber vor lauter Vaterpflichten hätte ich wohl ohnehin keine Zeit gehabt für die Preisverleihung. Ich finde ja nicht mal mehr Zeit, um ein wenig aufzuräumen.

Um Zeit zu sparen, müsste bei uns einer ran wie der legendäre Vielfachvater und anerkannte Experte für die »Abschaffung unnützer Körperbewegungen«, Frank B. Gilbreth. Der »knöpfte seine Weste von unten nach oben und nicht von oben nach unten zu, weil das Verfahren von unten nach oben nur drei Sekunden in Anspruch nahm, von oben nach unten dagegen sieben« – wohl weil man für den ersten Knopf von unten schneller das passende Knopfloch findet und sich nicht so leicht verknöpft. Ich habe jetzt in einem Katalog »Reißverschlusshemden« entdeckt, die könnten mir sogar 20 Sekunden bringen. Wenn ich dann noch wie Gilbreth zum Einseifen des Gesichts zwei Rasierpinsel benutze, weil das die Rasur um 17 Sekunden verkürzt, könnte ich sogar eine U-Bahn eher im Büro sein. Gilbreth hatte das Time-Management noch weitaus nötiger als ich. Der Mann hatte zwölf Kinder, von denen ihm zwei ein kleines Denkmal gesetzt haben mit ihrem Buch »Im Dutzend billiger«, das im vergangenen Jahrhundert auch viele deutsche Leser erheiterte, darunter meine Eltern und irgendwann auch mich. Allerdings habe ich den Gilbreths die Idylle mit dem Dutzend schon damals nicht geglaubt. Jetzt bin ich sicher, dass alles frei erfunden war. Bei uns ist mit drei Kindern schon Land unter, bei manchen unserer Freunde bereits mit einem – wie sollte man da ein Dutzend überleben? Andererseits ist der potente Vater ja auch nur 55 Jahre alt geworden.

Eigentlich müsste ich mich auch mit zwei Apparaten rasieren, wie Gilbreth es versucht hat, um Zeit zu sparen. Allerdings hat er als Nassrasierer zwei Minuten verloren für die Verpflasterung seiner Schnittwunden. Ich würde wahrscheinlich verbluten, weil ich in unserem Chaos stundenlang nach Pflastern suchen müsste.

Überhaupt sieht es bei uns in der Wohnung aus, als stünde unten »M. Essi« auf dem Klingelschild: Von den Decken hängen nackte Glühbirnen wie in einem Rohbau; auch ein Jahr nach dem Einzug in die neue Wohnung sind noch mindestens 40 Kartons nicht ausgepackt. Wohin auch mit dem Zeug? Um ein vernünftiges Wohnzimmerregal zu kaufen, müsste man mal einen Samstag, vielleicht auch zwei, ohne Windelträger durch die Einrichtungshäuser ziehen; für Schränke im Bad wäre mindestens ein weiteres Wochenende zum Sichten der Angebote fällig. Vielleicht hätten wir bei dem »unmöglichen Möbelhaus aus Schweden« zumindest schon einen Spiegel für die Diele gekauft, wenn wir unsere Kleinen im »Småland« zwischenlagern dürften. Von halb zehn morgens bis zur Tagesschau könnten wir uns meterweise mit »Billy« eindecken. Doch unsere Wohnung wird frei bleiben vom preiswerten skandinavischen Chic, weil unsere Kinder noch zu klein sind, um sie an der Kasse abzugeben. »Småland« nimmt den Nachwuchs der Kunden erst ab drei Jahren an – angeblich aus Sorge, dass die Jüngsten im Bälle-Bad ertrinken könnten.

Dass ich früher mal Lust und Muße hatte, mich für Kunst und Kultur zu interessieren, glaube ich inzwischen selbst nicht mehr. Was ist nur aus meinem Bild von Ulrich Tukur geworden? Auf die weiße Leinwand hat der Schauspieler nicht nur einen Skifahrer gemalt wie so oft gegen Ende der Aufführung des Stückes »Kunst« von Yasmina Reza. Der Künstler hat es sogar zusammen mit seinen Kollegen Dominique Horwitz und Christian Redl signiert. Die Leinwand verschimmelt jetzt irgendwo im Keller. Auch die Lithographie »Sonnenblume mit Schreibmaschine« von Günter Grass, mit eigenhändigem Namenszug versehen, verstaubt jetzt hinter irgendeiner Kommode. Ich, der Junge aus dem Ruhrpott, war doch so stolz auf meine kleine Sammlung.

Dafür ist unsere Behausung total kindgerecht. Alle scharfen Kanten sind abgeklebt. Besonders das offizielle Wohnzimmer – Heizkörper, Fernseher, Plattenkiste, Couch und Tisch – sieht aus, als seien wir Schaumstoff- und Kreppbandfetischisten. Egal, wir haben ohnehin kaum Gelegenheit, es uns darin gemütlich zu machen. Es soll mir jetzt bloß keiner mit Rousseau kommen, dem französischen Philosophen, der mal formuliert hat: »Die wichtigste und nützlichste Regel aller Kindererziehung ist nicht, Zeit zu gewinnen, sondern sie zu verlieren.« Aber haben dem guten Jean-Jacques morgens schon Kinder gleich dreifach zugesetzt? Nein. Den eigenen Nachwuchs hat der Besserwisser ins Heim gegeben, zu den *enfants trouvés,* den Findelkindern. Rousseau, der in seinem Bildungsroman »Emile oder über die Erziehung« dafür eintritt, Kinder und Jugendliche sich selbst und der Natur zu

überlassen und möglichst von den Einflüssen der Zivilisation
fernzuhalten, rechtfertigte sich später mit seinen finanziellen Verhältnissen: Seine Arbeit sei schlecht oder gar nicht
bezahlt worden, weshalb seine Frau Thérèse für die gemeinsame Haushaltskasse habe arbeiten müssen. Und da sei nun
mal keine Zeit für den Nachwuchs gewesen. Die finanzielle
Not kann ich als Vater von drei Kindern gut nachempfinden –
aber hergeben würde ich unser Trio Infernale nie.

Trotzdem spricht mir Harald Schmidt aus dem Herzen.
»Laut Umfrage«, lästerte der Entertainer und Mehrfach-
vater, »lieben 75 Prozent der Deutschen Kinder, der Rest
hat welche.« Und je mehr man hat, desto unglücklicher wird
man, jedenfalls lässt sich das aus einer Studie der Universität
Pennsylvania herauslesen. Danach sind Männer und Frauen
mit einem Kind glücklicher als Vergleichspaare ohne. Das
zweite und dritte Kind aber fügt bei Müttern wie Vätern
dem Familienglück nichts hinzu. Die befragten Frauen
gaben sogar an, sie seien mit nur einem Kind glücklicher
gewesen als mit mehreren. Allerdings zeigten sich auch die
strapazierten Mehrfachmütter immer noch glücklicher als
die kinderlosen Vergleichsfrauen. »Wer sein persönliches
Glück absichern möchte«, meint dazu der für die Auswer-
tung der Interviews zuständige Soziologe Hans-Peter Kohler,
»sollte sich einmal reproduzieren und die Familienplanung
nach diesem Kind beschließen.«

Mit den Kindern ist es wohl wie mit den Bestzeiten beim
Laufen. »Je älter ich werde, desto schneller war ich früher«,
heißt es unter Joggern, zu denen ich – bis die Kinder kamen –
als Gelegenheitsmarathoni zählte. Und je erwachsener die
Kinder sind, desto schöner wird dann im Rückblick die Win-
delzeit. Nur so kann ich mir die vielen liebevollen Worte
erklären, die Petra Gerster in ihrem Buch »Reifeprüfung«
dazu notiert. »Kinder setzt man nicht in die Welt, um sich
zu opfern, sondern um sich selbst in ihnen wiederzuerken-

nen und zu spiegeln und in ihnen irgendwie weiterzuleben«, schreibt die ZDF-Moderatorin in ihrer Lebensbilanz als »Frau von 50 Jahren«. Und so zählt sie auf, wie schön das Leben mit Kindern ist. Weil Weihnachten ohne sie trostlos wäre, weil Altwerden ohne sie noch schwieriger wäre, als es ohnehin schon ist, und weil, so Gerster, »überhaupt Kinder das beste Anti-Aging-Programm« seien. Vielleicht wird mir zu meinen Kindern auch viel Gutes einfallen, wenn sie irgendwann mal aus dem Haus sind. Hier und heute sind sie der Alterungsschub schlechthin und haben mich in fast drei Jahren mehr Nerven gekostet als mein auch nicht gerade unanstrengender Job in einem Vierteljahrhundert.

Früher war ich nicht so dünnhäutig. Da war ich geschätzt für meine Geduld, heute bin ich leicht reizbar. Vor allem daheim sind meine Ausbrüche unüberhörbar, selbst für Mitbewohner in oberen Stockwerken. Dafür schäme ich mich aber schon lange nicht mehr, denn ist die Stimme erst ruiniert, lebt es sich gänzlich ungeniert. Und es muss den Kindern gar nicht mal schaden, behauptet der australische Psychologe und Familientherapeut Steve Biddulph: »Ärger oder Wut gegenüber Kindern oder in ihrem Beisein zu äußern« sei »nicht grundsätzlich negativ«, schreibt er in seinem Buch »Das Geheimnis glücklicher Kinder«. Biddulph: »Im Gegenteil, Kinder müssen lernen, dass Eltern ärgerlich sein und lautstark Spannungen abreagieren können – und sie selbst trotzdem nicht in Gefahr sind.« Problematisch werde es erst dann, wenn die positiven Botschaften nicht ähnlich kräftig und verlässlich ausfielen. Auch sonst steht der Mann mir nahe. Von seinem eigenen Nachwuchs spricht Biddulph nicht als Kindern, sondern er nennt sie Wombats. Das ist eigentlich ein australisches Nachttier, das aussieht wie eine Kreuzung aus Hausschwein und Goldhamster. Da finde ich es geradezu respektvoll, wie ich über meine Kinder rede, diese kleinen Biester, diese Nervensägen.

Tatsächlich sind Fanny und Lilly derzeit in einer etwas nervigen Phase, die Amerikaner bezeichnen das Alter als »*the terrible twos*«, die schreckliche Zeit, wenn die Sprösslinge so um die zwei Jahre alt sind. Bei uns nennt man das oft die »Trotzphase«, die mit dem zweiten Lebensjahr beginnt und in der die Kinder die Welt und ihren eigenen Willen entdecken. Als »Selbständigkeitsalter« apostrophiert der verständnisvolle Däne Juul diesen Entwicklungsabschnitt – der angeblich erst mit dem Auszug aus dem Elternhaus endet. Wenn ich allerdings so manche Zeitgenossen erlebe, scheint die Trotzphase zumindest bis zur Rente zu währen. Was deren Eltern wohl alles falsch gemacht haben?

Damit wir nicht ganz so viel verkehrt machen, haben wir die Erziehung auf viele Schultern verteilt, notgedrungen. Anders würden wir gar nicht über die Runden kommen. Unsere kleine karitative Einrichtung in des Wortes wahrer Bedeutung von »fürsorglicher Liebe« besteht aus drei Chefs, drei Angestellten und zwei Sklaven. Unter Fanny, Lilly und dem Juniorboss Rosa arbeiten stundenweise die Oma, das Kindermädchen Janne und die helfende Hand Tina; die Leibeigenen sind Esther in der Position der Vorarbeiterin und ich als Handlanger. Damit haben wir mehr Hilfe als viele andere, aber eigentlich nicht genug, wenn man das afrikanische Sprichwort bedenkt: »Um ein Kind aufzuziehen, braucht man ein ganzes Dorf.«

Mein Einsatz beginnt mit dem Frühstück. Das ist Vatersache, schließlich sind nach Meinung von Erziehungsexperten die Mahlzeiten, die wir unseren Kindern vorsetzen, bezeichnend für die Liebe und Fürsorge, die wir ihnen zukommen lassen. Also setze ich mit viel Liebe und noch mehr Fürsorge Haferflocken auf. Das kann ich, und die essen die Kinder gern. Danach aber bricht das Chaos aus: Lilly, unsere Frankophile, schreit nach »Chong«. Dass es Croissants nur samstags gibt, versteht sie nicht und weint erst mal. Rosa will eine Birne, aber geschält, Fanny den Apfel mit Schale und Lilly nun »Appellmuss« mit Joghurt – und bitte exakt in dieser Reihenfolge: erst zwei Löffel Mus, dann »eins Schlach« Joghurt. Ein Löffel zu viel, und sie isst es nicht. Macht nichts, wenn ich das Kommando habe. Anders als meine Frau, die »Teller leer« verlangt, dulde ich Reste. Für die Kleinen ist Papa daher der Beste, zumindest dann.

Im Sinne der modernen Familienführung vertraue ich ganz auf die Eigenverantwortlichkeit meiner Kinder: Je weniger ich mich einmische, desto schneller lernen sie, das rechte Maß zu finden. Dabei kann ich mich auf den Schweizer Erziehungspapst Largo stützen. Der warnt ausdrücklich davor, »Essen zu einer aufgezwungenen Handlung« zu machen: »Antrainiert kann das Essen selbst nach Jahren für das Kind immer noch ein Vorgang sein, der nicht seinem eigenen Bedürfnis entspringt, sondern von den Eltern gewollt und durch die Eltern kontrolliert wird. Dass ein derartig anerzogenes Essverhalten zu Essstörungen führen kann, erstaunt nicht.« Meine Frau hingegen meint, Largo und ich seien nur konfliktscheu und bequem.

Das ist natürlich wieder eine dieser Spitzfindigkeiten, mit denen sie sonst ihr Geld verdient. Ich will doch nur verhindern, dass meine Töchter später magersüchtig werden oder Bulimie bekommen. Nur deshalb lasse ich sie wild mit Messer, Gabel und Löffel hantieren, und kleckern dürfen sie auch. »Ermutigung« heißt meine Devise bei Tisch. Nur um mir das Bodenwischen zu ersparen oder einen Teller zu retten, werde ich meinen Kindern nicht ihr Selbstvertrauen nehmen. »Mut zur Unvollkommenheit« fordert der Psychiater Rudolf Dreikurs von Eltern – und ich, der große Perfektionist, komme auf diese Weise auch dem unermüdlichen Kampf gegen meine eigene Natur nach, zum Wohle meiner Kinder. Was ich allein schon damit leiste, so früh am Morgen über meinen Schatten zu springen, das sieht natürlich keiner. Typisch.

Was soll's: Meine Rolle als Leibeigener zwingt mich nach der Haferflocken-Zubereitung ohnehin vorwiegend unter den Tisch. Während Esther oben schneidet und schmiert, einschenkt und rührt und die Kinder die Schwerkraft der Dinge erproben, liege ich meinen Frauen als Abfallbeseitiger zu Füßen. Dabei stelle ich mir Sisyphus immer als glücklichen Menschen vor. Allerdings glaube ich, dass seine Knie weniger gelitten haben als meine. Die sind so schorfig vom Rutschen, dass ich im Sommer keine kurzen Hosen mehr trage. Mein Freund Ralfi, selbst ein vom Vaterglück Geschlagener, sieht in mir die Landversion des Gemeinen Putzerfisches. Der ist für seine »besondere Angepasstheit« bekannt und sichert sich sein Überleben durch Symbiose mit dem potenziellen Aggressor. Beflissen hält er großen Haien das Maul und die Kiemenhöhlen sauber.

Für mich hat das Leben unter Tisch auch seine Vorteile. Es erspart mir etwa die Diskussion mit Esther über den richtigen Abstand der Kindergläser zur Tischkante. Ich finde, zehn Zentimeter sind ausreichend, um ein unbeabsichtigtes Hinunterstoßen beim Vorlehnen über den Tisch zu verhindern. Meine Frau sieht das anders. Erst kürzlich hat sie ein von mir abgestelltes Glas noch einmal zehn Millimeter weiter zur Mitte gerückt. »Sicherheitshalber«, säuselte sie. Muss ich mir das bieten lassen? Nein, muss ich nicht. Da werfe ich doch lieber einen Blick in die Zeitung und sitze da wie einst mein alter Herr. *My father, myself?* Gott behüte. Schnell wieder unter den Tisch, sicherer ist das.

Sobald die Fütterung vorbei ist, verschafft mir die Kriecherei sehr schöne Momente. Wenn meine drei Töchter dann so vor mir stehen, begegne ich ihnen auf Augenhöhe. Das ist auch pädagogisch ungemein wichtig, weil es das partnerschaftliche Moment in der Eltern-Kind-Beziehung unterstreicht. Allerdings will ich das mit der Gleichberechtigung nicht übertreiben. Kinder als Partner der Erwachsenen zu sehen, meint Tyrannen-Stürzer Winterhoff, sei eine gravierende »Beziehungsstörung«. Wer dem Kind Gleichberechtigung gebe, so der Therapeut, der sei zwar noch erziehungsberechtigt, aber kaum noch erziehungsbefähigt. Das allerdings bin ich aus Schlafmangel oft sowieso nicht. Ich bin froh, wenn oben am Tisch niemand merkt, dass mir die übernächtigten Augen noch mal zufallen – bis es scheppert, weil ich mit dem Kopf in die Kehrschaufel knalle.

Auch wenn ich von Haus aus Protestant bin, fühle ich mich, weil Esther nicht ohne Grund Esther heißt, in meinem Elend dem jiddischen Taten nah, dem ewigen Opfer der Mamme. Sich für die Familie abzuplagen ist für den Taten der Sinn des Lebens, wie mein Kollege Henryk M. Broder einmal geschrieben hat. Der Tate, so Broder, sei eine »tragikomische Gestalt, eine Mischung aus Angeber und Schlappschwanz, der vom Leben geprügelt, von seinen Kindern ausgepresst und von seiner Frau gequält wird«. Ich gehe jetzt kegeln, saufen oder einfach spazieren, das zu sagen schafft der Tate nicht, es wäre für ihn »gleichbedeutend mit Desertion«. Andererseits: »Auch in einem Knast gibt es so etwas wie Nestwärme«, wie Broder richtig anmerkt.

So beginnt mein Leben als Vater mit dem Ende des aufrechten Gangs, weit über den Knick im psychischen Rückgrat hinaus. An späte Väter wie mich muss Tilman Spengler gedacht haben, als er sein Buch schrieb »Wenn Männer sich verheben«. Die Sterne wollte ich meinen Kindern vom Himmel holen, und jetzt mache ich schon schlapp, wenn ich Rosa aus ihrem Gitterbettchen herausheben will, um sie auf der Wickelkommode anzuziehen. Ein Schmerz durchzuckt mich, zieht sich vom Rücken aus durch den ganzen Körper, lässt mich alle 200 Knochen und 600 Muskeln auf einmal spüren. Für den Seelenschmerz sorgt meine Frau: »Am leichtesten Kind verhoben«, spottet sie.

Mit Rückenschmerzen in den Ankleide-Nahkampf zu gehen ist denkbar schlecht. Wenn meine Frau mich abstrafen will, fragt sie scheinheilig: »Möchtest du die Kinder anziehen?« Dem kann ich mitunter noch entkommen. Selbst meine Frau ist für rationale Begründungen zugänglich, etwa dass der Zug nach Berlin nicht drei Windeln länger wartet. Weitaus ernster wird die Lage, wenn die Kinder fordern: »Papa, anziehen.« Drei erwartungsfrohe Kinder und ein ungeduldiger Vater – fehlt nur noch, dass wir wieder eine dieser engen Strumpfhosen erwischen oder eines dieser zu kleinen T-Shirts, die ich den Kindern nur mit Gewalt über den Kopf zerren kann. »Das passt alles nicht«, mault der Vater. »Deine Nervosität ist schuld«, analysiert die Mutter. »Mama, machen!«, rufen die Kinder. Na bitte, geht doch.

Mitunter entartet die Prozedur zum puren Machtkampf, wie so vieles in meinem neuen Leben. Dann bestimmen Fanny und Lilly, wer sie anziehen darf – und das ist immer der andere. »Papa, ne, Mama macht« oder umgekehrt. Fanny unterstreicht beides durch spitze Schreie, wie Oskar Matzerath, der Junge, der in der »Blechtrommel« von Günter Grass mit seiner schrillen Stimme Gläser zerspringen lässt. Obwohl selbst die besten Sopranistinnen mit höchsten Tönen keine Gläser klirren lassen können: Erwiesen ist jedenfalls, dass Babyschreie eine Lautstärke von 82 Dezibel haben – ein Presslufthammer schlägt nur wenig lauter auf das Trommelfell. Und Rosa, die das durchdringendste Organ hat, könnte sogar Baustellenlärm übertönen.

Oft genug lenken wir ein, weil zumindest einer von uns das Geschrei einfach nicht mehr erträgt. Wenn es ganz böse kommt, raunzt der andere dann genervt: »Schön, dass du so konsequent bist.« Manchmal schmollt danach die Mama, oder der Papa schlägt die Tür zu. Dass nach Untersuchungen der University of Michigan ein guter Streit heilsam für die Gesundheit sein kann, ist da nur ein schwacher Trost, wenn auch noch Lilly angezogen werden muss. Deren Stärke ist nicht das Schreien, sie stellt sich einfach tot, wenn ihr nicht angezogen wird, was sie gerade zu ihren Lieblingskleidungsstücken erkoren hat. Wie ein Sack Reis liegt sie dann da. Wenn sie das bei unserem Kinderarzt macht, steht im Protokoll: »L. zeigt unkooperatives Verhalten.« Wer immer sie dann anziehen muss, hat nur eine Chance: schnell nachgeben. Das wirft im Sommer keine Folgeprobleme auf – soll sie doch bei 30 Grad ihre geliebte Ringelstrumpfhose tragen und dazu von mir aus auch noch den dicken Wollpulli, den Oma ihr zu Weihnachten gestrickt hat.

Im Winter tun wir uns allerdings schwer, Lilly in den roten Sandalen, die sie so liebt, obwohl sie ihr längst zu klein sind, auf die Straße zu lassen. Ein krankes Kind können wir uns noch weniger leisten als einen Nervenkrieg mit unserer Stoikerin. Also bleiben wir beide konsequent beim Nein. Ach, es ist so schön, wenn wir mal einer Meinung sind. Nach einem Eimer Tränen und einer Handvoll Gummibärchen zum Trost trägt Lilly dann auch ihre Gummistiefel. Konsequenz ist alles, man muss nur reißfeste Nerven haben.

Aber es geht ja nicht nur um das Geschrei, auch nicht um meine wenigen ungestörten Minuten auf dem Papathron. Es geht nicht darum, ob die Lillys und Fannys dieser Welt nun eine Strumpfhose anziehen oder nur Socken – eine Lungenentzündung werden sie sich schon nicht holen. Ein bisschen darf man sich zudem wohl auch auf das Gefühl der Kinder für kalt und heiß, Wind und Wetter verlassen.

Nein, es stellt sich vielmehr die Frage: Wer erzieht hier eigentlich wen? Solange es sich nur um ein paar Stücke »Zauberzucker« dreht, die Lilly dem vom Büro emotional ausgelaugten Vater erst mit einem Lächeln und dann auch noch mit Schmusen auf dem Schoß abverlangt, geht es ja. Auch um eine nun aber allerallerallerletzte Geschichte von »Bob, dem Baumeister« streite ich mit Fanny schon lange nicht mehr. Geradezu bedrohlich wird es erst, wenn das liebe Mädchen zum unersättlichen Traubenzuckermonster mutiert, wenn auf die dritte Baumeister-Episode auch noch die vierte und fünfte folgen soll, obwohl seit einer Stunde Bettgehzeit ist und der DVD-Spieler schon zweimal ausgeschaltet war. Dann erahnen auch die tolerantesten Eltern, dass sie ihren Kindern auf den Leim gegangen sind, dass die Affen längst den Zoo übernommen haben oder, wie es der Despoten-Fachmann Winterhoff formuliert, die Eltern für die Kinder zu einem »steuerbaren Gegenstand« geworden sind. Für den Psychiater ist die sogenannte Freizügigkeit die Folge einer Beziehungsstörung, weil die Eltern gar nicht mehr merken, dass sie vor der zehnten Baumeister-Bob-Geschichte hocken, sondern nur noch den Frieden genießen. Als psychoanalytisch therapierter Vater wird mir dies natürlich nicht passieren. Dass ich zu meinem Chef kürzlich, als er mir die Bearbeitung einer kleinen Meldung auftrug, gesagt habe: »Baumeister, wir schaffen das!«, war nur ein Ausrutscher – jedenfalls werde ich das behaupten, bis man meine Mitgliedskarte im Bob-Club findet.

Was aus Kindern wird, wenn den Eltern die Abgrenzung misslingt, weiß ich aus eigener Erfahrung nur zu gut: Benutzt von meiner Mutter zur Befriedigung ihrer eigenen Bedürfnisse nach Anerkennung und Liebe, bin ich lange Zeit über die »Allmachtsphase« nicht hinausgekommen. In diesem Entwicklungsabschnitt, so Experte Winterhoff, erlebt sich das Kind »als ›am größten‹, ›am besten‹, ›am schönsten‹ und so weiter. Es ist nicht in der Lage zu begreifen, dass zu einer funktionierenden Beziehung auch die Bereitschaft zum Konflikt, das Aushalten einer Verweigerungshaltung beim anderen gehört«.

Wie hat es der Kabarettist Werner Schneyder so treffend formuliert: »Ein Kind zu erziehen ist leicht. Schwer ist es nur, das Ergebnis zu lieben.«

Immer wenn ich denke, dass es am frühen Morgen nicht schlimmer kommen kann, klingelt das Telefon. Solche Anrufe verheißen nichts Gutes. Besonders gefürchtet ist das Klingeln morgens um sieben. »Betreutes Wohnen, Bednarz«, melde ich mich in erprobter Beherrschung. Bei einem derart frühen Anruf kann es sich nur um eine Hiobsbotschaft von Janne handeln. Ohne die Janne läuft bei uns nichts. Und ohne uns wäre Janne mit ihrem Lehrerstudium bestimmt schon ein paar Prüfungen weiter. Dreimal in der Woche hilft sie aus, jeweils einen halben Tag lang. Wenn Janne früh anruft, dann ist sie krank, und wenn Janne krank ist, wird Esther und mir auch ganz elend. Wie sollen wir ohne Janne über den Tag kommen? Wer holt dann die Kinder aus der Krippe, wer geht mit ihnen auf den Spielplatz, wer mit ihnen einkaufen?

Außer von Janne kann ein so früher Anruf sonst eigentlich nur von der Oma kommen – und bedeutet gleichfalls eine Absage. Meist ist das nicht ganz so tragisch, da meine Schwiegermutter oft auch nur zur Unterstützung eingespannt wird, als Mitläuferin, etwa wenn ich montagnachmittags die Kinder abhole. Ein omafreier Tag kann sogar ganz entspannend sein, vor allem für meine Frau, denn Omas zehren auch an den Nerven, besonders an denen ihrer Töchter. Auch wenn es wunderbar ist, dass Omas umsonst helfen – ihren Preis haben sie trotzdem. Statt Geld wollen Omas nämlich Gefühl. Und wenn es nur das Gefühl ist, gebraucht zu werden, selbst wenn sie ausnahmsweise mal nicht gebraucht werden. Aber wer nimmt, muss auch geben, sogar der Schwiegermutter. Zudem brauchen wir unsere Oma, besonders, wenn Janne ausfällt.

Dass beide, Janne und Oma, zugleich ausfallen, passiert glücklicherweise höchst selten. Verlässlichkeit ist Omas

Stärke, auch mit 75 Jahren. Schließlich ist sie noch immer eine viel beschäftigte Frau, die mit ihrem Verein für jüdische Genealogie tausend Sachen unternimmt, die sie vor der Geriatrie bewahren. Da wollen wir ihr schon im eigenen Interesse nicht dreinreden. Je fitter sie bleibt, desto besser für uns. Flugreisen und Kreuzfahrten haben wir ihr allerdings strikt untersagt. Solange wir nicht mit Rosa aus dem Gröbsten raus sind, darf sich die Oma nicht mehr als eine Autostunde entfernen. Nur in Ausnahmefällen muss ich sie daran erinnern, welch atemberaubende Karriere sie mit dem Aufstieg von der Schwiegermutter zur Oma in den letzten Jahren hingelegt hat und dass sie die doch wohl nicht gefährden will. »Na gut, ich nehm 'ne Taxe«, schnarrt sie dann – und ist eine Viertelstunde später da.

Auch wenn das Leben mit Oma Hannelore nicht immer vergnügungssteuerpflichtig ist: Unter den Großmüttern des Landes zählt sie zur Spitzenklasse, denn nur 30 Prozent aller Omas hüten mindestens einmal die Woche ihre Enkel, um die Eltern zu entlasten. Und so flexibel wie Hannelore sind noch weitaus weniger. Unsere Oma kennt keine Schließzeiten wie die Krippe und will, anders als Janne, auch nicht ausgerechnet dann zu einem Konzert von »50 Cent« gehen, oder wie dieser amerikanische Hip-Hopper, Rapper oder was auch immer heißt, wenn wir ausnahmsweise abends mal eingeladen sind. Selbst mit ihrem Urlaub richtet sich die Oma nach uns – in der Hoffnung, dass wir sie mitnehmen. Aber Erholung mit der Schwiegermutter – das wäre ja die Quadratur des Kreises.

Existenziell weitaus weniger bedrohlich, aber nicht minder gefürchtet sind Anrufe gegen neun Uhr. Das kann nur was Berufliches sein. Auch wenn mich keiner der Kollegen oder Chefs so sieht: Mich verunsichert es, um diese Zeit in Unterhose und Socken am Telefon zu stehen, von der Dusche noch feucht hinter den Ohren, während am anderen Ende der Leitung einer sitzt, der bereits drei Dutzend Zeitungen gelesen hat und mich nun um meine Meinung zu einer aktuellen Nachricht bittet.

Ich freue mich ja, dass man mich überhaupt noch was fragt, und die Einschätzung kann ich normalerweise aus dem Ärmel schütteln, auch wenn ich ohne Hemd dastehe. Dennoch ist es mir unangenehm, wenn meine Ausführungen durch Schreianfälle im hinteren Teil der Wohnung untermalt werden. Je später die Anrufe, desto peinlicher. Wer auch mit 50 seine berufliche Zukunft noch nicht ganz abgeschrieben hat, sollte selbst als Journalist um diese Zeit zumindest auf dem Weg zur Arbeit sein.

Glücklicherweise haben wir ein großes Treppenhaus, in dem es meinen Feldforschungen zufolge ähnlich hallt wie in einer U-Bahn-Station. Also lasse ich das Handy klingeln, bis ich in Schlappen vor die Wohnungstür gestolpert bin, gehetzte Atmung macht sich ohnehin immer gut, und lasse ins Gespräch einfließen, dass ich schon unterwegs sei. Bei Anrufen kurz vor halb zehn gehe ich unten vor die Haustür und versichere meinem Chef: »Ich bin schon fast da.« Außer im Sommer dürfen die Anrufe aber nicht länger als zwei Minuten dauern, sonst holt man sich in Hamburg den Tod, wenn man so ohne Hose und Jacke vor der Tür steht.

Störender für den Familienfrieden als diese eher seltenen Anrufe sind E-Mails auf dem BlackBerry. Einfach nicht hinzusehen ist mir noch nicht gelungen. Es könnte ja wichtig sein. Wichtiger, als Rosa zu füttern? Die isst doch ihren Joghurt bereits alleine. Na ja, sie versucht es, und ich finde, das muss gefördert werden. Ich lasse Rosa mit dem Löffel schaufeln – das verstärkt ihr Autonomiegefühl, und ich gewinne einige Minuten für den Blick auf die eingegangenen Nachrichten. Mein Gewissen versuche ich mit dem Ergebnis einer Umfrage zu beschwichtigen: Danach lässt jeder vierte Deutsche sein Mobiltelefon sogar im Kino oder selbst im Theater klingeln. »Essen zeigt die Seele der Familie«, behauptet der Familientherapeut Juul. Ich bitte inständig, dass der hochgelobte Däne in diesem Punkt unrecht hat.

Leider enttäuscht mich Rosa. Jeder zweite Löffel geht daneben und landet auffällig woanders, nur nicht im Mund, weshalb Esther beim kurzen Kontrollblick in die Küche sofort bemerkt, dass ich meine Aufgabe nicht ernst genommen habe. »Sag doch, dass du Wichtigeres zu tun hast, ich kann auch das noch machen, kein Problem, Schatz«, flötet sie. Das Verständnis klingt gefährlich aufgesetzt. Schwups, schon ist das Lieblingsspielzeug aller Wichtigtuer unter meiner rechten Pobacke verschwunden. Ich will mich doch nicht vor meinen Pflichten drücken. Brav rühre ich das Kindermüsli neu an und beginne die gewohnte Futterarie: »Ein Löffelchen für Rosa, eins für Fanny und eins für Lilly, eins für Papa und keins für Mama.« Der Seitenhieb ist der Stimmung nicht förderlich. »Mach doch, was du willst«, zischt die beste aller Mütter und duscht lieber. Gut, dass Fanny und Lilly mich nicht mit Rosa alleine lassen. »Papa, du mich auch füttern«, ertönt es im Duett. Also rühre ich wieder Joghurt an mit »Appelmuss« und »Nüsli« für die Großen.

Rosa übt derweil weiter Selbständigkeit: einen Löffel in den Mund, zwei ins Gesicht, einen auf die Mikrowelle. Diesmal aber bin ich ganz der konzentrierte Putzerfisch, sind alle Spuren beseitigt, bis sich Madame, geduscht, geföhnt und parfümiert, aus dem Bad zurückmeldet. So ist wenigstens einer von uns schon mal angezogen.

Fertig sind wir beide.

Der Anfang oder
Ein beinahe glückliches Paar

Hin und wieder werden sie noch gemeinsam in der Öffentlichkeit gesehen. Am späteren Abend, wenn die Kinder schlafen, schlendern sie durch ihr Viertel. Diese Spaziergänge sind äußerst selten geworden. Wer schon auf dem Spielplatz war, muss abends nicht noch mal raus. Sie raffen sich dennoch auf. Um ihrer selbst willen.

Er sucht ihre Nähe, sie lehnt sich gern an seine Schulter, aber nicht sofort. Es dauert eine Weile, bis sie von der Mutter zur Frau wird, zu seiner Frau, nach der er sich sehnt. Ihr geht es nicht anders: Wenn sie sich umarmen lässt, sollen es die Arme ihres Mannes sein, nicht die des Vaters ihrer Kinder. Wenn sie sich dann nach einiger Zeit wiederfinden, als Paar, nur füreinander da, ohne den anderen wieder teilen zu müssen mit den Kindern, sind sie erleichtert. Unsicherheit bedrückt sie vor jedem dieser so seltenen Abendbummel: Werden sie sich auch diesmal wieder finden? Auch heute Abend, trotz der Auseinandersetzungen am Morgen?

Wenn es gute Abende sind, Abende, an denen das Kindermädchen länger Zeit hat, gehen sie noch zum Italiener. Zu ihrem Italiener, gleich um die Ecke, zu dem sie nur als Paar gehen, ohne Kinder. Der Luxus des »Verdi« liegt nicht in den weißen Decken und gestärkten Servietten, nicht in silbern schimmernden Kerzenleuchtern. Der Luxus des Restaurantbesuchs liegt für den Mann und die Frau darin, dass sie hier wieder ihre Zweisamkeit pflegen dürfen, wie damals, bevor die Kinder kamen. Hier haben sie gesessen am

Abend vor der Entbindung der Zwillinge, hier haben sie vor der Geburt von Rosa angestoßen auf ein gutes Gelingen.

Mit den Kindern gehen sie ins »Casa Mia«, den Inbegriff des guten und familienfreundlichen italienischen Lokals. Aber das Essen dort ist für sie stets eine Spaghettischlacht, bei der sie Eltern sind, nicht Paar. »*Tutto a posto e niente in ordine* – alles okay und nichts in Ordnung«, spottet man hier über die fünf. Früher, in ihrem ersten Leben, wurden sie auch hier mit Küsschen begrüßt und mit Handschlag verabschiedet. Jetzt sagen die Eltern beim Verlassen des Lokals: »Vielen Dank für die Nachsicht«, und ihre Stammkellner bekreuzigen sich. »Wenn ihr kommt«, klagt selbst der gutmütige Kellner Sebastiano, werde aus dem beschaulichen »Casa Mia« eine »*casa di pazzi*«: ein Irrenhaus.

Im »Verdi« hingegen sind sie nicht die »*trejfe Emerchen*«, wie die Oma auf Jiddisch spottet, wenn die Eltern als eine Art menschliche Abfalleimer die Reste von den Tellern ihrer Kinder schlucken. Anfangs, da sie noch lernen mussten, wie es ist, als Eltern mit Kindern essen zu gehen, hatten sie voller Zuversicht für sich selbst noch etwas bestellt. Das haben sie aufgegeben. Ihre Scampi wurden kalt, seine Rucola-Pizza pappig. Und die Kinder ließen ohnehin viel zu viel zurückgehen.

Wenn es ihnen an ihren Paar-Abenden ganz besonders gut geht, leisten sie sich ein wenig Larmoyanz: die Erinnerung an damals, an das Leben ohne Kinder, als sie noch das Geld und vor allem die Zeit hatten, in teure Restaurants zu gehen. Wie oft hat der kleine Angeber in ihm erzählt, dass seine Frau bei dem Prominenten-Italiener »Paolino« mal mit »*Ah, Avvocatessa*« begrüßt worden war – von einem Kellner, den sie zu dessen Zufriedenheit bei einem Scheidungstermin vertreten hatte. Ob Francesco sie in der »Osteria« noch mit Handschlag empfangen und zu ihrem Lieblingstisch Nummer 16 führen würde? Dort hatten sie an jenem 14. Oktober

1998, an dem sie sich das erste Mal begegneten, spontan zu Mittag gegessen. Seither waren sie möglichst an jedem 14. gekommen, immer Tisch 16.

Heute bleiben sie in der Nähe ihrer Wohnung, lange Abende können sie sich nicht mehr leisten. Sie bedauern das nicht, wenn sie wieder zueinander gefunden haben und er an ihrer Seite sitzt, ohne den trennenden Tisch zwischen sich und ihr. Bei einem Glas Rotwein können sie sogar darüber lachen, dass der letzte Kinobesuch lange her ist: Hochschwanger mit den Zwillingen hatte sie sich noch ins Filmtheater geschleppt, für eine Premiere, zu der Regisseur und Produzent ihre 5000 besten Freunde eingeladen hatten. Wann werden sie das nächste Mal die Zeit und Kraft haben für einen Kinoabend?

Spätestens auf dem Rückweg, wenn die Nähe, das Gespräch und der Kerzenschein den Graben der Alltagsbewältigung zwischen ihnen zugeschüttet haben, tastet er nach ihrer Hand, sucht deren Wärme. Er hält sie vorsichtig, aber dennoch fest umschlossen. Der Mann fürchtet den nahenden Abschied, wenn das Paar sich wieder auflöst in Vater und Mutter, obwohl die beiden die Stufen zu ihrer Wohnung gemeinsam hochgehen und dort unter dieselbe Decke schlüpfen. Wie viel werden sie noch preisgeben müssen von ihrem alten Leben? Wie oft werden sie noch so gehen dürfen, als Mann und Frau? Wie viel Kinder verträgt eine Beziehung? Und was überhaupt ist Glück?

Er hat sich mehr versprochen vom Vaterwerden, obwohl er gewarnt war. Er hat davon gelesen, dass der Faktor Kind auf der Skala der Glückseligkeit nur sehr kurzfristig für Höchstwerte sorgt. Der Himmel ist nicht hoch genug für die Wolke, auf der Eltern schweben müssten, um von ihren Kindern nicht wieder heruntergeholt zu werden. Andererseits erinnert er sich auch an Aussagen des russischen Schriftstellers Alexander Solschenizyn, der, was kaum vorstellbar scheint, selbst im Arbeitslager Glücksmomente erfahren hat.

Auch wenn der Vater sich nur in ganz wenigen Momenten als glücklich beschreiben würde: Dass er Glück gehabt hat, daran besteht kein Zweifel. Schließlich kommt das Wort Glück vom mittelniederdeutschen »Gelucke« beziehungsweise vom mittelhochdeutschen »Gelücke«, es bedeutet: die Art, wie etwas endet. Glück als der günstige Ausgang eines Ereignisses. Zufriedenheitsforscher sehen in Glück die Folge günstiger gesellschaftlicher Zusammenhänge und das Gefühl, das eigene Leben selbst in der Hand zu haben. Daran gemessen müssten Eltern zutiefst unglückliche Menschen sein.

Tatsächlich hat die von den Kindern eingeforderte ständige Verfügbarkeit das Paar längst ins soziale Abseits gedrückt. Den Freundeskreis, über Jahre gewachsen und früher nie näher analysiert, teilen der Vater und die Mutter inzwischen auf in alte Freunde mit Kindern und alte Freunde ohne Kinder und in jene sogenannten neuen Freunde, für die gar nicht hinzugefügt werden muss, dass sie Kinder haben, denn sie heißen eh alle nur »Papa von David« oder »Mutter von Mathilda«. Es sind die Kinder, die diese Freundschaften bestimmt haben, weil David mit Fanny spielen will und Lilly gerne mit Mathilda. Was für ein Glück, dass deren Eltern wirklich nett sind. Von den alten Freunden sind ihnen nur noch wenige geblieben. Bei den einen sind die Kinder schon groß oder zumindest aus dem Gröbsten raus, und die Freunde sehnen sich nach allem, nur nicht nach dem Geschrei von kleinen Kindern. Die Freunde ohne Nachwuchs haben sich zurückgezogen: Einige können nichts mit Kleinkindern anfangen, andere deren Anblick nicht ertragen, weil sie sich selbst so innig welche wünschen.

Ihre neuen Freunde hingegen unterscheiden die abgeschlafften Eltern in »Energiespender« und »Kraftsauger«. Zu Ersteren zählen etwa Wahida und Feh, die einen Garten haben und die Familie aus der großen Altbauwohnung mit dem niedlichen Balkon einladen, damit die Kleinen Auslauf haben und die Eltern einen bequemen Nachmittag. Dass bei anderen schon ein gepflegter Rasen zum Lackmustest für eine Freundschaft werden kann, hätte der Mann nie gedacht. Doch tatsächlich sorgen sich manche mehr um das Grün hinter ihrem Haus, das Bobby-Cars und Puppenwagen ruinieren könnten, als um das Nervenheil des Paares.

Mit den »Kraftsaugern« will das Paar, inzwischen beinharte Egoisten, nichts zu tun haben. Es ist viel zu erschöpft, als dass es noch Energie übrig hätte für Birthes Scheidungsdrama oder Svennies Seitensprung. Andererseits gilt eine Familie wie die ihre selbst als Kraftsauger, allein schon wegen der Umstände und Mühen, die das Paar macht, wenn es mit drei Kindern zum Besuch anrückt.

Das neue Leben stimmt aber auch gnädig gegenüber manchen früheren Freunden. Einigen hat der Mann inzwischen Abbitte geleistet, alte Vorwürfe der Vernachlässigung zurückgenommen. So bei Walter. Vor vielen Jahren haben sie mittags in der SPIEGEL-Kantine über Karrierechancen spekuliert, abends in Szenekneipen über das Leben philosophiert. Dann ist Walter aufgerückt zum Chef, umgezogen, Vater geworden. Der in Hamburg verbliebene Freund hat dennoch den Kontakt gehalten, die Beziehung durch viele Anrufe gepflegt. Bis es dem Mann ohne Kinder zu bunt wurde, immer wieder vertröstet zu werden, wenn Walter nach wenigen Minuten auflegen musste: »Die Kinder, du weißt schon.« Nein, er wusste nicht. Irgendwann hat er sich dann beschwert, dass Walter immer so kurz angebunden war, wenn er ihn anrief am Samstagnachmittag, am Sonntag oder auch einfach mal abends in der Woche. Erst jetzt, da er selbst zum Vater geworden ist, weiß der Mann, welch große Leistung Walter vollbracht hat, wenn er ihm manchmal trotz allem zugehört hat beim Lamento über die Zeitläufte. Die

Familie des Freundes zählt inzwischen sieben Köpfe – und Walter hat seinen noch immer nicht verloren.

Während die Bekannten von früher, die lebenslustigen Leichtfüße, die interessanten Neurotiker und all die anderen weitgehend Sorgenfreien aus dem Leben des Mannes und der Frau verschwinden, rückt neben Spielplatzbekanntschaften und Kindergartenkontakten jetzt auch die liebe Familie an: Onkel, Tante, Schwester, Schwager und wer sonst noch schnell beleidigt ist, wenn man Einladungen nicht annimmt oder ihnen beim besten Willen nicht nachkommen kann, weil mal wieder eines der Kinder krank ist. Dass die Einladung oder der Besuchswunsch eher den Kleinen gilt, ist klar.

Gesellschaftsfähig sind die abgekämpften Eltern schon lange nicht mehr. Niemand rechnet mehr damit, dass sie noch das Interesse haben, mit netten, spannenden Menschen, zu denen sie engeren Kontakt pflegten und die sie mitunter auch Freunde nannten, einen Wein zu trinken und mal über etwas anderes zu sprechen als Füttern und Fiebermessen. Aber dafür haben sie ja jetzt ihre Elternabende im Kinderladen. Bei drei Mädchen in zwei Gruppen bedeutet das alle paar Wochen einen Abend »Tigergruppe«, einen Abend für die »Löwen« und einen Termin für den Elternverein der »Strubbelkinder«.

Das Schöne an den Elternabenden ist, dass der Mann und die Frau dort auf Menschen treffen, die ihnen genau die Zuversicht nehmen, die sie längst verloren haben. Es sind Frauen wie etwa Ellen und Martina, die mit ihrem Wehklagen über die verlorenen »besten Jahre« beim Mann einen wunden Punkt treffen. Muss er sich das anhören? Oder haben die Mütter wirklich einen Grund zu klagen? Und warum berichten immer nur die Frauen von ihrem Leid? Weil ihre Männer nur Scheinväter sind, die trotz Kind ihr altes Leben weiterführen – auf Kosten der Frauen und auch der Kinder? Oder sind Frauen nur ehrlicher? Und was waren denn seine sogenannten besten Jahre? Waren es die Jahre der angeblichen Karriere zwischen 25 und 40? Waren es die Entwicklungsjahre, die er auf der Couch seiner Analytikerin verbracht hat? Waren es die ersten unbeschwerten Jahre mit seiner Frau, bevor der Krampf mit der Fruchtbarkeit begann?

Die ersten Jahre mit den Kindern jedenfalls zählt der frische Vater, der sich doch schon so abgehangen fühlt, nicht dazu. Das steht für ihn fest. Dafür war er in dieser Zeit zu einsam, obwohl er nie allein war. Früher hatten sie sich morgens gleich mit dem Aufwachen, noch bevor sie die Bettdecke zurückschlugen, geküsst und geherzt. Heute hingegen werden an idealen Tagen natürlich zuerst die Kinder beschmust – was bei dreien dazu führt, dass das erste Kind schon wieder schreit, weil es sich vernachlässigt fühlt, bevor das dritte genug Zärtlichkeit getankt hat. Darüber droht das Paar sich zu vergessen. Noch fällt es ihnen gelegentlich auf, dass da was war. Aber eilige Pflichtküsse sind keine Lösung. Enttäuscht zieht die Frau die Wange weg. So viel Undank wiederum für sein Bemühen um Harmonie, verträgt der Mann nicht, zumindest nicht am frühen Morgen.

Statt als Liebespaar sieht der Mann seine Frau und sich immer öfter als Bergsteiger – Hand in Hand in der steilen Wand, die sich Kindererziehung nennt. Jeder Griff muss sitzen, um Abstürze zu vermeiden. Obwohl sie geradezu symbiotisch aufeinander eingespielt sind, haben sie schon ein paar Mal den Halt verloren, sind gegen den Fels des Alltags geknallt, weil alles zu viel wurde, nachdem die Kinder auch noch eine zweite Woche krank waren. Dann hängen sie im Seil, halb leblos, halb hilferufend, und warten auf ihre Art von Bergwacht: Wo bleibt das Kindermädchen, wo die Oma? Aber auch: Warum nimmt uns keiner in den Arm? Wann ist es einfach mal nur still?

Vor zehn Jahren sind der Mann und die Frau einander begegnet. Ihre Ehe geht nun in das sechste Jahr, das verflixte siebte rückt dramatisch näher. Nie hat der Mann sich Gedanken gemacht über die Zeit miteinander – wie lange sie schon währte, wie lange sie noch halten würde. Erst seit die Kinder da sind, fürchtet er in ganz schlechten Stunden um ihre Beziehung. Vielleicht ist es aber auch nur die Erschöpfung, die Erfahrung der eigenen körperlichen wie seelischen Grenzen, die sich nun auf die Endlichkeit aller Dinge überträgt und damit auch auf ihre Ehe. Was hat er nicht alles unternommen, um seine Grenzen auszuloten, um sich zu spüren, um sich selbst zu beweisen. Er ist gelaufen, so weit er konnte, hat bei einem Dutzend Marathonläufen gemerkt, wie lang 42 Kilometer werden können; er ist getaucht, über 30 Meter tief, hat dabei Haie gefüttert, wenn auch nur kleine; er ist mehr als dreißigmal aus einem Flugzeug gesprungen, obwohl es dafür keinen vernünftigen Grund gab. Das braucht er alles nicht mehr. Seit er Kinder hat, weiß er, was der wahre Nervenkitzel ist, braucht seine Abenteuerlust gar nicht mehr geweckt zu werden, weil er ohnehin nicht mehr zum Schlafen kommt. Die ersten eineinhalb Jahre mit den Zwillingen waren wie ein Marathon im Taucheranzug; seit Rosa sie beglückt, hat er das Gefühl, auch noch mit einem Fallschirm auf dem Rücken zu laufen – einem geöffneten und gegen den Wind. Er muss keinen Ironman mehr hinter sich bringen. Er ist längst der Iron Dad, extremer geht es nicht. Dass er sich vor lauter Lebendigkeit erschlagen fühlt – nun ja.

Obwohl er ein Romantiker ist, hält der Mann nach bald drei Jahren mit Kindern eine alltagstaugliche Partnerschaft für wichtiger als Liebe. Liebe ergreift einen oder nicht, ist im schönsten Sinne unvernünftig. Das ist faszinierend, reicht aber nicht, wenn eine Beziehung auch mit Kindern gelingen soll. Partnerschaft dagegen ist planbar, lässt sich aushandeln.

»Wenn Sie mit Menschen sprechen, die lange zusammen sind, und sie fragen, wie sie das geschafft haben«, sagt der Paartherapeut Ulrich Clement, »reden die weniger von Liebe, sondern vor allem von dem Respekt, den sie füreinander empfinden.« Bringt seine Frau ihm noch Respekt entgegen?

Er muss daran denken, wie sie das Fläschchen für die kleine Tochter, das er zubereitet hat, noch einmal prüfend an ihre Wange hält – als ob er seiner Tochter kochend heiße Milch anbieten würde. Dazu fällt ihm ein zweiter Satz des Heidelberger Professors Clement ein: »Dieses Rumerziehen aneinander ist eine Dauerkränkung.« Als wichtigster Tipp für eine lange und gute Ehe rät Clement, sich an Kleinigkeiten »nicht hochzuziehen, den anderen nicht dauernd zu kritisieren«.

Richtig ist jedenfalls, dass in Amerika, wo schon immer die Trends gemacht wurden, die Institution Ehe kräftig ins Wanken gerät. Nur noch in 49,7 Prozent der 111 100 000 US-Haushalte leben verheiratete Paare. Die Zahlen seien, so Stephanie Coontz, Autorin des Buches »*How Love Conquered Marriage*« (Wie die Liebe die Ehe besiegte), »untrügliche Zeichen dafür, dass es keinen Weg zurück gibt in eine Welt, in der die Ehe die Hauptinstitution im Leben war«.

Als Scheidungsanwältin lebt die Frau des Mannes davon, dass verletzte Herzen irgendwann das Geld zählen, das ihnen in ihrer Ehe entgangen ist, weil sie zu Hause mit der Aufzucht beschäftigt waren. Sie selbst hingegen ist das klassische Beispiel für ein »Rushhour«-Opfer. Den Begriff von der Hauptverkehrszeit des Lebens hat der Berliner Familiensoziologe Hans Bertram geprägt. Gemeint sind die etwa fünf bis sieben Jahre zwischen Ende 20 und Mitte 30. Dann müssen die jungen Erwachsenen, wie es in dem von Bertram mitverfassten »Siebten Familienbericht der Bundesregierung« heißt, Entscheidungen treffen und realisieren, die »mehr oder minder das ganze Leben bestimmen«: Sie müssen die Ausbildung abschließen, einen Job suchen und einen Lebenspartner finden.

Der Vergleich sei der Anfang allen seelischen Unglücks, hat der Mann mal gelesen, genickt – und dann doch zu seinen Freunden geschaut. Er hat sie beneidet, wie sicher sie in der Rushhour vorwärts kamen: Sie haben Karriere gemacht, geheiratet, Kinder bekommen und sich auch noch ihr Häuschen gebaut. Die haben es geschafft, hat er dann oft gedacht. Und er?

Vermutlich bremste ihn auch die Erinnerung an die eigene Kindheit aus. Sein Vater war bei der Geburt dreißig, ideal für einen Aktiv-Paps. Doch Zeit hatte er für den Sohn nicht. Der hat mehr mit den schwarzen Aktentaschen des Handlungsreisenden gespielt als mit dem Vater. Für ein mittelständisches Unternehmen in Essen war der studierte Maschinenbauer damals viel unterwegs. Auf den Zechen im Ruhrpott, in England, Polen oder sonstwo. Nur zu Hause war er kaum, bei sich selbst vielleicht nie.

An Momente der Innigkeit erinnert sich der Sohn nicht. Allenfalls an einen einzigen, weil er im Bild festgehalten ist. Das Foto, Anfang der neunziger Jahre aufgenommen, zeigt Vater und Sohn, bevor der Filius als Korrespondent ins Ausland ging. Souverän legt der Sohn dem Vater den Arm um die Schulter. Und der alte Herr strahlt. Er glaubt, dass sein Sohn es geschafft hat. Das glaubt auch der Sohn. Deshalb strahlt auch er. In ihrem Stolz aufeinander, in ihrer Dankbarkeit für diesen Moment der Gemeinsamkeit waren sie innig, selig. Ein Glücksmoment.

Aber ist mangelnde Erinnerung des Sohnes denn Beweis für fehlende Vaterliebe? Vielleicht hat der Vater ihn auf seine stille Weise geliebt, schüchtern, unsicher, wie beide Eltern waren, wenn es um Gefühle ging.

Ein Freispruch für alle Väter, aber auch Mütter, die von ihren erwachsenen Kindern auf die Anklagebank gesetzt werden wegen angeblich mangelnder emotionaler Zuwendung, ist die Geschichte, die Naghmeh, eine gute Freundin in Teheran, dem Sohn erzählt, viel später, als der selbst schon Vater ist. Sie hat es mit Sadegh, ihrem Mann, und Hussein, ihrem Sohn, auch nicht immer leicht, vor allem haben es die beiden Männer schwer miteinander. Der Vater ist ein strenggläubiger Muslim, der über die Lebensweise seines Sohnes zutiefst entsetzt ist: Er betet nicht und spielt in einer Rockband, statt den Koran zu studieren. Der Vater glaubt, in der Erziehung versagt zu haben. Der Sohn fühlt sich oft unverstanden, ungeliebt. Doch als Hussein übers Wochenende nach Hause kommt und auf der Couch schläft, wobei sein Fuß unter der Decke hervorlugt, da geht der Vater hin, kniet vor seinem Sohn auf dem Boden nieder und küsst den Fuß, bevor er ihn behutsam unter die Decke schiebt. Dass seine Frau ihn beobachtet, ahnt Sadegh nicht. Vielleicht hätte er sonst gar nicht gewagt, seine Gefühle so offen zu zeigen. Vaterliebe sei nun mal eine stille Liebe, sagt Naghmeh.

Auch die Mutter unseres späten Vaters liebte ihren Sohn auf ihre besondere Art. Sie wollte nur sein Bestes – und als sie das hatte, blieb nicht mehr viel von ihm außer Ehrgeiz und Ängsten. Dagegen hatte eine Familie lange Zeit null Chancen. »Von dir damals ein Kind«, spottete seine einstige Partnerin Andrea jüngst bei einem Treffen in alter Freundschaft, »und ich wäre heute eine gut versorgte alleinerziehende Mutter.« Inzwischen kann der Mann darüber nicht mehr lachen.

Das Thema Familiengründung mehr und mehr nach hinten zu schieben schien ihm mit Anfang dreißig geradezu notwendig. Er spürte, dass er noch nicht reif war, sein »Leben unter Vorbehalt« aufzugeben; er schien, wie es die Autorin Thea Dorn formuliert, beim »Vorspiel zum eigentlichen Leben steckengeblieben zu sein«. Macht nichts. Wozu panisch werden, tröstete er sich, wenn die durchschnittliche

Lebenserwartung für deutsche Männer seiner Altersklasse bei fast 76 Jahren liegt? Dass die Zeit gegen ihn arbeiten könnte, wurde ihm erst kurz vor seinem Vierzigsten bewusst – auf einer längeren Dienstreise nach Istanbul mit dem vermeintlich ewig jungen Alt-Sponti Daniel Cohn-Bendit, der selbst erst mit 45 Vater wurde. Der scheinbar unverwüstliche Barrikadenstürmer der Außerparlamentarischen Opposition in den Sechzigern hatte im Alltag mit seinem Sohn zu spüren bekommen, dass nicht nur das Establishment altert. Hinter der Freude, noch mithalten zu können, war die Furcht vor Überforderung nicht wegzudiskutieren. Fürs Vaterwerden empfahl Cohn-Bendit ihm ein Limit von 45 Jahren.

Na und? Der Mann schwor sich, mindestens so frisch zu bleiben wie der »Rote Dany«. Auch wenn er, anders als der Alt-Sponti, kahler wurde. Das störte den Mann nicht: Auf die Psyche kommt es an, tröstete er sich, und auf die richtige Partnerin. Der Rest sollte ein Kinderspiel sein. Falsch gedacht. Die schwierige Beziehung zur Mutter, das falsche Verständnis von Ehrgeiz, der nahende Tod des erst spät lieb gewonnenen Vaters und tiefe Frustration im Beruf – nun, mit Ende dreißig, brach alles auf: Starke Erschöpfbarkeit, nächtliches Erwachen mit Grübeln, Verlust der Freude an Dingen, die ihn früher begeisterten, fast alles deutete auf eine schwere Krise in der Mitte des Lebens hin. Es war dem Mann nur ein schwacher Trost, dass die Midlife-Crisis ein allgemein menschliches Phänomen ist und alle trifft, egal ob Mann oder Frau, unabhängig davon, ob sie reich oder arm sind, in Industriestaaten oder Entwicklungsländern leben.

Es ist eine Bilanzkrise in der Erkenntnis des Älterwerdens. Der große Reporter Hermann Schreiber, der den amerikanischen Begriff der »Midlife-Crisis« Mitte der siebziger Jahre in Deutschland populär gemacht hat, schrieb dazu: »Kein Mensch glaubt wirklich daran, dass er sterben muss, obwohl er es weiß. Im Unbewussten, sagt Sigmund Freud, sind wir alle von unserer Unsterblichkeit überzeugt. Aber was der Mensch in den mittleren Jahren nicht mehr verdrängen kann, ist die Angst vor dem Alter. Und das hat Folgen. In den Lebensläufen der Betroffenen ereignet sich eine Art Umkehr der Zeitrechnung. Lebenszeit lässt sich nicht mehr nur messen als die Zeit von der Geburt bis zur Gegenwart, sondern sie will auch gemessen sein als die Zeit von der Gegenwart bis zum Tod. Der sprichwörtliche Rest des Lebens hat begonnen.«

Mit dem Mut der Verzweiflung begann der Mann eine Therapie. Ernsthaft, seriös. Keine Woody-Allen-Nummer. Jede Woche legte er sich zweimal auf die Couch, drei Jahre lang, um zu einer schlichten Erkenntnis zu gelangen: »Das Einfache ist nicht immer leicht.«

Und gleichsam, als sei sie sein später Reifetest, traf der Mann dann SIE. Sie begegneten einander auf dem Höhepunkt der Zuversichtlichkeit. Sie war durch einen spektakulären Fall aus der großen Masse der Rechtsanwälte hervorgetreten, stand Journalisten Rede und Antwort. Er hatte nach seinen Lehrjahren auf der Couch genug von den pseudodramatischen Volten, mit denen er sein Leben vermeintlich bereicherte.

So begegnen sie einander in guter Verfasstheit und streng beruflich. Beim ersten Mal übt sie hanseatische Zurückhaltung, von der verinnerlichten Contenance einer Anwältin ganz zu schweigen. Er war früher ein Himmelsstürmer, inzwischen weiß er um die Tücke der Verliebtheit, die stets ein ver-rücktes Bild liefert. Er weiß, dass die Gefühlswallungen in Fachkreisen mit einer milden Psychose verglichen werden. Also übt auch er Zurückhaltung. Dennoch oder vielleicht gerade deshalb entwickelt sich etwas, was sie heute Liebe nennen würden.

Nach wenigen Monaten wünschen sie sich ein Kind. Sie ist die treibende Kraft, eigentlich will sie ein Kind. Von ihm.

Von ihm? Warum gerade von ihm? Der Mann sagt ja – schon allein, weil er sich geschmeichelt fühlt. Als sie später einmal den Test machen: »Wann ist der richtige Zeitpunkt für ein Kind«, den die Kinderwunschexperten Nadja Brandstätter, Georg Freude und Euke Frank für ihr Buch »Späte Mütter, späte Väter« ausgearbeitet haben, erzielen sie die maximale Punktzahl: »Ein Kind? Sofort! Manche Menschen entdecken erst später, was sie wirklich wollen im Leben. Bei Ihnen ist es nun so weit. Nach einem bisher erfüllten Leben wollen Sie sich nun ganz bewusst auf ein Kind einlassen. Sie haben Ihr Seelenleben erforscht, wissen über Ihre Bedürfnisse Bescheid und lassen sich kaum von den Vorurteilen der anderen beeinflussen. Falls es nicht gleich klappt, Nerven behalten.« Das lesen sie gerne. Wer nicht?

Dabei war ihm bis zu jener Gewissensfrage seiner Partnerin schon die Verantwortung für ein Haustier zu viel, wenn man mal von Zierfischen absieht. Aber auch deren Aquarium hatte zu Schülerzeiten letztlich seine Mutter gepflegt. Mühsam hatte er in der Analyse gelernt, zumindest für sich Verantwortung zu tragen. Und nun, wenig später, soll er, will er Vater werden? Könnte er ein Kind wirklich glücklich machen?

Er, der immer so unglücklich ist und über verpasste Gelegenheiten lamentiert? Ist das Glück seiner Kinder nicht durch seine psychische Konditionierung infrage gestellt? Er tröstet sich mit der Botschaft des australischen Therapeuten Steve Biddulph: »Wer seine Kinder ununterbrochen glücklich machen will, erreicht eher das Gegenteil und macht letztlich nicht nur sich selbst, sondern auch die Kinder unglücklich.«

Sie weiß bis heute nicht, warum gerade ER. In guten Stunden sagt sie dann: »Weil du einfach der Beste bist – für mich«. In schlechten, die sich häufen seit der Geburt der Kinder, lächelt sie leicht resigniert: »Es sollte wohl alles so sein.«

Dabei schien es lange, als sollte es ganz und gar nicht so sein. Trotz ausgedehnter Urlaube und vieler Wochenenden

in anregender Atmosphäre wollte sich keine Schwangerschaft einstellen. Aus der Lust wurde mit jedem weiteren
Monat und jedem weiteren Jahr reiner Fortpflanzungssex.
Anfangs glaubten sie der Natur noch selbst auf die Sprünge
helfen zu können. Sie gaben das Rauchen auf, auch wenn
er nur gelegentlich mitpaffte; stellten die Ernährung um,
ließen sich in Ayurveda-Kuren auf Sri Lanka entgiften und
über Monate von chinesischen Doktoren vermeintlich hilf-
reiche Nadeln setzen. Und selbst den lieben Gott baten sie
um Beistand. In ihren Urlauben in Italien und Griechenland
fuhren sie an keiner Kapelle vorbei, ohne eine Kerze anzu-
zünden für die Erfüllung ihres Kinderwunsches.

So war sie jeden Monat wieder da, die Hoffnung, dass es
diesmal geklappt haben könnte. Und jedes Mal folgte auf
die Hoffnung die Enttäuschung, es wieder nicht geschafft zu
haben. »Morgens vor dem Spiegel blickte ich einem Versager
ins Gesicht«, erinnert sich der Mann. Er versucht, sein Ich
durch lange Läufe im Alstertal zu stärken. Sie holt sich den
Beistand eines Psychologen, »um dieses erdrückende Gefühl
der Unzulänglichkeit zu verarbeiten«. Schließlich müssen
sie einsehen: Wenn sie leibliche Eltern werden wollen, bleibt
ihnen nur, die Möglichkeit der modernen Medizin zu nutzen –
die In-vitro-Fertilisation, die künstliche Befruchtung. Sie
fühlen sich, wie John von Düffel in seinem Roman »Beste
Jahre« beschreibt, als »Patienten, Gehandicapte, Degene-
rierte, selbst wenn niemand es aussprach, sie waren Versager, Nieten der Natur, die das ABC der Evolution nicht
beherrschen, denen man mühsam auf die Sprünge helfen
musste bei der einfachsten, elementarsten Sache der Welt.
Sie waren unfähig, sich fortzupflanzen, und damit eigentlich
ausgeschieden aus dem Spiel des Lebens.«

Sosehr die nächsten Jahre für sie auch noch ein Leidens-
weg sein sollten, letztlich haben sie Glück gehabt. Wie gnädig ihnen das Schicksal wirklich war, wird ihnen manchmal

nach ihren »Verdi«-Abenden bewusst, wenn sie auf dem Heimweg das Klarinettenspiel eines lieben Nachbarn hören. Früher hat der gute Bekannte ansteckend lebensfrohe Musik gemacht, jetzt klingt sein Spiel traurig. Beide spüren, dass der Musiker leidet: Er wäre so gerne Vater geworden. Er hat die Hoffnung aufgegeben, vor einiger Zeit schon.

Der Mann, der in diesen Momenten so unendlich dankbar ist, dass er Vater werden durfte, sucht die Hand seiner Frau: »Ich bin glücklich, dass alles so gekommen ist«, sagt er. Die Frau drückt die Hand ihres Mannes, als wolle sie diese für nichts auf der Welt mehr loslassen – außer für ihre Kinder.

Die Krippe oder
Von Tigern, Löwen und Rabeneltern

Der Weg in die weite Welt beginnt für die Zwillinge und Rosa mit der Fahrt zum Kindergarten. Für mich beginnt er im Treppenhaus mit Fränki, das heißt: mit Frust. Gerade war ich noch stolz, die Treppe unversehrt überstanden zu haben. Sie hat nur 19 Stufen, aber mit drei Kindern, einer Mülltüte und einem Windelbeutel hat die Aktion eine gewisse Gottschalk-Reife: Wetten, dass die Mülltüte reißt, weil Fanny auf Stufe neun meint, sie müsse mir beim Tragen helfen? Wetten, dass Lilly brüllt, weil ich sie nicht den schweren Windelbeutel schleppen lasse? Wetten, dass mir irgendwann Rosa aus dem Arm fällt, weil ich versuche, Lilly zu beruhigen und Fanny die Mülltüte zu entreißen? Sobald ich mit Sack und Pack halbwegs heil unten ankomme, möchte ich vor Dankbarkeit die Bodenfliesen küssen.

Und wenn ich so am Geländerpfosten lehne und meinem Schutzengel danke, haut es mir an manchen Tagen trotzdem noch die Beine weg: Mein Lieblingsnachbar tritt aus der Tür. Fränki ist ein Dutzend Jahre jünger, verheiratet mit Anke und Vater von Lotti und Friedrich, die so alt sind wie unsere Kinder. Fränki macht in *Due Diligence*. Das heißt, er stellt Betriebe erst auf den Kopf und dann wieder auf die Füße, damit sie Schritt halten mit der Entwicklung. Er selbst ist allen immer einen Schritt voraus, ganz der Prototyp des Alphatierchens.

Was habe ich nur falsch gemacht im Leben? Dieser Kerl da vor mir, *dressed for success*, verdient bestimmt das Doppelte, zumindest erhält er es. Er hat eine tolle Familie und kommt daher wie ein Erfolgsmensch – und ich? Mit mir ist kein Staat zu machen: Die Segelschuhe haben seit Jahrzehnten kein Bootsdeck mehr betreten und die Militärjacke sieht aus, als stamme sie aus dem Vietnamkrieg – für den in Korea bin selbst ich zu jung.

Der Armylook passt. Es sind nur 800 Meter bis zu den »Strubbelkindern«, doch eigentlich rücke ich aus in die Schlacht, gewappnet für alle Attacken: Schnuller zur Beruhigung, Traubenzucker zur Belohnung, Taschentuchpakete für schniefende Nasen oder – Hauptsache, sie sind ruhig – einfach nur zum Auspacken, Zerknüllen und Zerreißen; dazu noch Müsliriegel (»Papa, Hunger«) und mindestens eine Wasserflasche (»Papa, trinken«), und irgendwo müssen ja noch der BlackBerry, ein Portemonnaie für den Notstopp bei Bäcker Samir (»Papa, Chong«) und der Haustürschlüssel untergebracht werden. Von dem halben Dutzend Taschen meiner Jacke ist jede gut belegt.

Mit sogenannten guten Sachen mache ich mich schon lange nicht mehr auf den Weg. Wenn Lilly beschließt, nicht mehr weiterzugehen, und ich sie nur noch auf dem Arm in die Krippe kriege, ist robustes Outfit vonnöten. Irgendwas klebt immer an den Händen meiner Kinder, auf ihren Jacken oder an den Schuhen und bleibt dann auch an mir hängen. Im Winter sind es Matsch und Lehm oder die halbe Pfütze; im Sommer Blütenstaub, Blumenerde oder einfach Straßendreck. Reste von Smarties oder Gummibärchen sind jahreszeitenunabhängig. Wenn ich die Kinder aus Zeitnot tatsächlich im Anzug wegbringen muss, klopfe ich mich hinterher stets gründlich ab, seit mir im Vorzimmer eines Staatssekretärs die Reste eines Cola-Lutschers aus dem Kragen meines Trenchcoats gefallen sind.

So ziehe ich also los in meinem Aktiv-Vater-Dress, linker Hand Fanny, rechts Lilly und irgendwie auch noch Rosa auf dem Arm, und muss aufpassen, dass ich mich nicht mit Mülltüte und Windelbeutel auf den letzten Metern zur Haustür verstolpere. Derweil küsst Fränki seine Lotti, herzt seinen Friedrich, nimmt Anke in den Arm und schreitet aus dem Haus, in feinstem Maßanzug und beneidenswert hellem Kaschmirmantel.

Richtig gemein sind Tage, an denen Fränki morgens nicht mit seiner feinen Rindsledertasche aufbricht, sondern den Golfbag schultert – zum Spiel mit Geschäftspartnern, natürlich, damit sich der Weg raus zum Platz auch lohnt. Bloß keine Zeit vergeuden, Effizienz ist alles. »Glück ist machbar, Herr Nachbar«, hat mich Fränki gestern erst wieder getröstet, als er in die Taxe zum Flughafen stieg. Fränkis Erfolgsaura strahlt übrigens auch auf Fanny und Lilly ab. Sie sind fest überzeugt, dass Fränki der Größte ist, in jeder Hinsicht. Seit zu den vielen Worten, die sie jeden Tag neu lernen, auch »Penis« gehört, weiß das auch das ganze Haus. Für die Zwillinge haben alle Jungen und Männer »ein Penis«: Papa, Opa, Friedrich, David, Anton – nur Fränki nicht. Stolz verkünden Fanny und Lilly jedem: »Lotti-Papa zwei Penis.« Das gönne ich ihm.

Gegen Fränki den Kürzeren zu ziehen ist leicht. Mich stürzt es dennoch in die Sinnkrise. Bin ich nur ein halber Mann, damit Esther eine ganze Frau sein kann, mit Mutterschaft und Beruf? Ist das der Preis dafür, dass mir meine Kinder wichtiger sind als die Karriere? Ist das die Konsequenz aus der Gleichberechtigung, die Esther und ich leben wollen? Über gleiches Recht für alle, auch für Frauen, beim Rotwein zu schwadronieren ist leicht. Im Job als Mann einen Gang runterzuschalten, damit die Frau nicht von ihrem Weg abkommt – mir fällt es schwer. 80 Prozent aller Deutschen finden, dass sich das Land in den vergangenen 50 Jahren, seit es das Gleichberechtigungsgesetz gibt, zum Positiven verändert hat. Nur 13 Prozent der Bundesbürger halten das Fränki-Modell für das Beste, bei dem allein der Mann erwerbstätig ist, während die Frau zu Hause die Familie führt.

Umfragen sind das eine, das andere ist die Realität. Tatsächlich pflegen dreimal so viele Paare mit Kindern die traditionelle Rollenverteilung: Vater berufstätig, Mutter Hausfrau. »Es gibt im Augenblick noch wenig Anreize für Männer, für das Kind da zu sein«, sagt der Familiensoziologe Hans Bertram. Im Haushalt sei der Mann doch nur »das Anhängsel der Frau, sozusagen ihr Gehilfe, weil die Haushalt eh besser kann«.

Nicht einmal in Frankreich, dem gelobten Land mit hoher Geburtenrate und Kinderfreundlichkeit, hat sich Grundlegendes geändert, wie Bertrams Kollegen an 40 Ehepaaren mit exzellenter Ausbildung festgestellt haben. Nach einem Jahr war die Rollenverteilung, trotz Berufstätigkeit beider Partner, »total traditionell«, und der Wissenschaftler Bertram weiß auch, warum: »Sie macht den Schrank auf und sieht, bei ihm ist die Wäsche nicht so ordentlich wie in ihrem Teil. Nach einer Woche ist völlig klar, wer den Schrank einräumt.« Gegen viele Jahrhunderte Aufräumkultur ist ganz offensichtlich nicht anzukommen.

Gleichwohl versuchen Esther und ich uns unverdrossen an der Gleichberechtigung im Familienalltag. Als Vater von drei Töchtern will ich meinen Beitrag leisten zu einer echten Emanzipation. Meine Mädchen brauchen keinen Bindestrich im Nachnamen mehr, um Eigenständigkeit zu demonstrieren, die werden auch ohne Quote in den Vorstand von Konzernen aufrücken. Aber vielleicht werden sie auch Hausfrau und Mutter, ohne dass einer die Nase rümpft, weil Familie dann wieder was zählt. Dass es ihren Papa beim Spagat zwischen Wickelkommando und Schreibtisch zerreißt, macht ja nichts. Jede revolutionäre Entwicklung fordert ihre Opfer. Papa Guevara – mein Porträt würde sich gut machen auf den T-Shirts meiner Mädels, später mal.

Aber wahrscheinlich werden sie eher die Ikone Ursula von der Leyen auf der Brust prangen haben, die »Frau Total«, die wahre »Commandanta« der Voll-Frau-Bewegung: sieben Kinder und trotzdem kein Muttchen, naturblond und trotzdem promovierte Ärztin, steile Karriere in der CDU und trotzdem sehr unverbogen. Und ihr Mann ist auch noch nicht mit dem Kindermädchen durchgebrannt, das sie sich leistet, ohne sich deshalb als schlechte Mutter zu fühlen. Ich würde zu gerne wissen, wie ihr Mann mit dem Erfolg seiner Frau klarkommt. Und was die Ministerin von Hannah Arendts Satz hält, den die große Moralistin schon vor vielen Jahren an eine Mitstreiterin für die Emanzipation geschrieben hat: »Die wahre Frage lautet doch: Was werden wir verlieren, wenn wir gewinnen?«

»Wo Weiblichkeit in unserer Gesellschaft neu definiert wird«, bilanzieren Kolleginnen im SPIEGEL ein halbes Jahrhundert Gleichberechtigungsgesetz, »da verändert sich zwangsläufig auch die Definition von Männlichkeit.« So klug kann die Beschreibung von so viel Elend klingen. »50 Jahre Emanzipation – Was vom Mann noch übrig ist«, steht auf unserem Titelblatt. Die Antwort gibt das Coverfoto: Es zeigt einen nackten Kerl, ziemlich an den Rand gedrängt. In meinen Augen macht er immer noch eine gute Figur, verglichen mit den Resten, die Esther abends von mir zusammenkehrt, wenn ich den Haushalt hüte und die Kinder schmeiße – oder umgekehrt. Als Aktiv-Vater weiß ich einfach nicht mehr, wo mir der Kopf steht. Aber gegen Fränki, der die Rolle des klassischen Patriarchen lebt (»Meine Anke muss nicht arbeiten«), ist unser Titelmodell eine Witzfigur. Und das Gemeine ist: Fränki geht es gut in seiner Rolle. Und seine Anke fühlt sich auch nicht unterdrückt, sondern höchst privilegiert. Es sind nicht wenige Tage, an denen Esther gerne mit ihr tauschen würde. Mit mir hingegen will keiner tauschen, wahrscheinlich noch nicht einmal diese sogenannten Männerforscher, obwohl sie das in ihren Studien entscheidend weiterbringen könnte. Bin ich nicht das beste Beispiel für eine »gebrochene Erwerbsbiografie«, die mit den »Verwerfungen« durch die Emanzipation zu kämpfen hat? »Der Mann ist bedroht, weil er ständig infrage gestellt wird«, sagt der Zürcher Psychoanalytiker Markus Fäh. »Der Mann ist als Täter akzeptiert, aber nicht als Opfer. Psychologisch gesehen ist der Mann das schwache Geschlecht.« Das haben späte Väter davon, wenn sie die neuen Männer sein wollen.

Und so stehe ich als Mickermann in unserem Hausflur und freue mich, wenn's regnet. Die Tropfen hinterlassen auf Fränkis edlem Mantel so schöne hässliche Flecken. Fanny hingegen mag Regen ganz und gar nicht. Sie schreit und strampelt dann, dass ich größte Mühe habe, sie in den Zwillingswagen zu verfrachten. »Ne Reken. Papa, Reken wegmachen.« Erst wenn ich ihr verspreche, dem Himmel das Regnen zu verbieten, gibt sie Ruhe. Das rettet meinen Tag, dem Regen sei Dank. Jetzt weiß ich, dass mir wenigstens einer noch was zutraut.

Während Fanny und Lilly sich gerade in ihrer »Allmachtsphase« befinden, wird mir meine Ohnmacht auf Schritt und Tritt vorgeführt. Mit jedem Meter auf dem Weg zum Kindergarten steigt meine Wut auf Hundebesitzer. Um jeden Dreck kümmern sich die Leute bei uns im Viertel, nur die Haufen ihrer Hunde sind ihnen scheißegal. Kinder können diese Typen, denen wurst ist, was ihr Pinscher von sich gibt, nicht haben. Seit ich hilflos mit ansehen musste, wie Lilly in einen von Gras getarnten Haufen gegriffen hat, bin ich dafür, alle Hundehalter, die nicht hinter ihren Tieren herwischen, an die Leine zu nehmen. »Dieselben Leute nämlich, die am Wochenende mit Putzläppchen die Kotflügel ihres Autos polieren, empfinden es als blanke Zumutung, wenn sie für den Kot ihres Köters verantwortlich gemacht werden«, empörte sich schon vor Jahren der SPIEGEL. Allein in Hamburg werden beim täglichen Gassi-Gehen, so die niedliche Umschreibung für den Stuhl-Gang mit Vierbeinern, über zehn Tonnen »abgelegt«, wie es im Amtsdeutsch heißt.

Ich gestehe: Früher haben mich die Haufen nie gestört, ja, ich habe sie nicht mal bemerkt. Aber kürzlich habe ich wieder fast eine Stunde gebraucht, um Kinderschuhe abzubürsten, abzuwaschen und mit Desinfektionsmittel einzusprühen. Mir stinkt das inzwischen so gewaltig, dass die Kinderwagenfahrt – Fanny und Rosa im Doppelsitzer, Lilly auf dem Kiddyboard – zur Pinscher-Patrouille wird. In unserem Viertel kenne ich inzwischen jeden Gassi-Geher. Die politisch Korrekten haben brav eine kleine schwarze Plastiktüte für die Entsorgung in der Hand; aber da darf man sich nicht täuschen lassen. Inzwischen weiß ich ziemlich genau, wer beim Gassi-Gehen die Tüten nur zur Tarnung bei sich hat und wer sie – wie unsere Nachbarin Rada – auch wirklich benutzt. Die Mitglieder der Frei-Scheißer-Fraktion erkenne ich an ihrem Schmiere-Steher-Blick, mit dem sie die Straße abscannen, um ihrem Bello oder Bruno auch noch Rückendeckung zu geben. Das wird ihnen allerdings wenig nutzen, wenn aus Spanien erst einmal mein HES, mein Hunde-Ermittlungs-Set, eingetroffen ist. In Madrid will man nämlich jetzt darangehen, die Verursacher von Hundehaufen durch DNA-Analyse zu identifizieren.

Einen Gedanken versuche ich bei meiner Kot-Kontrolle möglichst zu verdrängen: Was mache ich nur, wenn meine Mädchen sich in ein paar Jahren einen Hund wünschen? Spätestens nach einem Sommer bleibt das Gassi-Gehen dann an Vater oder Mutter hängen. Werden die Hundehalter in unserem Viertel mir dann vergeben? Und werde ich selbst auch brav das schwarze Entsorgungstütchen füllen?

Bevor ich gedanklich zu sehr auf den Hund komme, muss ich mich auch noch über Ampel-Rowdys aufregen. Da stehe ich und erkläre meinen Kindern: »Bei Grün dürfen wir gehen, aber bei Rot bleiben wir stehen« – und dann gibt es doch tatsächlich Menschen, die vor den Augen der Kinder einfach loslaufen, bis irgendwo die Bremsen quietschen. »Rotläufer, Totläufer!«, rufe ich ihnen hinterher, um wenigstens so mein pädagogisches Konzept zu retten. Manchmal denke ich, ich sollte eine neue RAF gründen, eine Rote Ampelmann Fraktion. Lilly jedenfalls unterstützt meine Ampelmann-Bewegung bereits: »Ja, Papa, ja, du Hampelmann.« Ist das ein Versprecher oder hör ich da klammheimlichen Spott heraus?

Wirklich anstrengend aber wird die kurze Strecke zu den »Strubbelkindern« durch Eltern, denen man eigentlich nicht begegnen möchte. Neuerdings zähle ich auch Klara dazu, obwohl ich sie sehr mag, allein schon weil sie ohne Mann und ohne Jammern zwei Kinder großzieht. Heute aber werde ich ihr Winken übersehen und nicht gemeinsam mit ihr zum Kinderladen schieben. Strafe muss sein, ha! Klaras Tochter Helena hat am vergangenen Wochenende Geburtstag gefeiert, ohne unsere Kinder einzuladen. Und jetzt tut Klara so, als sei nichts gewesen. Damit, dass sie gestern Abend bei uns Schokolade vorbeigebracht hat, »einfach so, ganz spontan«, ist es nicht getan. Mit so schlichten Gesten der Wiedergutmachung, wenn es denn überhaupt so gemeint war, lasse ich mich nicht wieder umstimmen.

Bestimmt hat Klara ihre »guten Gründe« gehabt. Unsere Kinder müssen ja nicht eingeladen werden. Warum soll es ihnen anders gehen als ihren Eltern, die auch auf keiner Gästeliste mehr stehen? Aber gerade Zwillinge, da habe ich Experten wie die Psychologin und Doppelpack-Mutter Angela Grigelat auf meiner Seite, sind bei Geburtstagen und anderen Feiern »klar im Nachteil, weil sie weniger Einladungen erhalten als Einzelkinder. Den meisten Müttern der anderen Kinder ist es unangenehm, wenn ihr eigenes Kind nur einen der Zwillinge einladen möchte, oder sie wollen selbst nicht gleich zwei Kinder zusätzlich zu Gast haben«, beschreibt sie in »Auf einmal zwei« unser Dilemma: »Das Problem wird oft gelöst, indem beide Zwillinge beim Kinderaustausch übergangen werden.« Dass ich wenig später trotzdem zu Klara auf die andere Straßenseite wechsle, liegt nur daran, dass ich sonst Caro und deren Blagen in die Arme laufen würde. Jakob und Freddi haben Läuse. Die hätten uns gerade noch gefehlt. Uns reicht es, drei Flöhe zu hüten. Schon jetzt müssen wir so viel Wäsche waschen, dass Esther sich oft im Trockner wegschrumpfen möchte.

Umso lieber treffe ich an der Ampel auf Corinna, die gerade einer »lieben Bekannten« erzählt, wie »toll« das alles mit den Kindern laufe: Die schliefen durch, alles sei easy, top, super und überhaupt perfekt. Da kann ich mich nur wundern. Gestern hat Corinna mir noch erzählt, dass sie jede Nacht »mindestens zehnmal aufsteht und völlig fertig« sei. Corinnas Klage hat gutgetan, weil ich dachte, wenigstens einer würde es so dreckig gehen wie uns. Alles falscher Trost, diese blöde Ziege. Wieder ein Kindergeburtstag weniger für Fanny, Lilly und Rosa. Zu denen gehen wir nicht, selbst wenn sie uns einladen sollten. Drei Tage grüße ich sie nicht, bis Esther mich aufklärt, dass Corinna vor ihrer Bekannten nur »geprahlt« habe. »Die belügt mich doch auch mit der angeblich so tollen Entwicklung ihrer Kinder«, rechtfertige Corinna ihren falschen Lobgesang auf den eigenen Nachwuchs. So also entstehen dann die angeblich wahren Geschichten über durchschlafende Kinder und andere Wunder, die mich schon in so manche Depression gestürzt haben.

Wie lange wir bis zur Kindertagesstätte brauchen, ist schwer zu sagen, vor allem wenn die Zwillinge laufen wollen. Fanny, ganz die zielstrebige und sportliche Natur ihrer Mutter, könnte es allein in 20 Minuten schaffen, wenn sie will. Lilly lässt sich wahrscheinlich noch die nächsten Jahre schieben und beharrt lautstark darauf, an interessanten Stellen aus dem Wagen gehoben zu werden, um ihren wechselnden Vorlieben nachzugehen: Steine umdrehen, Baukräne anstarren, Pflanzen betrachten, berühren und abbrechen oder auch – neuestes Hobby – an den Straßenrand gestellte Mülltüten inspizieren. So entdecken die Kinder die Welt, und ich suche nach meinem Gleichmut. Der Kita nähern wir uns nur als Springprozession.

In solchen Situationen liebe ich kluge Therapeuten-Ratschläge. »Wenn Sie glauben, dass für die Entwicklung Ihrer Kinder am Morgen kein Platz ist«, empfiehlt der Konfliktexperte Jesper Juul, »dann müssen Sie eben mehr Zeit einplanen.« Spaßbrötchen, dänisches. Um zehn Uhr muss mein Vorgesetzter zur Konferenz in die Chefredaktion, und da hat er ein Anrecht auf »Expertise, und zwar bitte vorher schon«, wie er mich belehrt. Tja, er hat recht und Lilly Anspruch auf Befriedigung ihrer Neugier. Vielleicht entscheidet sich schon auf dem Weg zum Kindergarten, ob sie mal Floristin oder Bauarbeiterin wird, vielleicht schafft sie es ja auch bis zur Entsorgungsfachwirtin oder gar zur Umweltministerin. Dann könnte sie mir ein paar Euro abtreten, als Wiedergutmachung, falls mir wegen ihrer Bummelei gekündigt wird.

Mit dem australischen Psychologen Steve Biddulph darf ich in der Firma keinem kommen: »Vor allem mit Kleinkindern (zum Beispiel auf dem Weg zur Post) ist der Weg das Ziel«, schreibt der Familientherapeut in seinem Buch »Das Geheimnis glücklicher Kinder« und empfiehlt Eltern, »den Gedanken an die zu erledigende Arbeit fahren zu lassen. Geben Sie Ihrem Nachwuchs Gelegenheit, die Dinge zunächst einmal zu untersuchen. Nach einer Weile verliert Ihr Sprössling vielleicht das Interesse, und Sie können die verlorene Zeit rasch wieder reinholen.« Mein lieber Steve, allein Pusteblumen am Wegesrand kosten eine Minute: anhalten, bewundern, aussuchen, pflücken, pusten und weiter geht's; Pusteblumen zu übersehen (»Da, Bumme«) kostet drei Minuten: heulen, trösten, beruhigen, umdrehen, Stelle finden, anhalten – alles weitere wie gehabt. Nur *eine* Pusteblume zu finden ist ein Drama. Wer von den dreien soll sie bekommen? Wem unrecht tun? Wie erklären? Macht zusammen zwei verpasste U-Bahnen Richtung Büro. Selbst der Zug um Viertel vor zehn – Pusteblume.

Am liebsten würde ich diese ganzen Therapeuten auf den Mond schießen und, in schwachen Stunden, die Kinder gleich mit. Aber das darf man ja nicht mal denken, wenn man nicht den insgeheim gehegten, manchmal aber auch laut geäußerten Verdacht auf sich ziehen will, ein Rabenvater zu sein. Dabei wird der Begriff gleich zweifach ungerecht benutzt, wie die Website »Rabeneltern« klarstellt. Zum einen ist es falsch, dass Raben die »schwarzen Schafe« unter den Vögeln sind, weil sie sich angeblich nicht um ihre Jungen kümmern und sie gar aus dem Nest vertreiben. In Wahrheit zeichnen sich Rabeneltern durch ein ausgeprägtes Sozialverhalten und eine intensive Brutpflege aus. Die Jungen werden auch nach dem Flüggewerden noch weiter von den Alten durchgefüttert und umsorgt, was oft erst zu Beginn der nächsten Brutsaison ein Ende hat. Selbst aus dem Nest gefallene Vögelchen werden weiter abgespeist und behütet.

Zum anderen ist es nicht fair, Eltern so zu bezeichnen, nur weil sie ihre Sprösslinge in den Kindergarten bringen oder, wie in unserem Fall, wenn die Kleinen unter drei Jahre alt sind, in die Krippe. Da wurde schon Jesus hingegeben, und aus dem ist doch auch was geworden. Außerdem setzen wir unsere Kinder ja auch nicht für alle Tage vor die Tür, sondern geben sie nur für ein paar Stunden aus der Hand. Aber im Land des Muttermythos reicht das schon zur Verdammung. Dabei beruht der Kult auf der irrigen Annahme, dass allein die feste Bindung zwischen Mutter und Kind die entscheidende Basis für eine gesunde Persönlichkeitsentwicklung ist.

Die großen Verklärer sind natürlich Männer. Der Reformator Martin Luther entrückte Ehe und Familie ins Religiöse: »Denn soll man der Christenheit wieder helfen, so muss man fürwahr an den Kindern anheben.« Der große Theoretiker Rousseau schob in »Emile« alle Verantwortung den Frauen zu: »Am meisten kommt es auf die erste Erziehung an, die unbestreitbar Sache der Frauen ist« – und wenn's die Mutter recht mache, gehe es auch dem Staate gut. So gilt ausgerechnet Rousseau als Vater der neuen, bürgerlichen Idealmutter, die ihr Kind nicht mehr zur Amme gibt, sondern selbst stillt. Und gegen die »Weltweiber« wetterte auch Johann Heinrich Pestalozzi, der wohl einflussreichste Pädagoge des deutschen Sprachraums. Statt sich auf Bällen und in Salons zu tummeln, empfahl er den Frauen, durch ihre Kinder »selig« und »vollendet« zu werden. »Dass die deutschen Frauen anders als ihre europäischen Nachbarinnen nicht alles haben können, Kinder und Karriere, hängt mit der Rolle, die der Familie als Raum des Heils zugewachsen und zur Pflicht geworden ist, zusammen«, urteilt die Münchner Romanistikprofessorin Barbara Vinken, die sich um die Erforschung des Muttermythos verdient gemacht hat und zugespitzt zu dem Schluss kommt: »Die Familie steht einer verderbten Welt gegenüber, in der herzlose Karrierefrauen, aber keine Mütter einen Platz haben.« Und auch der Journalist und Kinder-Protagonist Ulrich Deupmann kommt in seinem Buch »Die Macht der Kinder« zu einem harten Urteil: »Nirgendwo sonst wird der Wert von privater Erziehung so ideologisch erhöht wie in Westdeutschland.« Überholte Vorstellungen von bürgerlicher Romantik, ergänzt um den Mutterkult des Nationalsozialismus, wirken bis in unsere Zeit fort. »Die fast zweihundert Jahre alte Leitvorstellung von Frauen als hingebungsvollen, opferbereiten

Müttern«, so Deupmann, »wurzelt tiefer in dieser Gesellschaft, als sich viele, die sich als aufgeklärte Europäer und
Weltbürger betrachten, eingestehen.«

Arme Esther, arme Mütter überhaupt: Sie können es nur
falsch machen. Wenn sie sich gegen eine Fremdbetreuung
entscheiden, dann werden sie der Gluckenmafia zugeschla-
gen; entschließen sie sich, ihre Kinder wegzugeben, werden
sie den beinharten Karrierefrauen zugerechnet.

Doch wie sollen wir unsere Kinder großziehen?

Natürlich haben auch wir von einer Nanny geträumt, am
liebsten hätten wir die gute Mary Poppins eingestellt, die
zumindest wir Älteren aus dem Fernsehen oder Kino kennen, die ihre Kleinen mit Singen, Tanzen, Lachen und ziemlich wundersamen Aktionen ködert. Natürlich würden wir
auch eine wie Fran Fine nehmen, das neurotische Betreu-
ungsluder aus der US-Kultserie »Die Nanny«, die ich früher
so gern gesehen habe, als ich Erziehung noch unterhaltsam
fand. Leider sind Mary und Frany so unerreichbar, wie die
Norland-Nannys für uns unbezahlbar bleiben. Seit Ende des
19. Jahrhunderts bildet das gleichnamige College in England
die angeblich besten Kinderpflegerinnen der Welt aus. Ihren
Leitspruch *Love never faileth«* haben sie der Bibel entnom-
men. »Die Liebe höret nimmer auf«, heißt es in dem Brief
des Apostels Paulus an die Korinther (1. Korinther 13, 8).
Und züchtig, dass es selbst dem Papst eine Freude sein sollte,
ist auch ihre Arbeitsuniform: wadenlanges Schwesternkleid
mit weißem Kragen, schwarze Strümpfe, flache Schuhe und
braune Handschuhe, lange Zeit angeblich ausschließlich von
Harrods in London zu beziehen, und oben auf dem Kopf,
gleichsam als Norland-Krone, ein dunkles Gouvernanten-
Hütchen. Doch wer kann sich schon die vielen Tausend
Euro Jahresgehalt, Wohnung und Auto extra, für die Kinderbetreuung leisten? Adelshäuser und Stars. Offiziell wird vom
College geheim gehalten, wo seine Absolventinnen dienen.

Doch Fergie und Diana, aber auch Popstars wie Mick Jagger und Sting, sollen die Erzieherinnen geschätzt haben, berichtet die Expertin Christine Brinck in ihrem Buch »Mütterkriege«. Wir könnten so einer Norländerin noch nicht mal einen standesgemäßen Mit-Urlaub etwa im eigenen Haus auf Barbados, bieten, sondern nur die Schlafcouch unseres Familienapartments im »Dorfhotel« in Boltenhagen. Immerhin könnte sie sich dort erholen, denn die Kinderbetreuung ist inklusive.

Auch an ein Au-pair-Mädchen haben wir schon gedacht. Doch wollen wir unseren Kindern alle sechs bis zwölf Monate einen Betreuerwechsel zumuten? Zudem sind die meisten Erfahrungen im Bekanntenkreis mit Au-pairs eher unglückliche. Mal haben die Mädchen vor lauter Herzschmerz ihre Aufsichtspflicht verletzt, mal blieben sie länger als geplant im Wochenende, weil sie die vermeintlich große Liebe ihres Lebens getroffen hatten. Ein Au-pair zu haben bedeutet in manchen Fällen schlicht ein Kind mehr. Im schlimmsten Fall sprengen sie die durch Kinderstress angeschlagene Ehe, indem sie nachts im T-Shirt so lange über den Flur tippeln, bis ihnen der Hausherr auf dem Weg zum Kinderbett in die Arme läuft. Will ich das? Zumindest kann ich es mir nicht leisten. Meine Frau ist Scheidungsanwältin. Der Mann einer Freundin von Esther ist in die Au-pair-Falle getappt. Seither ist das Au-pair fein raus und er arm dran.

Die Betreuung durch Tagesmütter haben wir ebenfalls nicht ernsthaft erwogen. Hier fehlte es uns an Einblick in die Betreuungsqualität. Es gibt tolle wie Kelly und Claudia, die bei uns ein paar Häuser weiter ihre Mutterdienste anbieten – und schon ausgebucht waren, bevor die Farbe in ihrer Kinderwohnung getrocknet war. Und es gibt Horrorgeschichten über Tagesmütter. Die Bandbreite ist so groß wie in allen anderen Berufen auch. Der eine Maler streicht sauber, der andere kleckert. Nur sind Schäden an der Kinderseele durch Erzieher und unfähige Betreuerinnen viel schwerer zu erkennen. Zu oft versuchten vorübergehend erwerbslose Frauen, mit dem Tagesmuttergeschäft etwas hinzuzuverdienen. Motto: Wickeln und füttern kann doch jede. Esther ist vor Gericht schon auf Frauen getroffen, die gerade erst ihre Drogenkarriere hinter sich hatten oder nicht einmal das Sorgerecht fürs eigene Kind bekamen und trotzdem in dem Geschäft mit der Fremdbetreuung aktiv waren. In Hamburg hat eine vom Jugendamt vermittelte Tagesmutter in ihrer Hilflosigkeit einem Schreihals mit Pflaster den Mund verklebt.

Trotzdem gibt es genügend Frauen wie Nicole aus unserer Straße, die aus Überzeugung ihre Kinder zur Tagesmutter geben. Unserer Freundin ist es einfach sympathischer, dass ihr kleiner Jannik in einer gemütlichen Wohnung sehr familiär betreut wird. »Krippe ist Institution, Tagesmutter ist fast wie zu Hause«, schreibt die Autorin Brinck. Fränki übrigens, der große Unternehmensberater, schickt seine beiden Kinder auch in die Krippe, aber erst mit knapp zwei Jahren. Deshalb hat Anke ihre Redakteursstelle aufgegeben, obwohl sie als Journalistin gerade dabei war, sich einen Namen zu erschreiben. Das könne sie auch später noch, glaubt sie, wenn Lotti und Friedrich in die Schule kommen.

Eine Selbständige wie Esther aber steigt nicht so einfach aus, kann es auch gar nicht. Da ist die Verantwortung für die Arbeitsplätze anderer Menschen, auch wenn es nur zwei sind, da ist die Investition von vielen Jahren Rackerei. Also bleibt uns nichts anderes übrig, als die Kinder durch die Hölle zu schicken. Das Fegefeuer und der Ursprung allen Übels jedenfalls ist die Kita in den Augen ihrer Gegner. »Es dauert drei Jahre, bis Kinder wissen, wo sie hingehören«, wettert die schwedische Bestsellerautorin Anna Wahlgren. »Wenn man sie zu früh von der Familie trennt, riskiert man, dass sie Aliens werden, die nicht wissen, wo ihr Platz ist.«

Die Kita gilt Wahlgren als reines Survivalcamp: »Dort regiert das Gesetz des Dschungels, die schwächeren Kinder haben keine Chance.« Andere warnen vor den Folgen eines zu frühen Krippeneintritts für die spätere Beziehungsfähigkeit. Wir glauben, dass unsere Kinder nach einem Jahr intensiver Betreuung zu Hause die Krippe schon aushalten werden. Doch das schlechte Gewissen bleibt über Monate.

Eine gewisse Absolution erfahren wir erst lange nach unserer Entscheidung, dank einer SPIEGEL-Titelgeschichte zum Krippenkrieg. Wie eine Freiheitsfackel trage nicht nur ich mein Blatt an diesem Montag zu den »Strubbelkindern«. Endlich wischen Kolleginnen mal den Schaum vom Mund der Krippengegner und prüfen, was wirklich bleibt an vermeintlichen Schäden: nichts. »Mir ist kein seriöses Ergebnis in der Literatur bekannt, das belegen würde, dass Krippenbetreuung gegenüber dem Leben bei Mama zu Hause irgendwelche nachteiligen Effekte hätte«, sagt jedenfalls der Persönlichkeitspsychologe Jens Asendorpf von der Humboldt-Universität in Berlin. Fazit der Titelgeschichte: Die aushäusige Kleinkindbetreuung in Deutschland schafft nur Gewinner. Für manche ist die Kita eine große Chance, einem schrecklichen Zuhause zu entkommen, zumindest stundenweise. Und denen, die so wunderbar aufopferungsvolle Ideal-Eltern wie unsere Kinder haben, wird eine erfahrene Fremdbetreuung schon nicht schaden.

Für uns, und da schließe ich die Kleinen mit ein, sind die »Strubbelkinder« ein wahrer Glücksfall. Theoretisch ist die Kita-Suche in Hamburg zwar kein Problem: Gerade im Krippenbereich liegt Hamburg mit einem »Betreuungsgrad von 22,2 Prozent« (Statistisches Bundesamt) an der Spitze der westdeutschen Bundesländer. In der Hansestadt wird den Familien nicht mehr von einer Behörde ein Platz zugewiesen, sondern sie können nach eigenen Vorstellungen die für sie optimale Kita aussuchen.

Dennoch haben zumindest wir monatelang um unsere Plätze gezittert. Einen Betriebskindergarten hat selbst meine Firma nicht, letztlich sind wir ein mittelständischer Betrieb. Von einem Betriebskindergarten, wie ihn der Axel-Springer-Verlag vor Kurzem gegründet hat, können wir nur träumen. Im sechsten Stock des Berliner Verlagshauses steht den Kindern eine große Dachterrasse mit Spielplatz und Sandkiste zur Verfügung. Betreut werden schon Babys ab acht Wochen. Geöffnet sind die »Wolkenzwerge« von montags bis freitags ab halb acht für zwölf Stunden. »Die Axel Springer AG hat die Zeichen der Zeit erkannt«, lobte Familienministerin Ursula von der Leyen bei der Einweihung: »Was früher Gehaltszulagen oder Dienstwagen waren, ist heute die Vereinbarkeit von Beruf und Familie.« Aber das sehen nicht alle so. Firmenchefs verweisen auf die Kosten einer solchen Einrichtung, die anders als ein Firmenfahrzeug auch nicht so schnell weggekürzt werden kann. Manche Eltern wiederum halten sich mit der Anmeldung ihrer Kinder nach anfänglicher Begeisterung zurück. Ihr Argument: Ihr Nachwuchs verliere den Kontakt zu den Nachbarkindern daheim.

Auf der Suche nach einer Tagesstätte haben wir – teilweise schon vor der Geburt der Kinder – sieben Kitas angerufen, angeschrieben, aufgesucht: Esther charmant lächelnd, ich frisch rasiert und die Kinder vorher mit Schokolade ruhiggestellt. Nie zuvor in meinem Leben habe ich mich so als Bittsteller empfunden. Dass es schließlich bei den »Strubbelkindern« geklappt hat, verdanken wir auch der Fürsprache von Freunden im Vorstand.

Die »Strubbelkinder« sind kein städtischer Kindergarten, sondern ein eingetragener Verein, in dem die Eltern das Sagen haben, wenn auch nicht unbedingt in pädagogischen Belangen. Als e. V. wollen sie nicht nur Dienstleistungsbetrieb sein, doch von den meisten werden sie so gesehen. Und mal ehrlich: Wer hat schon Lust, am Wochenende in der »Renovierungsgruppe« die »Tigerburg« zu streichen, so gerne Lilly und Rosa auch darin mittags kuscheln? Und wer will die »Löwenhöhle« mit neuem Teppichboden auslegen, auch wenn Fanny darin so gut schläft? Ändert aber nichts daran, dass auch wir beim Vorstellungsgespräch kräftig heucheln, wie klasse doch Elternarbeit sei. »Liebe Frau Wolf«, versichere ich der Leiterin treuherzigen Blickes, »unsere Kinder sind das Kostbarste, was wir haben, für die gehe ich sogar Toiletten schrubben.« Ein Jahr später bin ich froh, dass ein anderer auf dem Elternabend den Antrag stellt, sich künftig von den Putzdiensten freikaufen zu können. 50 Euro ist mir mein Samstagvormittag allemal wert.

Genau genommen sind die »Strubbelkinder« ein Kinderladen und damit eine Frucht der 68er-Bewegung. Zuerst in Berlin – wo sonst? – taten sich Eltern zusammen, mieteten leer stehende Geschäfte und machten daraus die Kinderläden. »Der erste Kinderladen war vor allem auch eine Reaktion auf die damaligen Kindergärten«, erinnert sich die damalige Fotografiestudentin Marianne Janitzki im »Stern« an die bewegten Jahre. Ihr Sohn Igor erhielt seinerzeit im traditionellen Kindergarten »laufend Ohrfeigen. Einfach so.« Wer mittags nicht schlafen wollte, wurde im Bettchen angebunden. Die Hamburger Psychologin Anne-Marie Tausch wies 1969 in einer Studie nach, dass über 80 Prozent dessen, was staatliche Kindergärtnerinnen ihren Kleinen sagten, Befehle waren: »Sitz still!« oder »Halt den Mund!«.

Eine Erziehung ganz ohne Regeln, ohne Verbote, ohne Autoritäten gibt es bei den »Strubbelkindern« jedoch nicht, wird es auch niemals geben. Bei ihnen gilt das »didaktische Prinzip des Sowohl-als-auch: Die Kinder dürfen unordentlich sein, müssen aber auch immer wieder Ordnung einhalten. Sie dürfen sich sowohl dreckig machen als auch sauber bleiben. Sie dürfen selbständig sein, aber werden auch behütet«, heißt es in der Selbstdarstellung. Ein bisschen nach alter Müslifraktion klingt nur der Programmpunkt Ernährung: »vollwertig und vegetarisch«.

Rein optisch gehört unser Laden nicht gerade in die Kategorie »Schöner Wohnen«, denn wir sind im Souterrain untergebracht. Auch wenn es durch die großen Scheiben und den ausgehobenen Garten vergleichsweise hell ist – entweder schauen die Kinder auf eine Garageneinfahrt oder auf Betondrainagen vor ihren Fenstern, dann erst sehen sie die Straßenbäume. Die Lage ist also nicht ideal, aber dass es schlimmere Kitas gibt, hat im Hamburger Wahlkampf der SPD-Kandidat für das Bürgermeisteramt, Michael Naumann, festgestellt: Beim Anblick einer Kita fühlte er sich an die Zustände »in Gaza«, dem palästinensischen Elendsstreifen am Mittelmeer, erinnert.

Das andere Extrem in Hamburg ist der Kindergarten der Bucerius Law School, der ersten privaten Hochschule für Rechtswissenschaft in Deutschland, die nur die Besten der Besten aufnimmt. 25 Jungen und Mädchen, betreut von vier Fachkräften, können sich auf 250 Quadratmetern austoben, im Kinderbad mit Erlebnisbecken planschen und sich im Kinder-Bistro mit Biokost-Vollverpflegung stärken, wie die Lokalpresse schwärmt. Hinzu kommt ein großes Außengelände direkt neben dem Park Planten un Blomen.

Bei den »Strubbelkindern« hat jede altersgemischte Gruppe mit jeweils 18 Kindern und rechnerisch zweieinhalb Erzieherinnen immerhin drei große Zimmer und eine Wohnküche. Die Wanderfreudigkeit und Wetterfestigkeit des Personals ersetzen das fehlende Außengelände. Auch der Betreuungsschlüssel könnte besser sein, doch in vielen öffentlichen Einrichtungen ist er weitaus schlechter. Dort kommen in manchen Kindergärten auf 26 Kinder einein-halb Erzieherinnen. Bei der Qualifikation allerdings brauchen wir uns überhaupt nicht zu verstecken: Seit einigen Monaten prangt das Gütesiegel der »Qualitätsgemeinschaft«

des Paritätischen Wohlfahrtsverbandes an der Eingangstür. Seither bin ich sicher, dass meine Mädchen es später einmal auf die Bucerius Law School schaffen.

Schon jetzt, während ich froh bin, im Kreuzworträtsel bei »Auerochse mit zwei Buchstaben« »Ur« eintragen zu können, verfügen meine Kinder über wirklich relevantes Wissen. Was ist ein Kartesianischer Taucher? Ich habe keine Ahnung. Fanny aber weiß es: »Da! Wasser.« Lilly liefert sogar eine Erklärung: »Hoch. Und tief.« Entschlossen drückt sie auf eine Art Plastikflasche, in der ein buntes Männchen schwebt. Mit großen Augen verfolgen die Mädchen, wie die Figur auf den Boden sinkt. Lässt Lilly los, steigt der Taucher wieder auf.

Neben den beiden steht Erzieherin Simone und erzählt etwas von »Druck« und »Wirkung«. Die kleine Rosa nickt eifrig, wenn sie »Auftrieb« und »Volumen« hört. Alle Achtung, meine Mädchen scheinen mehr von Physik zu verstehen als Albert Einstein in ihrem Alter. Sind die drei etwa hochbegabt? Wer weiß. In jedem Fall werden sie optimal gefördert.

Der Kartesianische Taucher, benannt nach dem großen Philosophen und Physiker René Descartes, ist eine von 20 Experimentierstationen, mit denen mein Nachwuchs bei den »Strubbelkindern« auf die Zukunft vorbereitet wird. »Versuch macht klug« heißt die gemeinsame Aktion der Hamburger Kindertagesstätten, gefördert von der Stiftung Nordmetall und dem Paritätischen Wohlfahrtsverband, die »vorschulische Begegnungen mit Naturwissenschaft und Technik« ermöglichen soll. Und so lernen meine Strubbelkinder im Wortsinne spielend etwas über Fliehkraft, Licht und Schatten, aber auch über Magnetismus und Luftströmungen.

»Wüchsen die Kinder in der Art fort, wie sie sich andeuten, so hätten wir lauter Genies«, lobte schon Goethe in »Dichtung und Wahrheit« das frühkindliche Entwicklungspotenzial. Da nicht nur die Erzieherinnen unserer Kindertagesstätte glauben, möglichst viel für den Quantensprung in Sachen Bildung tun zu müssen, gibt es für die Lerneinheiten mit Luftdruckspritzen und Gummisaughebern, Spiegeln und schiefen Ebenen eine lange Warteliste.

Ein wenig Synapsenpflege kann ich nur begrüßen. Die Kita meiner Kinder muss ja nicht zu den besten deutschen Einrichtungen gehören, die mal von der Unternehmensberatung McKinsey prämiert wurden. Aber mehr als Balgen, Buddeln und Basteln erwarte ich schon. Wenn der Vater nicht mehr geschafft hat als das Abitur, dann sollten es die Kinder zumindest bis Harvard oder Oxford bringen. Deshalb kann man mit dem Lernen nicht früh genug anfangen.

Doch Werkbänke statt Kuschelecken – will ich das wirklich für meine Töchter? Soll aus den familiär-liebevollen »Strubbelkindern« tatsächlich eines dieser *Early Excellence Center* werden, die in England die hohen Maßstäbe setzen? Droht der neue Bildungsauftrag »Lernen zu lernen« zu einer schrecklichen Verschulung der Kindheit zu entarten?

Mich zumindest erschrecken die Welle der Soll-Pädagogik und die enormen Erwartungen vieler Väter und Mütter. Ich finde weniger Wissen nicht so gefährlich wie den immer auffälliger werdenden Narzissmus von Eltern, die ein glückliches und sichtbar erfolgreiches Kind vorweisen wollen – um als patente Erzieher dazustehen. Dass diese Symbiose zwischen Eltern und Kind der Entwicklung mehr schaden kann als jede Hängemattenkindheit, sehen sie nicht.

Ich allerdings bin ein gebranntes Kind des Strebsamkeitsdenkens der fünfziger Jahre, sozialisiert in diesem Mehr und Weiter, Höher und Größer und seelisch verkümmert in Wachstumsgewissheit und Karriereanspruch. Im Bewusstsein der eigenen Deformation kann mein viel zu früh auf Leistung reduziertes Ich auf dem Elternabend nur gegen Englischunterricht im Kinderladen stimmen. Wer seine Kinder schon so früh mit einer Fremdsprache traktieren will, weil er Genieverdacht hegt, der soll zu kommerziellen Einrichtungen wie »Fastrackids« gehen oder zu den Helen-Doron-Lernzentren. Die bieten schon für drei Monate alte Babys *Early-English*-Kurse an. Absurd. Bei den »Strubbelkindern« ist das Thema erst einmal vertagt.

Mit meinem Wunsch, den Kindern Freiraum zu bewahren, stehe ich glücklicherweise nicht allein. Auch Erziehungswissenschaftler wie Holger Brandes, Direktor des Instituts für Frühkindliche Bildung in Dresden, halten »die zunehmende Tendenz, die Schule in den Kindergarten vorzuverlegen, für eher problematisch«. Wenn Kindertagesstätten Englisch vermitteln möchten, sollten sie einen Muttersprachler als Erzieher einstellen, der mit den Kindern in seiner Sprache arbeitet, dann holen sich Kinder ihr Wissen selbst ab. Spielerisches Lernen heißt das Konzept.

Doch locker zu bleiben fällt beim Thema Frühbildung selbst entspannten Eltern schwer. Auch wir waren nicht gefeit vor der Gefahr, unsere Kinder gleich nach der Geburt in den Kampf um die Poleposition zu schicken. Die »psychosoziale Frühentwicklung« unserer Kinder haben wir daher durch Babyschwimmen gefördert. Sonntags um acht Uhr sind wir bereits durch die halbe Stadt kutschiert, um über die Wassererfahrung einen intensiveren Zugang zu unseren Kindern zu bekommen. Zwar betonte Kursleiterin Astrid immer wieder das »spaßige Moment« unseres Geplansches. Aber so oft, wie wir uns vorgeführt haben, wessen Baby am wenigsten Angst vor dem Tauchen hat, badeten wir Erwachsenen ganz schön im Ehrgeiz.

Übertriebene Ansprüche keimten auch in mir. Erschrocken ertappte ich mich in der zweiten Stunde bei der Frage: »Und wann werden die beiden die Seepferdchen-Prüfung machen?« Ich bin sicher, mindestens die Hälfte der Eltern unseres Kurses hat sich das insgeheim auch gefragt. Vielleicht wären Fanny und Lilly heute die jüngsten Freischwimmer Hamburgs und wir die stolzesten Eltern der Hansestadt, wenn uns nicht wenige Monate nach der ersten »Tropf-tropf-tropf«-Übung die näher rückende Geburt Rosas zur Aufgabe gezwungen hätte.

Als wirkliche Weichenstellung auf der Bildungsschiene aber sahen wir die richtige Wahl der Krippe. Mit dem Erziehungskonzept bei den »Strubbelkindern« hatten unsere Freunde Carsten und Christine bei der Betreuung ihrer Tochter Marieke »beste Erfahrungen« gemacht und auch uns überzeugt: fördern und fordern, aber nicht überfordern. Bildungsarbeit zieht sich dabei durch den ganzen Tag. Das Rechnen wird beim Frühstück geübt, etwa wenn Brotscheiben abgezählt oder Äpfel und Birnen geteilt werden. Um den Wortschatz zu erweitern und an Grammatik heranzuführen, wird mit den Kindern bewusst viel gesprochen. Und weil jede Gruppe durch einen Zivildienstleistenden verstärkt wird, gibt es auch genügend Gelegenheit dazu – solange niemand von der Mannschaft krank wird. Dass Regine Wolf und ihr Team auch das deutliche »Nein« kennen, ist für Eltern wie uns höchst beruhigend. Manchmal denke ich, dass wir es allein den Erzieherinnen zu verdanken haben, wenn unsere Kinder wenigstens manchmal aufs allerletzte Wort hören.

An Extras bieten die »Strubbelkinder« unseren Mädchen durchaus genug: Die Jüngsten versuchen sich einmal die Woche in Kleingruppen an Schere, Kleber oder Pinsel; die Älteren sammeln in der »Lernwerkstatt« Erfahrungen mit konzentriertem Arbeiten. Zur »Science-Lab-Fortbildung« hat Siemens dem Kinderladen eine »Forscherkiste« mit allerlei Versuchsmaterialien spendiert. So können schon Vierjährige mit Drähten und Krokoklemmen, Glühlampen und Batterien lernen, was Stromkreise sind und dass Strom nun mal Metall und kein Flussbett braucht, um zu fließen.

Auch wenn die »Strubbelkinder« mit dem Musikkindergarten in Berlin, einer Initiative des Dirigenten Daniel Barenboim, nicht mithalten können: Unser Diplom-Rhythmiker Matthias Klein bringt den Größeren mit seiner Klampfe mehr als Flötentöne bei – da wird gesungen, getanzt und viel gelacht.

In den USA gehen manche Mütter so weit und lassen ihre Kinder schon in der Schwangerschaft mit Klassik beschallen, vorzugsweise Mozart. Wir glauben da eher dem Schweizer Kinderarzt Remo Largo, der übereifrige Frühförderer warnt: »Kinder entwickeln sich nicht umso besser, je früher und intensiver sie stimuliert werden.« Wie der liberale Erziehungsguru halten auch wir es mit dem afrikanischen Sprichwort: »Das Gras wächst nicht schneller, wenn man daran zieht.«

Weil bei uns zu Hause aber weder Vater noch Mutter ein Ohr für Musik haben, bringen wir unsere Kinder einmal in der Woche im Anschluss an die Krippe zum frühkindlichen Musizieren. Unter Anleitung der Musikpädagogin Karin Kelka tanzen und trommeln sie da, spielen mit Triangeln und Tamburinen. Überforderung der Kinder kann ich nicht erkennen, wenn ich ihnen hin und wieder mittwochs nachmittags zusehe und zuhöre, nachdem ich mich für zwei Stunden aus der Redaktion gestohlen habe. Trotzdem singen sie schon nach einem Vierteljahr das Sesamstraßenlied, zumindest kriegen sie »der, die, das – wer, wie, was« irgendwie hin. Rosa klatscht dazu.

Natürlich sind die Kinder da dem Vater wieder mal voraus. Während ich bis zu meinem jüngsten Besuch in der Musikstunde nicht wusste, was Singen nach Solmisationssilben ist, trällern Fanny und Lilly bereits do-re-mi-fa-so-la-si-do. Doch auch der Vater lernt dazu. Wann meine Mädels ihr erstes Konzert geben könnten, habe ich Karin nicht gefragt – bislang jedenfalls.

Doch sosehr ich mich, trotz mancher Unzulänglichkeiten und Mängel, für unseren Kinderladen begeistern kann: Bei der Krippenkritikerin Christine Brinck würden wohl auch die »Strubbelkinder« durchfallen. Eines ihrer Kriterien für die Qualität einer Einrichtung ist die Frage des Schuhwerks. Ein Indiz, dass die Erzieher sich »nicht so um das einzelne Kind kümmern«, ist für Brinck die Bitte an die Eltern, »den Kindern nur Schuhe mit Klettverschlüssen anzuziehen, da für das Binden von Schuhbändern keine Zeit sei«. Und tatsächlich: Bei den »Strubbelkindern« sind Schuhe mit Schnürsenkeln nicht gern gesehen.

Die praktischen Schuhverschlüsse kommen allerdings auch uns Eltern zugute, wenn wir unsere Kinder morgens »abliefern«, wobei es nur die wenigsten so nennen würden. Das klingt zu sehr nach Entsorgung. Aber das ist pure Unterstellung. Und es stimmt auch nicht, dass der Vorstand unseres Kinderladens den Anbau einer Babyklappe an der Straße prüft, um die herzallerliebsten Racker im Vorbeifahren einzuwerfen – obwohl so eine Drive-in-Abgabe natürlich die lästige Parkplatzsuche ersparen würde.

An etlichen Tagen – und das gilt für viele Kinder – ist es übrigens so, dass die Kleinen froh sind, ihre Eltern loszuwerden. Wir Erwachsenen sind es, die sich nicht trennen, ihre Eifersucht auf die Erzieherinnen kaum unterdrücken können. Es ist ja schön, wenn die Kinder sich wohlfühlen, aber dass sich abends vor dem Einschlafen die magische Laterne, die so schöne Schattenbilder an die Wand wirft, bei Lilly öfter für ihre Betreuerinnen im Kindergarten dreht als für den Vater, das geht mir doch zu weit. Da muss ich meiner Schwiegermutter ausnahmsweise recht geben. Zehnmal soll sich das Licht für diese Helga drehen, danach für Sandra, Petra, Simone, Regine, Marina und Henny – und dann erst für die Oma. Bringt diese Krippe unsere Kinder denn um jedes Gefühl für Familie?

Jedenfalls sind die Zwillinge am Morgen schneller weg, als mir oft lieb ist. Sie sind einfach ab durch die Tür, tauchen ein in ihre Welt – Lilly zu den »Tigern«, Fanny zu den »Löwen«. Ganz problemlos, zumeist jedenfalls.

Rosa hält mir noch die Treue und bricht mir dadurch das Herz. Mein Arm ist Rosa eindeutig lieber als die große hölzerne Legokiste. Ich erinnere mich noch gut an Lillys Blick vor eineinhalb Jahren, traurig schaute sie zu mir auf, als ich sie an der Spielzeugtruhe absetzte, an die ich nun auch Rosa stelle. Böswillige würden es Parken nennen. Fanny gab damals nur in den Armen von Petra Ruhe.

In Gedanken rechne ich den Krippentag kürzer, als er für Rosa ist. Nach zwei Wochen Eingewöhnung, die mit wenigen Minuten am Tag begann, gaben wir sie nicht mehr als drei Stunden aus der Hand. Und eigentlich waren es doch nur zwei, wenn man die Ankunft und das Abholen abzieht. Das heißt doch nun wirklich nicht, dass wir unsere Rosa den anderen Tigern zum Fraß vorgeworfen haben. Nach sechs Wochen allerdings bleibt auch Rosinchen von neun bis fünfzehn Uhr, manchmal auch eine Stunde länger.

Die »Strubbelkinder«-Leiterin Regine kennt den bangen Blick von Vätern und Müttern in den ersten Wochen. »Seid beruhigt, wir rufen an, sobald sie länger als üblich weinen«, hat sie uns getröstet. Länger als üblich? Was ist denn üblich? »Das entscheiden wir nach Gefühl«, sagt Regine. »Vertraut uns.«

Ich gehe. Rosa schreit. Ich bleibe im Flur stehen, will zurück, mein Kind auf den Arm nehmen. »Das würde dir guttun«, sagt Regine, »aber nicht Rosa.« Ich gehe, warte aber im Umkleideraum, bis ich mein kleines Mädchen nicht mehr weinen höre. Die Minuten kommen mir vor wie die sprichwörtliche Ewigkeit. Loslassen will gelernt sein.

Auf dem Weg zur U-Bahn ins Büro, wo ich heute bestimmt als Letzter aufschlage, trage ich mein Haupt gesenkt und frage mich, ob meine drei Mädels irgendwann Vergeltung üben werden für meine Hartherzigkeit – wenn sie dereinst ihren klapprigen Vater vorzeitig in ein Heim einweisen. Vielleicht sind sie dann nicht so brutal zu mir wie ich heute zu ihnen. Vielleicht kommen sie nach dem Sonntagsbesuch bei ihrem alten Herrn ja noch einmal zu ihm ans Bett zurück – wenn sie draußen im Flur sein Weinen hören.

Die Prüfung oder
Liebesgrüße aus dem Labor

Der Mann und die Frau steigen die Stufen zum zweiten Stock auffällig locker hinauf. So geht jemand, der einen schweren Gang vor sich hat, es aber nicht zeigen will. Nicht einmal dem Partner. Der Mann und die Frau stehen vor ihrem letzten Versuch, Vater und Mutter zu werden.

Oben empfängt sie Annick Horn. Die Ärztin ist eine von vielen in der großen Praxis. Die Klinik hat sich darauf spezialisiert, Paaren mithilfe modernster Medizin zu Nachwuchs zu verhelfen. Horn sieht die beiden zum ersten Mal. An diesem Samstag hat sie Dienst im »Gynaekologicum Hamburg« an der Altonaer Straße, einer Nahtstelle zwischen Multikulti-Quartieren und feinen Hansestadtvierteln. Die weitläufige Praxis in einem rot geklinkerten Neubau ist die letzte Hoffnung von Paaren mit unerfülltem Kinderwunsch. Auf diesem Morgen ruht die ganze Hoffnung des Mannes und der Frau. Ihre Behandlungsakte ist schon ziemlich dick. Sie trägt die Nummer 34 414.

Horns Patientin ist 38 Jahre alt, Rechtsanwältin mit eigener Kanzlei in der City. Sie ist Erfolg gewohnt, außer bei der Familienplanung. »Ein für uns typischer Fall«, sagt die Frauenärztin. Mit ihrem Mann Wolf Michel, sieben Fachkollegen, zwei Biologen und 22 Helferinnen behandelt Horn täglich rund zweihundert Frauen und Männer. Im Schichtdienst, sechs Tage die Woche, zur Not auch sonntags.

Der Patientin steht an diesem Morgen der entscheidende Eingriff bevor. Der Embryonentransfer.

Langsam fährt Horn die Frau auf dem Behandlungsstuhl in die Rückenlage. Die Patientin drückt die Hand ihres Mannes. Er ist zehn Jahre älter als sie, hat mit ihr das erste Mal ernsthaft an die Gründung einer Familie gedacht. Er hat keinen Zweifel, einmal ein guter Vater zu sein. Auch das ist typisch für Horns Klientel. Die meisten Paare stellten sich »die K-Frage erst, wenn sie einen gewissen gesellschaftlichen Status erreicht haben, um bitter zu erfahren, dass eine Schwangerschaft keine Selbstverständlichkeit ist«, sagt Horn später.

Der Mann küsst seiner Frau die feuchte Stirn, streicht ihr mitfühlend über das dunkle Haar. Seine Unsicherheit sucht er hinter leisen Fragen nach den Behandlungsschritten zu verbergen. Horn bittet ihn, zu schweigen. Sie muss sich konzentrieren. Aus dem Nebenraum reicht einer der Biologen eine Spritze mit einem vorgewärmten weichen Schlauch, dünner als eine Bleistiftmine. Dessen Spitze enthält drei Embryonen, die sich in den vergangenen 48 Stunden im Brutschrank des Labors aus befruchteten Eizellen entwickelt haben. Nur unter dem Mikroskop sind diese Embryonen wirklich erkennbar, als schimmernde Zellhäufchen.

Millimeter um Millimeter führt Horn die Spitze des Katheters in das hintere Ende der Gebärmutterhöhle ein. Wie weit sie den Schlauch vorschieben muss, zeigen die Ultraschallbilder; mehr noch aber zählen jetzt Fingerspitzengefühl und Erfahrung. Für Horn ist es der erste Transfer an diesem Morgen, aber vielleicht der dreitausendste in ihren bald 15 Jahren als Kinderwunschexpertin. Sie nickt dem Biologen zu. Er tippt auf den Kolben der Spritze. In einer rosa Nährlösung, kaum mehr als ein Tautropfen, werden die Embryonen in den Uterus eingespült.

Geräuschlos rollt Horn auf ihrem Hocker zurück, streift die dünnen Latexhandschuhe ab. Fragend schaut die Patientin ihre Ärztin an. Aufmunternd klapst Horn ihr auf den

Oberschenkel. Sie will keine falschen Hoffnungen wecken, aber auch nicht entmutigen. »Es fühlt sich gut an«, sagt sie. Horn bleibt noch sitzen, regungslos. Bei aller Routine ist der Transfer für sie »ein noch immer bewegender Moment«.

Die Frau und der Mann schließen die Augen, scheinen nach Wochen des Drucks erleichtert innezuhalten. Schnell jedoch kommen die alten Zweifel wieder auf, verdrängen die gerade gewonnene Zuversicht.

Werden sich in den nächsten Tagen wieder alle Hoffnungen zerschlagen? Sollten sie tatsächlich zu jenen gehören, die trotz aller Anstrengungen ohne Nachwuchs bleiben? Oder werden sie in zwei Wochen die ersehnte Nachricht »Ihr HCG-Wert ist positiv« erhalten? Sicher ist nur, dass die Patientin und ihr Mann auf dem langen Weg zum Kind schon ein weites Stück hinter sich haben. Seit Jahren wünschen sich die beiden sehnlichst Nachwuchs. Nie hätten sie gedacht, dass es für sie so beschwerlich sein würde. Vor allem er hatte die Nachwuchsfrage immer abgetan: Kinderkriegen – ein Kinderspiel, damit hatte er die Thematik beiseitegewischt, vor allem aus Angst. So hatte er Unfälle in der Rushhour des Lebens vermeiden wollen und schien unversehens auf dem Standstreifen gelandet zu sein. Trotzdem verspürte er keinen allzu großen Neid auf jene Altersgenossen, die vor ihm Väter geworden waren. Das mochte an den Jahren liegen, in denen er auf der Couch seiner Analytikerin versuchte, seine Unzulänglichkeiten zu akzeptieren. Und sicher trug dazu bei, dass es neben ihm auf der Überholspur ordentlich krachte. Bei dem einen in der Karriere, von der nur ein paar zerknitterte Visitenkarten bleiben; bei dem anderen in der Beziehung, an die nur noch die Unterhaltszahlungen erinnern. Einige landeten mit Totalschaden an Leib und Seele in Kneipen und Krankenhäusern, oder es kostete gar ihr Leben, und sie liegen schon unter der Erde.

Die Entdeckung der Langsamkeit hatte ihr und ihm als Paar gutgetan. Ihnen als Möchtegerneltern drohte sie zum Verhängnis zu werden.

Mancher seiner Freunde wurde bereits mit der zweiten Frau erneut Vater, einfach so über Nacht. Unter ihren Freundinnen wiederum fanden inzwischen auch die späten Mädchen einen Partner – und bekamen ihren dicken Bauch. Das Paar hingegen wagte zuletzt gar nicht mehr, darauf zu hoffen, starrte beklommen auf die biologische Uhr, die bald die letzte Runde einläuten würde.

Muss die Frau jetzt den Preis dafür zahlen, dass sie immer eine gute Anwältin sein wollte – nach Prädikatsexamen und Arbeit in einer New Yorker *Law Firm?* Hatte sie der Übernahme der väterlichen, durchaus einträglichen Kanzlei zu lange Vorrang vor den privaten Wünschen eingeräumt?

Zwei Jahre hofften sie, mit allerlei Tricks nachhelfen zu können, so wie es Bekannte von ihnen auch getan hatten. »Ihr müsst nach Zypern«, sagte eine Freundin und berichtete von einem Kloster, wo Mönche ihr einen Fruchtbarkeitsgürtel angelegt hatten. In seinem Eifer, nichts unversucht zu lassen, rief der Mann seinen griechischen Freund Michalis auf Amorgos an. Auch der hatte mit seiner Frau Apostolia lange vergebens auf ein Kind gewartet. Beide tiefgläubig, hatten sie viele Messen mit Gebeten für eine Schwangerschaft lesen lassen, Michalis war sogar nach Athos gepilgert, zu den Mönchen, um Beistand von ganz oben zu erbitten. Er wurde erhört. Seine Frau Apostolia wurde schwanger mit Frederico. Michalis aber wusste nichts von einem Fruchtbarkeitsgürtel, bot dem deutschen Freund jedoch eine gemeinsame Pilgerfahrt nach Athos an. Dazu fehlte dem Mann der Glaube, der Freundin offenbar nicht. Drei Monate nach dem Zypern-Trip verkündete sie allen, dass sie schwanger sei. Wieder eine, die es geschafft hat, denkt der Möchtegernvater, egal, ob es der Gürtel war oder Glück.

Der Druck auf das Paar stieg mit jedem Monat, buchstäblich periodenweise. Es wirkte geradezu absurd, was sie unternahmen, um die Empfängnisbereitschaft zu fördern. Er mied heiße Wannenbäder, verzichtete auf die geliebten Saunabesuche, denn Spermien leiden unter hohen Temperaturen. Natürlich trug er auch keine engen Slips mehr, sondern nur noch weite Boxershorts, aus reiner Baumwolle, selbstverständlich. Auch von langen Radtouren nahmen sie Abstand. Er wollte doch nicht, dass es dadurch zu einer Überhitzung seiner Hoden käme. Er putzte auch nicht mehr das Bad, polierte nicht mehr die Möbel, hatten seine Ärzte ihm doch gesagt: Vorsicht vor Haushaltsreinigern. Etliche enthalten angeblich Substanzen, die der Fertilität abträglich sind. Und auch die Frau brachte Opfer, um die Chancen auf ein Kind zu erhöhen. Sie arbeitete nur noch zehn Stunden am Tag in der Kanzlei und nahm sonntags endlich mal frei.

Vor allem aber hielten sich beide an eine immer wieder ausgegebene Regel: »Haben Sie lieber weniger Sex, dafür intensiver – und zum richtigen Zeitpunkt. Mit der Häufigkeit der Ejakulation sinkt die Spermazahl im jeweiligen Ejakulat«, schreiben in ihrem Ratgeber »Späte Mütter, späte Väter« die Fruchtbarkeitsberater Nadja Brandstätter, Georg Freude und Euke Frank. »Die beste Qualität erreichen Sie, wenn das Sperma etwa vier bis fünf Tage ›alt‹ ist.« Für das Paar reduziert sich die Zeugung zum flüchtigen körperlichen Akt. Aus dem Liebesspiel wird Befruchtungsübung.

Besuche bei Heilpraktikern, Aufbaupräparate (»Nehmen Sie Vitamine zu sich, vor allem C und E«) und wochenlange Trinkkuren mit selbstgebrauten Wurzel- und Kräutertees nach chinesischen Rezepturen – alles vergeblich. Es stimmt eben nicht, was der erste Bundeskanzler und achtfache Vater Konrad Adenauer mal gesagt hat: »Kinder kriegen die Leute sowieso.« Der Christdemokrat hätte es besser wissen müssen. Schließlich war Vater-Werden schon zu Abrahams Zeiten nicht selbstverständlich.

Erst auf nachhaltiges Drängen seiner Frau entschließt sich der Mann, zum Arzt zu gehen. Sie war von ihren Gynäkologen mehrfach heimgeschickt worden: »Bei Ihnen ist alles in Ordnung.« Bei ihm nicht. Der Befund des Andrologen ist erschütternd: Seinen Spermien mangelt es an Masse und Mobilität. Während bei anderen Männern bis zu 60 Millionen Samenfäden gezählt werden, bringt er es auf gerade mal fünf Millionen; und denen fehlt es auch noch am nötigen Vorwärtsdrang.

Obwohl der Mann der Patientin 34414 wahrlich kein Macho-Typ ist, hatte er sich nicht vorstellen können, der Auslöser der Probleme zu sein. Hatte seine Fruchtbarkeit vor fast drei Jahrzehnten bei seiner damals großen Liebe nicht gleich zweimal zu ungewollten Schwangerschaften geführt? Die Stunden in der Abtreibungsklinik im niederländischen Zwolle würde er nie vergessen.

In einer Mischung aus Verzweiflung und Technikgläubigkeit setzte das Paar auf einen der heikelsten Zweige der modernen Heilkunde: die Reproduktionsmedizin. In hoch spezialisierten Praxen wie dem Gynaekologicum wird täglich *in vitro*, im Glas, zusammengebracht, was sich *in vivo*, im Leben, nicht zusammenfügen will.

Doch die Zuversicht des Mannes und der Frau währte nur kurz. Im festen Glauben an den Fortschritt, der alles machbar mache, hatten sie gewähnt, bei der In-vitro-Fertilisation (IVF) sei die Schwangerschaft so gut wie garantiert. Weit gefehlt.

Nach Angaben des deutschen IVF-Registers in Bad Segeberg, das die Angaben der Befruchtungskliniken auswertet, führen nur 29 Prozent der Transfers zu einer Schwangerschaft; renommierte Praxen wie das Gynaekologicum Hamburg kommen auf ein Mittel von 35 Prozent. Rund ein halbes Dutzend Mal am Tag zerstören die Helferinnen im Gynaekologicum mit ihrem Anruf alle aufkeimenden Hoffnungen, nur etwa dreimal können sie den Patientinnen den ersehnten Schwangerschaftsbefund durchgeben. Die *Baby-Take-Home*-Rate fällt noch geringer aus. Ein Fünftel der durch IVF schwanger gewordenen Frauen, vor allem die älteren, erleidet eine Fehlgeburt. Auch im 21. Jahrhundert bleibt das Wunschkind letztlich Glückssache.

Schon ihre ganz normalen Versuche, Eltern zu werden, hatten das Paar belastet. Beide werden nicht vergessen, wie die Frau nach vier Wochen Liebesurlaub in Griechenland beim Zwischenstopp in Athen abends aus dem Bad kam und weinte. Wieder umsonst geliebt. Erst in ihrer Verzweiflung am Fuße der Akropolis wurde ihnen bewusst, wie sehr der Kinderwunschgedanke zur Obsession geworden war. Für ihn noch mehr als für sie. Er war schließlich der Verursacher ihres Leids, nicht Mutter werden zu können. Sie sah das nicht so, verurteilte seine Selbstanklage. Das aber wollte er nicht hören. Mit anderen war er nachsichtig. Jetzt ging es um ihn und *seine* »Schuld« an ihrer Kinderlosigkeit. Damit konnte er nicht umgehen.

Der Entschluss zur IVF-Behandlung verschaffte ihm Erleichterung. Jetzt müsste es doch klappen. Sie hatten schließlich genug gelitten. Erst viel später wurde ihm seine geradezu kindliche Aufrechnung von Leid und Erfüllung bewusst.

Der erste Versuch scheiterte, der zweite ebenso.

Und dann das Wunder. In jeder IVF-Selbsthilfegruppe weiß einer der Teilnehmer von jenen Paaren zu berichten, die sich abmühen und abrackern, von Praxis zu Praxis ziehen und dann, wenn alles verloren scheint, mit einer ganz natürlichen Schwangerschaft beschenkt werden. Zu diesen Glückseltern gehören auch die Frau und der Mann. Sie wird schwanger, einfach so. Vor allem dem Mann ist die Erlösung anzumerken. Alle Enttäuschung, alle Niedergeschlagenheit ist wie weggewischt. Hatten sie nicht wunderbare Wochenenden in Paris, Istanbul, Amsterdam, Florenz? Ihm kommt es vor, als spreche er über ein ganz anderes, irgendwie verdrängtes Leben, weit weg im Ausland. Sie vermutet, dass er erst jetzt, da er durch ihre Schwangerschaft, noch dazu eine spontane, aus dem Schatten der Schuld treten kann, wahrnimmt, wie viele auch schöne Momente ihre Beziehung hatte – jenseits aller Fruchtbarkeitsanstrengungen. Nun waren sie am Ziel, unbeschwert im Hier und Jetzt, dank »Poch-Poch«. So hatten sie das in ihr beginnende Leben genannt, seit sie das erste Mal die Herztöne gehört hatten: poch, poch. Fasziniert schauen sie bei den ärztlichen Untersuchungsterminen auf den Bildschirm des Ultraschallgeräts. Es ist der größte winzige Punkt ihres Lebens. Zehn Wochen lang. Dann findet sich kein Poch-Poch mehr. Nichts mehr. Aus der Traum.

Wofür sollten sie abgestraft werden? Er fragt sich das. Er fragt sie das. Sie kann es nicht mehr hören. Seine Selbstgeißelung setzt ihr fast mehr zu als der Verlust der Schwangerschaft.

Freunde tragen an das Paar den Gedanken der Adoption heran. Die beiden sehen darin für sich keine Lösung. Sie sind kleine Narzissten, die sich in eigenen Kindern spiegeln wollen. Zudem schrecken sie die formalen Hürden. In Deutschland wären ihre Chancen auf ein Kind gering. Sie: Ende 30, er: bald 50. Damit gelten sie gemeinhin als zu alt.

Wie sehr die Angaben für den »Sozialbericht« der Ämter zur Qual werden können, schildert die Autorin Bettina Schulz in ihrem Buch »Tochter Indira. Die Geschichte einer Adoption in Indien« mit großer Offenheit: »Die intime Fragerei ist ein tiefer Eingriff in die Privatsphäre«, schreibt die Adoptivmutter. »Wir sollten ankreuzen, ob wir auch ein blindes Kind adoptieren würden oder ein sehbehindertes? Würden wir ein taubes Kind akzeptieren? Ja oder nein? Ein hörgeschädigtes? Ein Kind mit offenem Rücken? Ein Kind mit Aids? Ein geistig behindertes? Wie weit würden wir gehen? Bitte ankreuzen. Multiple Choice. Es war so zynisch, kalt und berechnend. Welche Kinderschicksale entschieden sich da auf dem Formular? Andreas und ich haben bei jeder Frage überlegt, wie weit wir bereit sind, unser Leben umzukrempeln. Da kroch unser Egoismus in die Kreuzchen, eigentlich ein ›normales Leben‹ führen zu wollen, keine zu großen Einschränkungen in unserem Leben hinnehmen zu müssen. Ein sehbehindertes Kind? Ja. Das könnte operiert werden und eine Brille tragen. Ein blindes Kind? Nein. Da scheuten wir das Risiko, die Unannehmlichkeiten, die Konsequenzen.

Aber wir müssen pragmatisch sein. Wir wissen, dass wir die Prüfung durch die Sozialarbeiter über uns ergehen lassen müssen, wenn wir ein Kind adoptieren wollen. Aber es ist trotzdem schwer. Es ist so theoretisch, über eine Adoption zu reden, wenn man gar keine Vorstellung von dem Kind hat, nicht einmal weiß, ob man überhaupt ein Kind zugewiesen bekommt.«

Nein, schon allein dies will das Paar nicht auf sich nehmen.

Allergrößten Respekt empfinden der Mann und die Frau vor ihren Freunden, die diesen Schritt wagen: Andrea und Urs für ihren Louis, Jan und Susanne für ihre Hannah und ihre Ella.

Jan und Susanne hatten immer ein Kind adoptieren wollen oder auch zwei. Und ein eigenes wünschen sie sich auch. So wollten die beiden zu fünft Familie leben. Auf dem Weg zum eigenen Kind ist das Paar den beiden begegnet, gemeinsam sind sie den Weg in die Laboratorien gegangen. Während der Mann und die Frau einander unter Druck setzen, stürzen sich ihre Freunde in die Mühen des Genehmigungsverfahrens: Sozialarbeiter durchleuchten deren Leben auf Adoptionstauglichkeit, Freunde und Verwandte müssen Gutachten über die Stabilität der Ehe verfassen. Jan und Susanne nahmen alles auf sich, erst für Hannah dann für Ella. Ein eigenes Kind blieb ihnen versagt, vorerst jedenfalls.

Die Geburtsanzeige für Hannah zählt zu den rührendsten überhaupt: »Am 20. 06. 2005 geboren, am 23. 06. uns ans Herz gelegt.«

Der Rechtsanwältin mit der Behandlungsakte 34 414 und ihrem Mann fehlt dazu die Größe.

Nach knapp drei Jahren in den Händen der modernen Reproduktionsmedizin sind der Mann und die Frau erschöpft, enttäuscht und zutiefst verunsichert. Sie kann nicht mehr joggen, muss ihr Laufen nach wenigen Metern abbrechen. Das Knie schwillt an, schmerzt. »Du willst diesen Weg nicht mehr gehen«, versucht der Mann sich als Küchenpsychologe. Er selbst schleppt sich nur noch mühsam über Marathonstrecken. Bei einem Lauf in Köln bleibt er bei Kilometer 30, weit vor dem Ziel, mit Tränen in den Augen stehen: Warum? Warum darf er nicht Vater werden? Was soll er daraus lernen? Ans Aufgeben denkt er nicht. Sie schon.

Sie will nichts mehr wissen von Hormonspritzen und anderen Eingriffen in ihren Körper. Und sie ist auch das gegenseitige Belauern leid im Freundeskreis: Trinkt sie Wasser? Sie muss schwanger sein. Sie ordert Wein. Ach, dann hat es wohl wieder nicht geklappt. Aber die Barbara, die das Rauchen plötzlich aufgegeben hat, die scheint schwanger zu sein, obwohl sie doch noch nicht geschieden ist.

Sie will die K-Frage mit einem trotzigen »Dann eben nicht!« beantworten. Er schreibt Briefe an sein ungeborenes Kind. Er überlegt, sich von ihr zu trennen, will den Weg frei machen für einen »gesunden Mann«; er will ihr die Chance auf eine natürliche Mutterschaft geben – mit einem anderen.

Sein 48. Geburtstag ist der Höhepunkt der Krise. Die kleine griechische Insel Skopelos wird zum Schlachtfeld, auf dem sich zwei schon längst Geschlagene noch einmal aufbäumen. Eher resigniert als überzeugt willigt sie ein, einen letzten Versuch zu unternehmen. Er gibt endlich Ruhe, wird sich nicht von ihr trennen und auch nicht entleiben. So bangen sie also dem erneuten Anruf aus dem Labor entgegen.

Wie vielen Deutschen der Wunsch zum Kind verstellt ist, lässt sich nur erahnen. Nach den Kriterien der Weltgesundheitsorganisation gilt ein Paar als ungewollt kinderlos, wenn es sich mehr als zwei Jahre vergebens um Nachwuchs bemüht. Dazu dürften die meisten der 200 000 deutschen Paare zählen, die nach Schätzung der Organisation »Wunschkind e. V.« in jüngster Zeit für eine Beratung Fachärzte aufgesucht haben. Insgeheim hat wohl jedes zehnte Paar mit Nachwuchsproblemen zu kämpfen. »Mit *in vitro* ist es bei Männern wie mit Hämorrhoiden«, hat dem Mann mal der gute Freund und Kollege Hans gesagt, »wenn einer drüber spricht, erzählen auch alle anderen von ihren Erfahrungen.« Der Mann hat für solche Art von Selbstironie wenig übrig. Hans hat gut reden mit zwei gesunden Kindern, egal wie er es angestellt hat.

Auf eine »assistierte Befruchtung« lassen sich derzeit in Deutschland um die 37 000 Paare ein. Das Wort »künstlich« meidet die Fachwelt schon geraume Zeit, und die Empörung jener Kirchenführer und Konservativen, die den ersten gelungenen Embryonentransfer 1978 noch als »Anmaßung, dem Herrn ins Handwerk zu pfuschen«, gegeißelt haben, ist lange verhallt. Das erste »Retortenbaby«, Louise Brown, ist inzwischen selbst Mutter eines Jungen, gezeugt *in vivo*.

Das Wunder-Kind Brown verdankt sein Leben den Befruchtungspionieren Patrick Steptoe und Robert Edwards.

Dem Frauenarzt und dem Physiologen war es gelungen, eine männliche und eine weibliche Keimzelle im Labor miteinander zu verschmelzen und den Embryo ihrer Patientin Lesley Brown, damals 30, wieder einzusetzen. Neun Monate später konnte die Lastwagenfahrer-Ehefrau in Oldham bei Manchester ihre Tochter Louise in die Arme schließen.

Die epochale Forschertat, für die Edwards von der Queen geehrt wurde, löste weltweit heftige Debatten aus. Zwar feierte die Nachwelt den ersten geglückten Embryonentransfer als – vorerst – größten Erfolg der biologischen Revolution, die in den fünfziger Jahren des vergangenen Jahrhunderts mit der Entschlüsselung der Erbgutstruktur begonnen hatte. Aber der Schritt nährte auch die alte Vision vom künstlichen Menschen, die als Alb- oder Wunschtraum seit Urzeiten durch die Köpfe von Naturphilosophen, Dichtern und Theologen spukt: vom Idealmenschen des Altertums über den Golem der jüdischen Legende oder den aus Sperma und Pferdedung gezeugten »Homunkulus« des Paracelsus bis hin zum Phiolengeschöpf in Goethes »Faust«.

Inzwischen regiert die Macht des Machbaren, ganz nach dem Glaubenssatz des Vorreiters Edwards: »Die Ethik muss sich der Wissenschaft anpassen, nicht umgekehrt.« In der Bundesrepublik gab 1985 eine Expertenkommission unter dem Vorsitz des ehemaligen Bundesverfassungspräsidenten Ernst Benda der »außerkörperlichen Befruchtung« ihren Segen.

Auf dem Weg zum Wunder sind manche Frauen allerdings schon von der Hormonbehandlung überfordert, mit der die Produktion möglichst vieler Eizellen angekurbelt werden soll. Obwohl die Patientin 34414 als Anwältin ein überaus sachlicher Mensch ist, schüttelt es sie, wenn sie an die Spritzen mit den ihr unheimlichen Substanzen denkt, die sie sich jeden Morgen selbst setzen musste. Doch täglich zur Behandlung in die Praxis zu kommen, wäre ihr zeitlich gar nicht möglich gewesen. So schoss sie sich morgens, auf dem Badewannenrand hockend, die Hormone in die Bauchfalte. Gleich bei ihren ersten In-vitro-Bemühungen hatte die Hormonbehandlung schwere Folgen: Die Patientin musste mit aufgeblähtem Bauch und akuter Atemnot ins Krankenhaus eingeliefert werden. Die Hormongaben hatten ihr Blut gefährlich verdickt, Wasser aus den Blutgefäßen hatte ihren Bauch aufquellen lassen.

Die Mediziner sprechen dann von einem »ovariellen Hyperstimulationssyndrom«, das sie in der leichten Variante bei jeder dritten Behandlung feststellen; schwerer, wenn auch nicht immer so extrem wie in diesem Fall, trifft es jede zwanzigste Frau. Zwei Tage behielten die Ärzte die Patientin in der Klinik, erst Monate nach ihrem Horrorerlebnis mit der Endstation Notaufnahme konnte sie die In-vitro-Behandlung fortsetzen.

Auf die Hormonkur folgt für jede Frau eine nervliche Zitterpartie: Die Eizellenernte nach dem künstlich ausgelösten Eisprung. Jetzt muss sich erweisen, ob die Spritzenqual tatsächlich ausreichend Eizellen hat reifen lassen. Um das kostbare Gut zu gewinnen, saugt der Arzt die Zellen mit einer Kanüle aus den Follikeln, den Eibläschen im Eierstock, ab. Unter dem Mikroskop werden in einer Petrischale die Eizellen aus der Follikelflüssigkeit herausgefischt. Danach geht es dann ab in die »Betten«, wie die Vertiefungen, kleiner als eine Fingerkuppe, auf einer Acrylglasplatte genannt werden. In jede der Mulden kommen eine Eizelle und Zehntausende Spermien.

Im Inkubator, einer Art künstlichem Eileiter, sollen sich die Zellen bei 37 Grad Celsius vereinen und nach rund 18 bis 20 Stunden das sogenannte Vorkernstadium bilden – die letzte Entwicklungsstufe vor der Verschmelzung von weiblichem und männlichem Zellkern. Zu diesem Zeitpunkt müssen die Kliniken in Deutschland aus den Zellen die künftigen

Transferkandidaten auswählen; sofern die Patientin reichlich produziert hat. Erst mit der folgenden Verschmelzung wird die Zellformation zum Embryo, der frühesten Stufe menschlichen Lebens, die in Deutschland unter besonderem Schutz steht. Die Patientin 34 414 fühlte sich »regelrecht unter Produktionszwang«. Sie weiß, dass nach dem Einmaleins der Fortpflanzungsmedizin die Erfolgsquote mit der Zahl der Eizellen steigt. Denn jede dritte Brutschrankpaarung scheitert, weil zu harte Zellhaut das Eindringen des Spermiums verhindert oder Zellen genetische Informationen fehlen. Um die übliche Transfereinheit von zwei Embryonen zu erhalten, müssen die Biologen im Schnitt vier oder fünf Eizellen in ihrem »Topf« ansetzen, wie der Inkubator im Laboralltag genannt wird.

Drei Embryonen, wie sie der Patientin übertragen werden, erhalten nur Frauen ab Mitte 30, um deren Schwangerschaftschancen zu erhöhen. Mehr dürfen die IVF-Zentren nach dem 1991 in Kraft getretenen Embryonenschutzgesetz nicht transferieren. Die Gefahr einer Mehrlingsgeburt, die immer mit erheblichen Risiken für Mutter wie Kinder verbunden ist, wäre sonst zu groß.

Auf überzählige Eizellen wartet das Gefrierfach. Seit Mitte der neunziger Jahre ist es auch in der täglichen Praxis möglich, Eizellen im Vorkernstadium aufzutauen und erfolgreich zu übertragen. So wird den Patientinnen bei einem zweiten Anlauf die strapaziöse Hormonkur erspart, falls denn bei der ersten Stimulation genügend Zellen gewonnen wurden. Ein Handel mit den »Frosties« ist in Deutschland ebenso verboten wie die Eizellenspende generell. Die Samenspende hingegen ist erlaubt.

Die Patientin und ihr Mann hätten allerdings selbst mit der konventionellen IVF-Technik kaum Chancen auf Nachwuchs gehabt. Die Mobilität der Spermien ist hier eine Grundvoraussetzung. Überwunden wird die Samenzellen-

Lethargie durch die »Intracytoplasmatische Spermieninjektion« (ICSI), die erstmals der Frauenarzt Gianpierro Palermo 1991 in Brüssel erfolgreich praktizierte. Der einzige, aber entscheidende Unterschied zur konventionellen künstlichen Befruchtung ist ein zusätzlicher Schritt im Labor: Das allzu passive Spermium wird nicht einfach ins Nährbett gelegt, sondern – gleichsam als Vereinigungshilfe – in die Eizelle hineingespritzt. Inzwischen wird das Verfahren in Deutschland mehr als doppelt so häufig angewendet wie die traditionelle Methode. Zum einen wollen viele Paare sicherstellen, dass die kostbaren Eizellen tatsächlich befruchtet werden, zum anderen sind schlechte Spermienbefunde, anders als vielfach angenommen, ebenso oft Grund für Zeugungsschwierigkeiten wie Probleme bei der Eizellenproduktion. »Versagen ist Frauensache«, wie der Mann der Patientin lange meinte, daran glaubt die Mehrzahl der Männer dennoch weiterhin.

Der medizinische Fortschritt hat seinen Preis. Eine IVF-Behandlung, einschließlich der Medikamente, kostet gut 3000 Euro; ICSI-Paare müssen noch einmal mindestens 500 Euro drauflegen. Viele Praxen kassieren bei Privatpatienten erheblich mehr. Einen Dämpfer erhielt die boomende Branche durch die Gesundheitsreform 2004. Seither knapsen die Kassen und zahlen lediglich die Hälfte der Behandlungskosten – und auch das nur an verheiratete Paare; die Zahl der mitfinanzierten Eingriffe ist zudem auf drei begrenzt. Und auch die werden nur noch Frauen im Alter von 25 bis 39 Jahren zugebilligt.

Während die Politik über die niedrige Geburtenrate lamentierte, halbierte sich die Zahl der Kinderwunschbehandlungen von 2003 bis 2005 auf rund 56 000 Eingriffe. Die Laborbefruchtung, wissen Ärzte wie Horn und Michel aus zahlreichen Patientengesprächen, sei aufgrund des gesundheitspolitischen Sparkurses »nicht mehr eine Frage von

Glauben und Gewissen, sondern der finanziellen Möglichkeiten«. Nur die älteste aller Befruchtungshilfen, die schon seit dem 18. Jahrhundert praktizierte Insemination, ist nach Einschätzung der Hamburger Experten unvermindert gefragt: Ohne großen Laboraufwand wird dabei über eine Kanüle das Sperma in die Gebärmutter eingeleitet. Das vergleichsweise preiswerte Verfahren (Behandlungskosten etwa 300 Euro) wird jährlich mehr als 50 000 Mal praktiziert.

Zu schaffen macht der Befruchtungsbranche auch die Konkurrenz aus dem Ausland. In Spanien, Tschechien oder Belgien locken Kliniken mit günstigen Tarifen und vor allem mit besseren Schwangerschaftsraten. Anders als deutsche Ärzte, die befruchtete Eizellen in der Regel schon nach zwei Tagen transferieren, halten ihre Kollegen in Valencia, Prag oder Brüssel die Embryonen nicht nur drei Tage länger im Brutschrank, sondern verfolgen dabei deren Entwicklung auch genau. Erst am Tag fünf nach der Einbettung, nach jenem Zeitraum, für den die Zellen von der Natur auf die Einnistung in der Gebärmutter programmiert sind, werden die aussichtsreichsten Embryonen zur Einspülung ausgewählt. Dank dieser – in Deutschland verbotenen – Selektion, behauptet etwa eine Klinik in Pilsen, werde über die Hälfte ihrer Patientinnen schwanger.

Wolf Michel und Annick Horn bezweifeln die Erfolgsraten der Kollegen im Ausland. Doch unbestritten ist, dass deutsche Frauen doppelt bestraft werden. Sie müssen mehr bezahlen, ohne die modernsten Möglichkeiten zu bekommen.

Die Patientin und ihr Mann sind privat versichert. Sie würden sich die Erfüllung ihres Nachwuchswunsches aber auch etwas kosten lassen. Am Geld soll das Elternglück nicht scheitern. So denken viele. Das Paar kennt andere Paare, die sich für die IVF-Versuche sogar verschulden. Aber wie viele vergebliche In-vitro-Behandlungen kann eine Frau ertragen, ohne schwerwiegenden Schaden an Körper und Psyche zu nehmen? Die Fachleute Horn und Michel, selbst Eltern von zwei Kindern, mögen niemandem Grenzen vorschreiben. Doch nach fünf erfolglosen Versuchen raten sie fast immer von weiteren Behandlungen ab, weil es danach nur die wenigsten noch schaffen. Die Hoffnung, ausgerechnet zu jenen wenigen zu gehören, treibt dennoch viele weiter und weiter. Eine Patientin des Gynaekologicums Hamburg hat es auf 20 Versuche gebracht – bis sie schwanger wurde. Für vielleicht ein Viertel aller Patienten bleibt ihre Sehnsucht unerfüllt, was immer sie auch probieren. Sie müssen sich einreihen in das Heer jener Paare, die in Deutschland kinderlos bleiben.

Was werden sie tun, fragt sich das Paar, wenn auch dieser, ihr angeblich letzter Versuch, nicht klappt? Werden sie doch adoptieren, so wie ihre französische Freundin Sylvie ein Kind aus Haiti angenommen hat? In welchem Land werden sie ihr Kind dann wohl finden? Oder werden sie doch noch einen weiteren Versuch unternehmen, den wirklich allerallerletzten? Oder werden sie kinderlos bleiben? Und wird ihre Beziehung das aushalten?

Wenn sie bei ihren seltenen abendlichen Spaziergängen durch ihr Viertel den Klarinettenspieler hören, wissen sie, wie schwer es ist, als Paar mit unerfülltem Kinderwunsch zusammenzubleiben. Der Musiker hat sich von seiner Frau getrennt. Ihre Beziehung hat den achten missglückten IVF-Versuch nur um wenige Tage überlebt. Er will frei sein für eine neue Partnerin, möchte unbedingt Kinder. Noch aber trauert er, will sich Zeit lassen mit einem neuen Anfang. Er ist ja erst 49. Sie ist weggezogen, in eine andere Stadt. Angeblich macht sie viel Sport, stürzt sich in die Arbeit – und fürchtet sich vor Weihnachten, an dem sie traditionell ihre Schwester in Frankreich besucht. Denn die hat drei Kinder.

Tatsächlich brauchen viele der mindestens eine Million Frauen und Männer mit vergeblichen IVF-Versuchen Jahre, ihr Schicksal zu akzeptieren, manche schaffen es nie. Etliche Partnerschaften zerbrechen an erbitterten Schuldzuweisungen. Erst »wenn der Traum vom eigenen Kind verabschiedet und die Trauerarbeit abgeschlossen ist, werden die Paare für das Leben und für neue Perspektiven wieder offen sein«, schreibt der Heidelberger Psychologe Tewes Wischmann. Für das gemeinsam mit seiner Kollegin Heike Stammer verfasste Werk »Der Traum vom eigenen Kind – Psychologische Hilfe bei unerfülltem Kinderwunsch« hat der Seelenforscher Hunderte betroffene Paare untersucht und beraten. Das Akzeptieren der Unmöglichkeit, so Wischmann, bedeute auch, »sich mit der eigenen Endlichkeit und anderen unverrückbaren Grenzen ausgesöhnt zu haben«.

Die Patientin 34414 hat Glück. Annick Horn habe an jenem Samstag »gut gelegt«, lobt Wolf Michel lächelnd. Das Ehepaar darf sich auf Zwillinge freuen. Der Fruchtwassertest kündigt zwei gesunde Mädchen an. Der Mann und die Frau sind endlich auf dem Weg, Vater und Mutter zu werden.

Die Firma oder
Sehnsucht nach der Business-Class

Bagdad. Was mache ich in der irakischen Hauptstadt? Was sucht ein später Vater von drei kleinen Kindern in der gefährlichsten Stadt der Welt?

Es ist Ende März 2008, und ich stehe in der »Grünen Zone«, dem Regierungs- und Diplomatenviertel von Bagdad. Ich trage Splitterschutzweste und Stahlhelm, denn das Viertel wird mit Granaten und Mörsern beschossen. Aufständische Schiiten haben der eigenen Regierung und der Schutzmacht Amerika den Kampf angesagt. Und ich befinde mich vor dem Hauptziel der Angriffe, der US-Botschaft am Tigris, einem ehemaligen Palast des gestürzten Diktators Saddam Hussein.

Eine Sirene ertönt, als ich gerade unterwegs bin zum Hubschrauberlandeplatz. *»Duck and cover«*, kommt das Kommando: Duck dich und suche Schutz! Amerikanische Sicherheitskräfte drängen mich in einen Bunker, nicht weit von mir schlagen Granaten ein.

Muss das sein, sich dieser Gefahr auszusetzen?

Ja. Zweieinhalb Jahre nach der Geburt der Zwillinge, einenhalb Jahre nach Ende meines Teilzeit-Vater-Jahres und ein Jahr nach Rosas Geburt muss das sein. Es muss sein, weil ich mich verpflichtet fühle, als der für die Nah- und Mittelost-Berichterstattung zuständige Redakteur auch mal wieder nach Bagdad zu fahren. Der späte Vater meldet sich zurück an der Berufsfront. Bednarz in Bagdad. Könnte ich es deutlicher demonstrieren? Auch vor mir selbst?

Es muss sein, weil ich nach 30 Monaten Windelduft und Muttermilcharoma raus will aus der Papa-Mama-Kind-Symbiose, die mir den Atem raubt: Sie war höchstes Glück, weil ich mich nie zuvor so innig, zärtlich und offen erlebt habe; sie war tiefste Verunsicherung, weil ich nie zuvor so verletzlich, so dünnhäutig war; beides schnürt mir die Kehle zu.

So wie wir als Jungen unsere Mutproben hatten (»Wer kriecht durch den dunklen Kanalisationsschacht?«), um uns als vermeintliche Männer zu beweisen, so erscheint mir meine Bagdad-Reise als eine Art Initiationsritus für den Club der coolen Redakteure. Ich will allen Kollegen, allen Chefs, mehr noch mir selbst zeigen, dass man wieder mit mir rechnen muss. Niemand soll mich abschreiben, nur weil ich mich zuletzt so besorgt gezeigt habe, wenn unsere Rosa, die tapfere Maus, schon wieder zum Arzt musste, oder weil mir das frühe Abendbrot mit meinen Töchtern wichtiger war als ein Umtrunk mit Kollegen.

Letztlich aber treibt mich eine in ihrem Grundmuster weit verbreitete seelische Disposition, deren Ergründung zurückführt in die Zeit der Prägungen und die viel zu tun hat mit einem silbernen Klappmesserchen. Das Ding hatte die Größe eines kleinen Fingers und würde heute wohl selbst die schärfsten Sicherheitskontrollen der Flughäfen passieren. Aber für meine Seele war es höchst gefährlich. Die zerfetzte es wie ein gewaltiger Sprengsatz. Und der explodierte jeden Tag, immer nach der Schule.

Mit dem Messerchen kratzte meine Mutter meine Fehler in den Schönschreibheften weg. Ein Unterstrich zu tief, ein Oberstrich zu hoch oder ein Mittelstrich zu lang, schon zückte sie ihr kleines Werkzeug und kratzte die Buchstaben zurecht. Dass sie bei den Hausaufgaben neben mir saß, war für sie ohnehin selbstverständlich. Mein Talent, so glaubte sie fest, müsse nur ans Licht befördert und gefordert werden. Auf gar keinen Fall dürfe die Entdeckung des Genialischen verhindert werden durch schlechte Schönschreibnoten in der ersten Klasse.

Natürlich hat auch sie es, wie alle Mütter, nur gut gemeint. Wozu hatte sie ihren Jungen in die Welt gesetzt, wenn er es nicht einmal besser haben sollte als sie und weiter bringen sollte als der Vater? Der war mit seiner Arbeit als Ingenieur im Außendienst einer mittelständischen Firma allerdings ganz zufrieden. Eine große Mietwohnung im Essener Süden, wo die Besserverdienenden im Schatten der Krupp'schen Villa Hügel wohnen, ein Auto und zwei Kinder – Vater Bednarz hat sich nie beschwert über sein Leben. Für die Mutter hingegen war das Gras im Garten der Nachbarn immer grüner, waren die Kinder der anderen immer klüger, einerseits. Andererseits hatte die Mutter nie Zweifel, dass ihr Sohn, gut vier Jahre älter als die Schwester, eigentlich der Klügste überhaupt sei. Sie müsse vielleicht nur das Talent fördern – zur Not durch Nachhilfe.

Das Verhalten von Mutter Bednarz ist kein Einzelfall, sondern eher die Regel. Die Behandlungsakten von Erziehungsberatern und Psychiatern wie Michael Winterhoff sind voll von Eltern, die »das Kind zur Befriedigung ihrer eigenen Bedürfnisse benötigen«, so der Seelenkundler in seinem »Tyrannen«-Buch, »die ihre Kinder ›als Projektionsflächen nutzen‹, um ihre eigenen Defizite zu kompensieren. Für sie sind das Sozialverhalten und die schulischen Leistungen ihrer Kinder Messlatte dafür, ob sie selbst als gute oder als schlechte Eltern zu gelten haben.« Die Folge dieser Projektion ist die Umkehrung der realen Machtverhältnisse: Die Eltern werden von ihren Kindern abhängig, weil sie ihr Selbstbewusstsein ausschließlich über das Verhalten des Kindes definieren. Tatsächlich hat es meiner Mutter, durchaus im Wortsinne, fast das Herz gebrochen, als ich in der Pubertät auf dem Gymnasium nicht zurechtkam, bis zum Abitur zwei Ehrenrunden drehen musste.

»Lass den Jungen in Frieden«, sagte der Vater manchmal, wenn er spät nach Hause kam. Das war ein schwacher Trost. Es war ein zaghafter Versuch eines weichlichen Vaters, den der Mutter ausgelieferten Sohn zu stützen. Aber letztlich trank der Vater doch lieber sein Bier, wollte seine Ruhe und ließ seinen Jungen in den Fängen der Mutter – und der Großmutter mütterlicherseits, die letztlich den Ton angab.

Die Rache des Vaters für die Bevormundung, die auch ihm galt, war nach dem dritten Bier lautstark. Dann legte er gern seine Lieblingsschallplatte auf: »Der Schwiegermuttermörder« von Adolf Tegtmeier, der Kunstfigur des prolligen Ruhrpöttlers, die den Kabarettisten Jürgen von Manger zum Atze Schröder der sechziger Jahre machte. Wenn der Angeklagte Tegtmeier dem Richter beschrieb, wie er seine Schwiegermutter »gesägt« hatte, damit sie auf den Bollerwagen passte, mit dem er durch die Schrebergartenkolonie zum Rhein-Herne-Kanal wollte, um die Alte dort zu versenken, dann schlug sich der Vater feixend auf die Schenkel, dass es krachte. Der Sohn konnte darüber nicht lachen. Der Vater bemerkte es nicht.

Dass der Zwangsschönschreiber später Journalist wurde, war nur konsequent. So konnte ich weiter versuchen, möglichst fehlerfrei zu schreiben, tauschte die Mutter nur gegen Redaktionsleiter, Ressortchefs und Chefredakteure aus. Es scheint ein Abhängigkeitsverhältnis auf Gegenseitigkeit. Die einen legitimieren ihre Position durch das Korrigieren, dazu sind sie da. Chef sein impliziert nun mal, alles besser zu wissen, fast alles. Und ich perpetuierte das Mutter-Sohn-Verhältnis. Ich suchte die Autoritäten und ihre Nähe, ich litt unter ihrer Textpflege. Wann immer sie an meine Fahnen ihre Anmerkungen malten, wollte ich nur allzu gerne das Messerchen meiner Mutter hervorholen. Viele Jahre traf es mich, wenn irgendjemand meine Texte kritisierte oder gar veränderte. Aber ich liebe sie auch, meine Chefs, wenn sie meine Manuskripte kaum verändert in Satz geben, mir so ein »Fehlerfrei« attestieren. Die Mutter sitzt tief. Die mangelnde Anerkennung durch den Vater schwächt bis heute, nährt die Abhängigkeit vom Lob anderer.

Diese Süchtigkeit wäre Vergangenheit, wenn ich als Vater nicht die Sorge hätte, sie auf meine Kinder zu übertragen. Dafür fürchte ich dieses Messerchen in meiner Seele, heute mehr denn je.

Irgendwo muss es tatsächlich noch liegen, in einer der vielen Kisten, in denen meine Vergangenheit verschwunden ist, um Platz zu schaffen für die Kinder, für die Gegenwart und Zukunft. Spätestens wenn der Sohn zum Vater wird, sollte die Mutter ruhen. Ich arbeite daran. Vielleicht fällt meinen Mädchen eines Tages das Messerchen meiner Mutter in die Hände, irgendwo unter dem Nachlass. Und hoffentlich ist es für sie dann nicht mehr als nur ein kleines harmloses Messerchen.

Es erfüllte die Mutter mit Stolz, dass ihr Sohn Journalist wurde. Während die Nachbarskinder, die in der Schule ihrem Jungen immer den Buchpreis vor der Nase weggeschnappt hatten, noch im Heer der Studenten untergingen, stand ihr Kleiner, der so klein nun gar nicht mehr war, schon in der Zeitung. Es war zwar nur der Lokalteil der »Westdeutschen Allgemeinen Zeitung« (WAZ), aber es war der ihrer Stadt Essen. Und es war ihr Sohn, dessen Berichte nun alle lasen. In den Augen der ehrgeizigen Mutter sollte dies erst der Anfang eines Aufstiegs sein, der eigentlich ihr selbst gebührt hätte, den aber nun zumindest ihr Sohn verwirklichen sollte. Dass der Sohn ihren unermesslichen Ansprüchen nie würde genügen können, dass er unter diesen Ansprüchen litt, war ihr nicht bewusst. Willentlich hätte sie ihm diese Bürde, einmal Chefredakteur werden zu müssen, niemals auferlegt.

Solcher Ehrgeiz, schreibt Michael Rutschky in seinem Buch »Lebensromane«, richtet sich auf Ziele, die in Wirklichkeit gar nicht zu erreichen sind. Anhand eines kleinen Aufsatzes »Zum Familienroman der Neurotiker« von Sigmund Freud, dem Vater der Psychoanalyse, entwickelt Rutschky seine Theorie vom großen »Lebensroman«, den wir alle noch schreiben wollen – in unserem hochneurotischen Kopf. Und so erzählt er die Geschichte von der Sekretärin und dem Redakteur, die »eigentlich« etwas Besseres sind, obwohl – oder besser: gerade weil – die »imaginären Ziele« ihres Ehrgeizes »gar nicht zu erreichen sind«. In der Phantasie aber erfülle sich ihre tatsächliche Berufung, die allerdings nüchtern auszusprechen niemand wagt, weil sie zu peinlich klingt. »Es hat eine ganze Weile und viel Bier gebraucht, bis jene Sekretärin der abendlichen Kneipengesellschaft gestehen konnte, dass sich in ihr eine der bedeutendsten Schriftstellerinnen verbirgt, die das letzte Drittel des 20. Jahrhunderts gesehen hat«, berichtet Rutschky. Auch jener von Rutschky beschriebene Redakteur braucht eine ziemliche Menge Bier, bis er der Kneipengesellschaft gestanden hat, dass er eigentlich Romancier sei. Seit ich das gelesen habe, traue ich mich gar nicht mehr, ein paar Bier zu trinken. Ich will mich ja nicht verraten.

Den Wechsel ihres Sohnes zum SPIEGEL hat die Mutter nicht mehr erlebt. Sie starb mit nur 49 Jahren an Herzversagen. Wahrscheinlich wusste sie mit ihrem Leben nichts mehr anzufangen, nachdem der Sohn aus dem Haus war und sich auch die Tochter ins Studium verabschiedet hatte. Sie wäre stolz gewesen, dass ihr Sohn es mit seinem Beruf so weit gebracht hatte, auch wenn ihr eine Karriere als Arzt, die, selbstverständlich, zum Chefarzt hätte führen müssen, sicherlich besser gefallen hätte. Vor Professoren hatte sie immer Ehrfurcht, über den Status der Journalisten hat sie nie geredet. Vor dem SPIEGEL aber hätte sie gewiß allergrößten Respekt gehabt – und den dann auch auf ihren Sohn übertragen.

Und nun, da sich die Kinder ankündigen, sollte ausgerechnet ich, der vor Ehrgeiz brennt und so fasziniert auf die Epauletten anderer schielt, aussteigen? Ich soll die Wandlung meines Lebens wagen? Doch, ich muss mich gerade machen, falls es mir denn ernst ist mit der Vaterschaft, aber auch mit der Partnerschaft.

Nach 25 fleißigen Jahren im Dienst des Blattes müsste ich eigentlich nichts fürchten. Unsere Personalabteilung fördert jede Art von Teilzeitarbeit. Jede fünfte Stelle ist inzwischen nicht mehr mit Vollzeitkräften besetzt. Bei den Männern hat sich der Anteil mit reduzierter Arbeitszeit verdoppelt, allerdings auf kleiner Basis. Bei den Frauen ist er um ein Drittel gestiegen. Insgesamt nehmen knapp 35 Prozent der weiblichen Kolleginnen das Angebot wahr, während es bei den Männern nur fünf Prozent im ganzen Haus sind. »Wir müssen als Gesellschaft, aber auch als Unternehmen noch flexibler werden«, so das Credo der Personalleitung, »denn der Bedarf an Teilzeitarbeitsmodellen wird steigen, demzufolge auch die Nachfrage. Und das wollen wir angemessen mitgestalten.« So sprechen Personalchefs nun mal.

Tatsächlich hat der SPIEGEL-Gründer Rudolf Augstein bei den Sozialleistungen für seine Redakteure, Dokumentare und Verlagsleute Maßstäbe gesetzt: von den einst prall gefüllten Kühlschränken auf den Redaktionsetagen, in denen dann mitunter mehr Bier und Wodka als Wurst und Säfte griffbereit lagen, bis zum heute großzügig alimentierten Zwei-Gänge-Mittagessen, das schwarz-weiß gekleidete Servicekräfte auftischen. Und wenn einer Vater wurde, Frauen waren in dem journalistischen Offiziersclub SPIEGEL über Jahrzehnte eher die Ausnahme, gab es einen ordentlichen Geburtszuschlag, verbrieft im »Hausbrauch«, einem dicken Kompendium der Generosität. Darin heißt es, dass es »bei Geburt eines jeden Kindes« 500 Euro extra gebe; der simplen Rechnung des Zwillingsvaters, dass es für zwei Kinder dann doch 1000 Euro geben sollte, will der freundliche Kollege aus der Personalabteilung allerdings nicht folgen. Ach, wenn das der selige Rudolf wüsste.

Zu der grundsätzlich familienfreundlichen Atmosphäre im Verlag mag beitragen, dass einige der Chefs späte Väter sind. Das sollte es auch mir erleichtern, für ein Jahr auszusteigen. Doch Journalisten verhalten sich wie Süchtige. Sie scheinen ihre Namen lesen zu müssen, Tag für Tag, Woche für Woche, als seien wir nicht existent, wenn wir nicht gedruckt werden.

Noch heute bewegt mich eine Krankenwagenfahrt mit einem erfahrenen Kollegen, den ich damals um seinen Erfolg beneidet habe. Er hatte mich nie besonders beachtet, ich war ihm wohl zu jung, hatte für seine Maßstäbe offensichtlich zu wenig vorzuweisen. Nun war ich es, der neben ihm im Notarztwagen hockte, nachdem er plötzlich kollabiert war. Und so begleitete ich ihn auf der Blaulichtfahrt ins Krankenhaus, versuchte ihm beizustehen, auch wenn es sich auf wenige Worte und vorsichtige Berührungen beschränkte. In Todesangst erzählte er mir, was er in seinem Leben besonders bereute: dass er bei der Geburt seines Kindes nicht dabei gewesen war. Er hatte es seiner Frau versprochen. Doch als sie ihn dann rausschickten zur Recherche, brachte er nicht den Mut auf, sich für seine Frau und sein Kind zu entscheiden. Pflichteifrig verfolgte er eine Entführung aus nächster Nähe, während seine Frau das Kind zur Welt brachte. Dass er selbst eine Geisel war, bemerkte er nicht. Ich hätte ihn, diesen großen armen Kollegen, gern in den Arm genommen, wäre er nicht auf der Trage festgeschnallt gewesen.

Die Erinnerung an dieses Geständnis lässt mich meine eigenen Ängste überwinden: Ich will meine Frau und Kinder nicht verraten. Also beantrage ich ein Jahr Elternteilzeit. Für mich sollte das einem Dauerabonnement auf ein schlechtes

Gewissen gleichkommen, auch wenn die Regelung mir wie auf den Leib geschneidert ist.

Die ersten drei Tage der Woche bleibe ich zu Hause, damit Esther trotz unserer Zwillinge ihre Kanzlei weiterführen kann. Den zweiten Teil der Woche, also in unserer Hauptproduktionszeit, bin ich in der Redaktion und kann recherchieren, schreiben und redigieren. »Dieter Bednarz hat eine Vorreiterrolle unter den politischen Redakteuren übernommen«, lobt mich eine Kollegin in der Hauszeitschrift der SPIEGEL-Gruppe, »die zeigt, dass Teilzeit kein reines Frauenthema ist.« Der Bucklige hat sich gestreckt – und es ist gut gegangen, nach außen hin.

Tatsächlich ist Elternteilzeit noch immer ein heikles Thema für die meisten Väter; aber auch für viele Personalchefs, die in dieser Position natürlich keine Väter sind, sondern nur Funktionsträger. Eindringlich appelliert die Kommission »Familie und demografischer Wandel« in ihrem im Auftrag der Robert-Bosch-Stiftung erstellten Bericht »Starke Familie« an die »Arbeitgeber, die ihre Vorstellungen von Werdegängen und Berufsbiografien ändern müssen«. Die Elternarbeit, kritisieren die Experten, »hat in Deutschland einen viel zu geringen Stellenwert«. Eltern, die aus dem Erwerbsleben ausscheiden, um Kinder zu erziehen, erfahren geringe Anerkennung: »Schon der Begriff ›Erziehungsurlaub‹ ist verräterisch. Kehren sie ins Berufsleben zurück, wird von ›Wiedereingliederung‹ gesprochen, als seien sie aus der Realität ausgegliedert worden.«

»Hier ist die Wirtschaft gefordert. Sie sollte Erziehungspausen nicht als einen Verlust an beruflicher Kompetenz darstellen, sondern die Chancen sehen, dass der Erfahrungsgewinn von pausierenden Eltern auch ihrer beruflichen Tätigkeit zugute kommen wird«, sagt der Ratsvorsitzende der Evangelischen Kirche in Deutschland, Bischof Wolfgang Huber, in einem SPIEGEL-Interview: »Das wäre ein wichtiger Schritt dahin, Kinder bewusster ins Zentrum zu stellen und die Verantwortung der Eltern für ihre Kinder auch gesellschaftlich zu respektieren.« Wie schön, dass wir solche Ansichten drucken. Man kann diese Sätze den Leuten gar nicht genug ins Bewusstsein hämmern.

Gerade beim SPIEGEL sollte meine Sorge, die Teil-Auszeit könnte dem beruflichen Weiterleben schaden, unbegründet sein. Zwar herrschte schon immer ein eher rauer Ton im Haus. Aber es stimmt einfach nicht, dass einer unserer Chefredakteure je handgenähte Schuhe aus der Haut seiner Redakteure getragen hätte, wie das ein sehr bekannter Autor aus dem Süddeutschen verbreitete, als er bei einem Hamburg-Besuch einmal ein paar Glas Wein zu viel getrunken hatte. Richtig aber ist, dass manche der Kollegen vorne gratulieren und hinten sticheln. Denn es geht ja nicht nur darum, dass Personalchefs die »Fürsorge für Kinderbetreuung durch die Eltern als wesentlichen Teil einer betrieblichen Arbeitszeitpolitik wahrnehmen«, wie die Bosch-Stiftung in ihrer Studie schreibt. Es geht auch darum, dass all jene Kollegen und Kolleginnen umdenken, die sich bewusst für ihre Karriere statt für eine Familie entscheiden, denen ihre Geschichten nun mal wichtiger sind als die Geburt ihrer Kinder. Für viel zu viele gilt, was der feinfühlige Autor Eberhard Rathgeb in seinem Buch vom »Schwierigen Glück« notiert hat: »Sie trennen sich lieber von ihren Kindern als von ihren Chefs. Sie trennen sich lieber von den Vätern beziehungsweise von den Müttern ihrer Kinder als von ihren Kollegen, ihrer Arbeit und ihren Freizeitbeschäftigungen«, so der »FAZ«-Feuilletonist: »Sie verlassen ihre Kinder, weil sie von ihren Kindern nicht abhängig sind, weil sie mit ihren Kindern nicht wirklich verbunden sind, und sie bleiben bei ihren Chefs und ihrer Arbeit kleben, sie hängen an ihren Chefs und ihrer Arbeit, die ihnen die Ressource zum Glück, das Geld, sind, wie die Affen im Zoo an den

Gerüsten, ohne welche die Affen wie tot auf dem Boden liegen würden.«

So zu leben ist deren gutes Recht. Aber Karrieredenken darf nicht länger Maßstab sein. Denn welchen Preis zahlen die Kinder für die berufliche Selbstverwirklichung ihrer Eltern? Wie viel dürfen Väter und Mütter jenen abverlangen, die sich nicht wirklich wehren können, sich nicht von ihren Eltern scheiden lassen können?

Andererseits: Wann wiederum müssen berufliche Zwänge schlicht akzeptiert werden?

Nicht nur für ein besorgtes Gemüt ist Elternteilzeit daher immer noch zugleich auch ein Nervenkrieg an der Berufsfront, vor allem in Firmen mit elitärem Anspruch – den inzwischen auch der schlichteste Handwerksbetrieb hat. Wie soll der Ausstieg, und seien es nur einige Tage in der Woche, leicht fallen, wenn doch der Trend dahin geht, die Präsenzsimulation zur Perfektion zu treiben: das Alibi-Jackett über dem Schreibtischstuhl, während man längst durch die Tiefgarage entschwunden ist; die Stehlampe, die angeknipst bleibt, wenn das Haus Richtung U-Bahn verlassen wird; die Lesebrille, die eigens für ein paar Euro angeschafft wurde, als Anwesenheitsindiz auf dem Aktenstapel.

Den Leistungsdruck, den solche Spielchen offenbaren, verspüre ich noch daheim. Dass eine Tageszeitung eine Reportage aus Teheran bringt, die ich selbst seit Monaten schreiben will, verdirbt mir schon morgens den ganzen Tag – und auch noch den Rest der Woche. Wie gern würde ich sofort in die Konferenz eilen, um erklären zu können, dass ich partout kein Visum bekommen habe. Jetzt nicht gleich reagieren zu können, weil ich gerade meine Vater-Tage habe, diese Ohnmacht setzt mir zu, mit jedem Monat mehr. Bin ich in die Teilzeitfalle getappt?

Die Kinder leiden unter der Gereiztheit und Unsicherheit des Vaters. Die Anspannung entlädt sich beim Anziehen an »diesen verfluchten Bodys, von denen ich schon vor Monaten gesagt habe, dass sie nicht mehr passen«, und an Kindern, die vermeintlich zu laut sind und die ich deshalb noch lauter zur Räson rufe.

So gerät der späte Vater in einen Teufelskreis: Zu Hause ist er überfordert, in der Firma wird er unsicher, weil er den Laden nun nicht mehr an allererste Stelle setzt. Kann er trotz »*family first*« wirklich weiter mithalten? Alles Selbstbewusstsein scheint vom Windeln verweht.

Seine frühere Analytikerin würde die Verschiebung der Prioritäten wohl als gesunde Entwicklung bezeichnen. Man muss sich das neue Leben nur leisten können. Er jedenfalls sieht sich in einer diffusen Bringschuld gegenüber seiner Firma. Dass sich der Altgediente zugleich von den Jungen ausgebootet fühlt, die ihrerseits doch auch nur um Anerkennung kämpfen, verstärkt die Verunsicherung. Angeschlagen zieht er sich zurück, hofft auf ein persönliches Wort, auf Zuspruch, Ermutigung. Das ist natürlich naiv in einem Haus, in dem für viele die Abwesenheit von Kritik noch immer das größte Lob ist und Neid die höchste Form der Anerkennung. Da wird ein offenes Wort zur Seelenlage allzu einfach als »Psychologisierung« abgetan. Was die Kinder von der Nacht noch übrig lassen, zehren Selbstgespräche auf, bis Schlaftabletten Erlösung bringen.

Ich erinnere mich zum ersten Mal an die Existenznöte meines Vaters. »Der Job geht flöten, der Job, der Job«, hat er sich bei der Bergbaukrise Ende der sechziger Jahre gesorgt. Jede Zechenschließung bedrohte auch seine Firma, für die er Bergbaumaschinen vertrieb. Natürlich haben sie ihn nicht entlassen. Trotz der Krise konnte er ihnen wichtige Aufträge verschaffen. Und habe ich meinem Blatt nicht ausgerechnet in meiner Vaterteilzeit zwischen Wickeln und Füttern ein weltweit beachtetes Gespräch mit dem iranischen Staatschef Mahmud Ahmadinedschad besorgt? Mir fehlte nur die Zeit fürs Selfmarketing. Als am Montag in der großen Konferenz dem Scoop Respekt gezollt wird, hocke ich mit einem kranken Kind beim Arzt. Anderenfalls hätte Esther ihren Gerichtstermin ausfallen lassen müssen, und ihr Mandant wäre mit einem Versäumnisurteil abgestraft worden. Statt mit Kollegen den Erfolg zu feiern, stoßen Esther und ich zu Hause darauf an – mit Nerventee.

Meine Artikel könnte ich fast mit »Bob Slocum« signieren, dem Namen des Titelhelden aus Joseph Hellers Roman »Was geschah mit Slocum?«, dessen Schicksal schon vor vielen Jahren eine internationale Leserschaft bewegte. Den angeschlagenen Mann aus dem New Yorker Mittelmanagement befallen bereits Existenzängste, wenn er in der Firma geschlossene Türen sieht. Slocum ist draußen, raus aus dem Spiel um Macht und Einfluss. Drinnen geht es um die Zukunft, da werden die Felle verteilt. Und so macht sich der späte Vater, der früher so gerne hoch hinaus wollte, auf den Weg bergab, in der Hoffnung, irgendwo da unten sein Selbst zu finden.

Erst viel später sollte ich noch mal eine alte Ausgabe des SPIEGEL finden, mit jener Titelgeschichte meines Kollegen Hermann Schreiber über »Die Mitte des Lebens«, in der ich viele Jahre zuvor einen Absatz markiert hatte, vielleicht ahnend, was mir einmal drohen würde: »Der härteste Brocken für die meisten Mittvierziger wird wohl die Notwendigkeit sein, sich sozusagen abwärts anzupassen«, heißt es da. »Am Rande des steinigen, schwach beleuchteten Weges von der Rolle des Aufsteigers zum ausgewachsenen Selbst liegen auf Schritt und Tritt die vordem unterdrückten, ungewollten Teile der eigenen Person herum, die nun mitgenommen und in die neue Identität integriert werden müssen, wenn diese für den Rest des Lebens Gültigkeit haben soll.«

Immerhin: Von Frauen in der Elternzeit gibt es Berichte über solche Sorgen zuhauf. Männer hingegen scheinen zu selbstgewiss, um solche Nöte zu haben. Oder sie wollen diese weder vor sich noch vor anderen eingestehen. Auch mir fehlte früher der Mut. Lange habe ich lieber den sensiblen Mann gegeben als den unsicheren. »Von den vielen Abenteuern, die ich schon erlebt habe, ist die Elternzeit das größte«, zitierte mich eine Kollegin vom »Hamburger Abendblatt« in ihrer Reportage über engagierte Väter in der Elternteilzeit. Das stimmt. Aber im Nachhinein ist es nur die halbe Wahrheit.

Taugt so einer noch für Dienstreisen? Ja, er sehnt sich manchmal geradezu danach, verklärt die Business-Class zum Himmel auf Erden: kein Kindergeschrei, kein Windelwechseln, niemand, der einem zwischen den Füßen rumwuselt oder vom Zeitunglesen abhält. Doch die Elternteilzeit kostet mich auch bei der Lufthansa Status. Schlimm genug, dass ich es nie zum »Senator« bringen werde. Nun droht sogar meine Frequent-Traveller-Karte zu verfallen. Dass ich demnächst als Windelgroßkunde in unserem Drogeriemarkt die »goldene Kundenkarte« bekomme, ist eine nur wenig tröstliche Phantasie.

Gerade der späte Vater ist ein sehr verletzlicher Mann. Den Panzer, der mich jahrzehntelang im Beruf vor Anfeindungen und Verunsicherungen geschützt hat, haben die Kinder aufgebrochen. Der Vater hat sich für sie geöffnet, die Rüstung ist abgelegt, um kuscheln, herzen, lieben zu können, um Wärme zu geben, aber auch sie selbst spüren zu dürfen. Der späte Vater ist der verletzlichste, weil er am längsten gepanzert war und nun umso entschlossener den Schutz abwirft. Wie fühlt sich so einer in der Business-Lounge?

Mich erschreckt die einst so gewohnte Atmosphäre. Wie machen das nur diese Geschäftsleute neben mir in den Sesseln? Keine Wehmut in der Stimme, kein trauriger Blick. Bin ich jetzt das Sensibelchen, das nicht loslassen kann? Oder können die anderen einfach besser verdrängen?

Es ist die alte Narziss-und-Goldmund-Frage. Welches Leben ist das richtige? Und was heißt: richtig?

Auch ich habe mich gewappnet: Mein italienischer Anzug ist mein Panzer. Den englischen Mantel trage ich über dem Arm wie die Ritter den Schild. »Der Mann muss hinaus ins feindliche Leben«, tröste ich mich mit Friedrich Schiller.

Dennoch fürchte ich mich bereits vor dem Moment, da mir die Vielflieger-Lounge verwehrt wird, weil ich nicht mehr dazugehöre. Auch wenn sie mir fremd sind, diese manchmal so glatten Jungs, das Haar zurückgegelt, die Manschettenknöpfe funkelnd – in der Business-Class neben ihnen zu sitzen gibt mir das Gefühl, auch ich habe es geschafft, irgendwie jedenfalls. Es schmerzt mich schon jetzt, dass meine Firma wohl bald auch an mir sparen wird. Und damit bin ich raus, früher oder später, aus der C-Klasse, in der die Überflieger Platz nehmen. Dann muss ich mich durchquetschen in die »Holzklasse«, wo die sitzen, die noch nicht abgehoben haben oder schon wieder im Sinkflug sind.

Ich kenne nur wenige Topleute, die freiwillig hinten sitzen. Aber ich arbeite an dieser inneren Unabhängigkeit. Und manchmal erahne ich, dass die Kinder der Schlüssel dazu sind. Dann spüre ich, dass ich durch muss durch diese Zeit der Verunsicherung, in der alles in Frage steht, in der ich nicht mehr der Alte bin, aber auch noch nicht der Neue, in der gewohnte Geländer wegbrechen, ohne deren Halt ich mich aber noch nicht halten kann.

Der Versuch, die so empfindsam gewordene Seele zu stählen, scheitert meist kläglich – wie eine Begebenheit auf einer Reise nach Iran offenbart. Auf einer Kundgebung des Mullah-Regimes in Teheran sehe ich alte Filme über den Iran-Irak-Krieg, der zwischen 1980 und 1988 mehr als eine Million Opfer forderte. Ich habe diese Bilder schon oft gesehen: junge Männer, Kinder, die sich die roten und grünen Stirnbänder umbinden mit »Gott ist groß«-Parolen, Patronengurte umschnallen, Panzerfäuste schultern – und sterben. Ihre Mütter weinen, brechen über den Särgen zusammen.

Vor mir filmen die Kollegen vom deutschen Fernsehen die Redner vor der Leinwand, hinter mir schreibt der Kollege aus New York seine Eindrücke in den Notizblock. Das Regime feiert den Jahrestag der Märtyrer, eine reine Propagandaveranstaltung. Sie hatte mich stets abgestoßen, diese zynische Ausbreitung des Leids. Und nun rühren sie mich an, diese Streifen, weil ich mit diesen Müttern und Vätern fühle, weil ich erahne, wie schrecklich der Tod des eigenen Kindes sein muss. »Allah hat es so gewollt«, sagt die alte Frau neben mir. So wie diese »Märtyrer« oben auf der Leinwand, so ist auch ihr Sohn für »Allah« in den Kampf gezogen. Und gefallen. Nach 20 Jahren muss sie noch immer um ihn weinen. Ihr einziger Trost ist die Religion. »Gott will, dass ich lebe, also lebe ich«, sagt die Frau, und ich bewundere sie für ihre Tapferkeit und beneide sie um ihre Glaubensstärke. Ich bete, dass meine Kinder mich überleben. Oben auf der Bühne buhlen die Mullahs um Sympathie in der Bevölkerung, und ich, der ach so große Iran-Experte, der diese Filme schon so oft gesehen hat, weine mit den Müttern der Gefallenen: »Ich Weichei, ich«, notiere ich in meinem Reisetagebuch.

Was schmerzt, ist immer relativ, manchmal reicht schon ein Telefongespräch. Nach einer Woche höre ich in Teheran abends die Stimmen der Zwillinge.

»Papa kommen?«, fragt Fanny.

Ach, sie vermisst mich. Ich sage ihr, dass es »noch ein paar Mal schlafen« dauert, bis ich sie wieder in den Kindergarten bringe.

»Papa Urlaub?«

Ach, sie denkt, ich wäre wieder am Meer, wie vor einigen Wochen, als wir alle zusammen an der See waren. »Fanny, ich liebe dich.«

Der Hörer fällt hin. Fanny läuft weg.

Rosa, erklärt meine Frau, krabbele gerade hinten auf Fannys Legostein-Haus zu. *First things first.*

Zum Glück gibt es ja noch Lilly. Lilly hat meine Sensibilität, ist empathisch wie ihr Vater.

»Hallo Lilly. Wie geht es dir?«

»Papa, du Gummi?«

»Lilly, ich freue mich, deine Stimme zu hören. Ich liebe dich, ich vermisse dich, Lilly.«

»Papa, du Gummi?«

»Ja, Lilly, ich bringe euch Gummibärchen mit.«

Der Hörer fällt hin. Im Hintergrund ruft Lilly: »Papa, Gummi!«

Wie gut in solchen Momenten, mit einer einfühlsamen Frau verheiratet zu sein: »Hasi, ich liebe dich. Ich vermisse dich«, sage ich.

»Du kannst nicht auf eine andere Gesellschaft umbuchen, nicht mit deinem Ticket. Und bei deiner Linie stehst du für morgen an achter Stelle auf der Warteliste. Vergiss es. Aber denk an die Gummibärchen.«

Im Hintergrund ein gellender Schrei. »Lilly beißt gerade Fanny«, sagt meine Liebste. »Ich lege jetzt auf.«

»Hasi, ich liebe dich, ich vermisse dich. Ich muss jetzt den ganzen Abend hier allein in der Hotellobby sitzen.«

»Genieß es«, sagt das Hasi. »Du hörst sofort auf zu beißen, Lilly. Sofort. Sofort. So...« Aufgelegt.

Ich sitze auf meinem Bett. Das Zimmer erdrückt mich. Ich fliehe.

»Ist was, Herr Dieter?«, fragt mich unten in der Lobby der Portier, den ich seit über zehn Jahren kenne. »Nein, Herr Reza«, sage ich, »alles bestens, wie immer.«

Bei Sandkuchen und schwarzem Tee denke ich an daheim. Ich hätte Lust, mich zu betrinken. Ausgerechnet ich. Und ausgerechnet in Teheran. Aber hier und jetzt, wo ich mal ohne Kinder durchschlafen könnte, theoretisch, ist Alkoholgenuss verboten, wird mit Peitschenhieben abgestraft, mindestens. Außerdem: Eigentlich kann ich doch nicht klagen. Immerhin habe ich ein paar Stunden für mich, ganz allein. Habe ich mich danach nicht gesehnt?

Aber das ist das schlechte Gewissen. Der eine sitzt rum, die andere schaukelt den Laden, ohne zu murren. Egal, ob die Oma hilft oder unsere »Kinderhilfe« Janne kommt, letztlich ist es Esther, die mit den dreien über die Tage und durch die Nächte kommen muss. Trotz aller Partnerschaftlichkeit heißt Teamwork bei uns: Ich teame und Esther workt. Sie wird viel brutaler in den Konflikt gezwungen zwischen Ich und Wir, Kind und Karriere, Lust und Last. Sie will eine gute Mutter und eine gute Anwältin sein. Würde sie ihren Beruf aufgeben, würde vielleicht auch sie in die »Babyfalle« tappen, so wie es Bärbel Kerber in ihrem gleichnamigen Buch beschreibt. Nicht selten werden aus besonders ambitionierten und emanzipierten Frauen »totale Mütter«, für die ihre neue Rolle, besonders wenn sie Spätgebärende sind, zur zweiten Karriere wird. Gepaart mit der »Sinnkrise« wollen sie sich nach dem Ausstieg aus der Arbeitswelt nur noch um ihr Kind kümmern, das ihnen zum völligen Lebensinhalt wird. Die Unentbehrlichkeit, die sie früher für sich am Arbeitsplatz anstrebten, projizieren sie jetzt auf ihr Kind. Ein solches Schicksal will meine Frau auf keinen Fall erleiden. Aber eine engagierte Mutter hat es als Selbständige besonders schwer. Mit Mühe kann sie die Kanzlei auf dem alten Niveau halten. Nur weil sie ihren Vater aus dessen Alterssitz unter spanischer Sonne für eine selbstlose Schwangerschaftsvertretung nach Hamburg locken kann, kommt die Geburt der Zwillinge nicht völligem Ruin gleich.

Mehr noch als die Belastung durch Termine und Aktendruck setzen ihr verständnislose Mitmenschen zu, schon seit der Schwangerschaft: Kinder und Kanzlei scheinen für viele noch immer unvereinbar wie Himmel und Hölle. So verlässt ein Mandant abrupt Esthers Büro, als er ihren dicken Bauch sieht. Im Bewerbungsgespräch fragt eine angehende Auszubildende: »Was wird denn aus Ihrer Kanzlei, wenn die Kinder kommen?« Ein renommierter Kollege, der sie wegen ihrer fachlichen Qualifikation als Partnerin gewinnen wollte und sich beim Espresso nach den privaten Verhältnissen erkundigt, reagiert entsetzt: »Sie haben drei Kinder? Damit können Sie bei uns nicht bestehen.« Vermutlich hat er recht, aber die Gelegenheit zum Beweis des Gegenteils hätte Esther gern gehabt.

Wie haben wir uns damals alles zurechtgehübscht, beim Rotwein, als wir von der Elternschaft träumten, als das Vater- und Muttersein mit jedem gescheiterten Schwangerschaftsversuch weiter idealisiert wurde. Und jetzt? Wir sind erschöpft, ernüchtert, führen ein Leben am Rande des Nervenzusammenbruchs, eine Existenz im ständigen Kampf gegen die Uhr. Kinder, Karriere – und irgendwann die Klapsmühle? Das wäre ein fataler Dreisprung. Was sollen wir denn tun, wenn Esther einen nicht aufschiebbaren Gerichtstermin wahrnehmen muss, ich zu einem wirklich wichtigen Gespräch erwartet werde und dann morgens alle drei Kinder so hohes Fieber haben, dass selbst »Rabeneltern« wie wir es nicht verantworten können, sie damit in die Kita zu schicken? Und weder die Oma (»Ich bin in Köln, das war doch mit euch so abgesprochen«) noch Janne (»Ich sitze in der Klausur«) können einspringen.

Was dann? Dann kann uns nur noch unsere Freundin Tina retten, die hin und wieder im Haushalt hilft. Sie liebt die Kinder und die Kinder lieben Tina. Aber bis die Gute dann letztlich bei uns klingelt und wir ihr die Kleinen wie einen Staffelstab in die Hände drücken können, vergeht Zeit – obgleich Tina eine sehr sportliche Autofahrerin ist. Und immer kann auch sie uns nicht aus der Klemme helfen, schließlich hat sie selbst Mann und Sohn.

Nie würde eine verantwortungsbewusste Anwältin wie Esther ein Versäumnisurteil zulasten ihres Mandanten riskieren, nur weil sie nicht zur Verhandlung erscheinen konnte. Und ich würde keinen wichtigen Termin platzen lassen. Wer von uns beiden soll verzichten? Wohin mit den Kindern? In einem Fall hat Esther sie mit ins Gericht geschleppt. Heute scherzt sie darüber, dass der Richter nur aus purem Mitleid zu ihren Gunsten entschieden habe.

Wie beschreibt Markus Somm in der Schweizer »Weltwoche« seine Erfahrungen mit der »Gleichstellung in allen Bereichen des Lebens«: »Die Beziehung hat sich zu einer reinen Zweckorganisation zurückgebildet, die sich mit logistischen Katastrophen (krankes Kind), unvorhergesehenen Kollateralschäden (Lehrer fahren einen Tag in die Weiterbildung) und immer knappen Finanzen herumschlägt – trotz doppeltem anständigem Einkommen.«

In ihrem provozierenden Buch »No Kid« zählt Corinne Maier »40 Gründe, keine Kinder zu haben« (so der Untertitel) auf. Die französische Autorin ist eine Karrierefrau, studierte Politologin, Volkswirtin, Psychoanalytikerin, Bestsellerautorin – und Mutter zweier Kinder. Sie seien zu nervig, zu teuer, zu dreckig, resümiert Maier und gibt Frauen einen »kleinen Tipp«: »Wenn Sie unbedingt einen Parasiten durchfüttern wollen, holen Sie sich doch lieber einen Gigolo.« Die Polemik zielt auf den Mythos vom Familienglück, auf den Kult ums Kind. Maier attackiert die Verhältnisse, die offenbar auch in Frankreich für berufstätige Mütter nicht so rosig sind, wie man es diesseits des Rheins gern glauben möchte. Auch im Musterland der Familienpolitik ist die Erschöpfung von Eltern programmiert, trotz umfassender Kleinkindbetreuung, trotz erklecklicher Steuerersparnis, trotz kinderfreundlicher Umwelt – wie tröstlich für unsereinen, der mit widrigeren Verhältnissen zurechtkommen muss.

Das Buch wurde von oberflächlichen Lesern und manchem Boulevardblatt als Skandal und Pamphlet gegeißelt. Die Wochenzeitung »Die Zeit« hört indes einen »Sound« heraus, »den man nur als leidenschaftliche Parteinahme für eine bessere Kindheit, ein entspannteres Familienleben, eine schöne Gleichberechtigung verstehen kann«. Es würde mich freuen, wenn es die Französin so gemeint hat. Vielleicht spekuliert sie auch nur darauf, dass Eltern ihr Buch als Ventil sehen, Dampf abzulassen.

Richtig ist jedenfalls, dass »Eltern unter Druck« stehen. Die Konrad-Adenauer-Stiftung hat einer Studie diesen prägnanten Titel gegeben. Wie gut, kein Einzelfall zu sein: Auch andere Väter und Mütter aus der Mittelschicht sind aufgrund der vielfältigen Ansprüche am Arbeitsplatz und bei der Erziehung zunehmend am Rande ihrer Kräfte. Kein Wunder, dass nur noch knapp die Hälfte aller Bundesbürger Kinder als Bereicherung empfindet.

Manchmal fragen wir uns denn auch: Ist die Rollenverteilung unserer Nachbarn und Freunde Fränki und Anke vielleicht nicht doch die bessere? Er verdient das Geld, sie hält ihm den Rücken frei. Der eine geht arbeiten, die andere macht alles.

Familienministerin Ursula von der Leyen gibt Zweiflern zu bedenken: »Wie wäre es, wenn es Ihre Kinder oder Ihren Beruf nicht gäbe? Besser? Das Überreiche und das Übervolle sind ein Signum der Mitte des Lebens.« So kann man Überforderung natürlich auch schönreden.

In einem zumindest hat die Ministerin recht. »Der Stellenwert von Erziehung wird neu verhandelt« und müsse »als leidenschaftliches Anliegen auch der Väter und der gesamten Gesellschaft betrachtet« werden. Von der Leyen: »Kindern geht es nur gut, wenn es den Eltern gut geht.«

Und ist es dem leidenschaftlichen Vater in Bagdad gut ergangen? Zumindest ist er in der irakischen Hauptstadt so unter Druck, dass er kaum Zeit hat, nachzudenken über daheim. In Bagdad ist er an einer echten Front. Seit Tagen beschießen Aufständische aus dem Osten die »Internationale Zone«; aus Sicherheitsgründen schaffen ihn die US-Streitkräfte in die amerikanische Botschaft, das wohl am besten gesicherte US-Gebäude der Welt. Die meisten Soldaten tragen jetzt Splitterwesten und Stahlhelm statt Sonnenhut. »*Incoming, incoming*«, plärrt es immer wieder aus den Funksprechgeräten der Sicherheitsbeamten und den vielen Lautsprechern im Lager. Dann bleiben den Bewohnern nur ein paar Sekunden, um Deckung zu suchen vor einschlagenden Mörsergranaten oder Katjuscha-Raketen. »*Duck and cover. Duck and cover*«, wegducken und Deckung suchen, schallt es über das Gelände. Wer sich gerade in seinem Container aufhält, muss sich in Schutzkleidung auf den Boden werfen, wer auf der Straße ist, in einen der vielen gelb markierten Betonunterstände schlüpfen, die an jeder Ecke aufgestellt sind.

Und was hat ihm der Abstecher gebracht?

Beruflich: durchaus Anerkennung.

Persönlich: die Wiederentdeckung des Ichs – auf Esthers Kosten.

Auch auf den Kindern lastet die Selbstverwirklichung des Vaters. »Papa, du ne mehr weg. Oder?« Fanny fragt es nach der Rückkehr tagelang. Lilly will sich nicht küssen lassen. Rosa zeigt sich unberührt. Noch.

»Reine Gewöhnungssache«, sagt ein Kollege. Recht hat er. Fragt sich nur: für wen?

Die Wandlung oder
Doppelpack im Anflug

Bis zur 36. Woche verläuft die Schwangerschaft glücklich. Herz und Kreislauf weisen beste Werte auf, auch wenn das Treppensteigen schwerer fällt. Da fallen die sechs Kilo mehr dann doch ins Gewicht. Was soll's. Viele Frauen wären dankbar, wenn ihre Figur so im Rahmen bliebe.

Dann aber sind sie über Nacht da, die klassischen Probleme: Schlaflosigkeit, Brechreiz, Schweißausbrüche – das volle Programm: Er fühlt sich matt und elend.

Er?

Ja, ihn hat es erwischt. Er fühlt sich schwanger. Der angehende Vater leidet, als trage er die Zwillinge aus. Die werdende Mutter ist trotz eines Bauchumfangs von 120 Zentimetern und 22 Kilo zusätzlichem Gewicht völlig unbeschwert – und kümmert sich rührend um ihren Mann in Umständen. Sie weiß, dass er nicht simuliert. Und ihr Frauenarzt weiß sogar, wie die Krankheit heißt: Couvade-Syndrom.

Der Name kommt vom französischen Wort *couver*, auf Deutsch »brüten«. Die »positive Identifikation mit der Mutter des Kindes«, so die Internetseite »Planet Wissen«, äußert sich in Angstanfällen, Übelkeit, aber auch Blähbauch. Typisch späte Väter: Erst weisen sie das Thema Kind jahrelang von sich. Aber wenn sie sich dann doch entschließen, wollen sie gleich die besseren Mütter sein – und leiden ziemlich weiblich dem Stichtag entgegen. Lange galt die Schilderung von Schwangerschaftssymptomen beim Mann als medizinische Folklore. Doch Studien belegen, dass in den letzten Wochen vor der Niederkunft auch bei ihm die Hormone Prolactin und Cortisol vermehrt angekurbelt werden. Das eine regt die Milchproduktion an, das andere fördert Zärtlichkeit und Zuwendung und damit die Brutpflege. Wissenschaftler erkennen darin einen Sinn. Schließlich gehört der Homo sapiens zu den wenigen »biparentalen« Säugetierarten, die ihre Kinder gemeinsam aufziehen. Die Frau des angehenden Vaters fürchtete mitunter, er würde den Kindern später auch die Brust geben. Vaterschaftsexperten wie der Heidelberger Pädagoge Michael Matzner sprechen in diesem Zusammenhang von einer »Feminisierung der Vaterrolle«. Ein später Vater eben.

Aber was ist denn überhaupt spät für einen Vater, für eine Mutter? Und wann ist spät wirklich zu spät? Gibt es denn so etwas wie das »richtige« Alter?

»Kann man mir nun den Vorwurf machen, zu alt für ein Kind zu sein?«, fragte der Schauspieler und Autor Sky Du Mont, beseelt vom Glück, noch einmal »dieses kleine Bündel Leben« in den Händen zu halten, als er mit 59 Jahren Vater wurde. »Zu alt in wessen Augen? Denen des Kindes oder denen der Gesellschaft? Bin ich zu alt, um unserem Kind Liebe zu geben? Ihm mit Geduld und Humor das Leben zu zeigen?«

Zumindest nach einer Untersuchung der Universität Bamberg haben die späten Väter mehr von ihrer Vaterschaft. Die Wissenschaftler jedenfalls kommen zu dem Schluss, dass ältere Männer zu »bewussterem Genießen, Erleben und Gestalten ihrer Vaterschaft« neigen. Dennoch klingt sogar in liberalen Kreisen Skepsis an gegenüber allzu späten Erzeugern. Väter im Vorruhestand oder gar im Rentenalter, wie sie vor allem in den Vierteln der sogenannten Arrivierten immer häufiger in den Elternsprechstunden hocken, scheinen selbst jenen Vätern und Müttern ein wenig zu alt, die selbst nicht mehr die Allerjüngsten sind.

»Wie lange werde ich ihn wohl in seinem Leben begleiten können? Schließlich hatte ich an seinem Geburtstag schon sechs Lebensjahrzehnte hinter mir. Diese Frage löste eine innere Unruhe aus, die mich bis in meine Träume hinein verfolgte«, schreibt der Publizist Uwe-Karsten Heye in seinem Buch »Gewonnene Jahre«. Der Titel ist doppeldeutig, steht zunächst einmal für das ganz egoistisch eingeheimste Mehr an Lebensqualität durch die Geburt des Sohnes Tom. »Ich habe mit ihm auf einer neuen Zeitachse Jahre dazu gewonnen. Und ich finde Zugang zu Menschen, denen ich ohne ihn nie begegnet wäre: Hätte ich beispielsweise jemals wieder einen Kindergarten betreten? Ich bin ziemlich sicher, dass ich ohne Tom nicht mit so gespannter Aufmerksamkeit in die Gesellschaft hineinhören würde.« Der Titel steht aber auch »für den Gewinn von rund einem Jahrzehnt an aktiven Lebensjahren, die heute ein 60-Jähriger zusätzlich zur Verfügung hat, vergleicht man seine geistige und körperliche Konstitution mit einem Gleichaltrigen in den achtziger Jahren«.

Wer will den Stab über solche Väter brechen?

Was sollte man denn den Worten eines selbst an Heye gemessen wirklich späten Vaters wie Manfred Müller entgegensetzen, mit denen der Journalist seinem kleinen Sohn erklärt, warum er ihn in die Welt gesetzt hat? Die Briefe, die der frühere SPIEGEL-Redakteur regelmäßig »für später« seinem Tobias schreibt, sind eine Art Tagebuch mit kleinen Zeugnissen für eine Innigkeit der Beziehung, auf die sich viele Männer offensichtlich erst in späteren Jahren einlassen können: »Gestern, einen Monat vor Deinem 7. Geburtstag, bin ich 73 geworden«, notiert Müller. »Du hast Deiner Klassenlehrerin sofort nach Schulbeginn stolz davon berichtet. Fragte die Lehrerin erstaunt zurück: ›Wie alt ist dein Papa geworden, 73? Da hast du sicher die Zahlen verdreht. Du meinst wohl 37 und nicht 73.‹ Als Du das mittags zu Hause erzähltest, klangst Du verärgert – nicht etwa über mein Alter, sondern über die Lehrerin, die Dir nicht geglaubt hat.«

Müller legt vor seinem Sohn Rechenschaft ab für seine Entscheidung, mit 65 noch einmal ein Kind zu zeugen. Klar habe er sich gefragt, ob das verantwortbar ist: »Wenn Du 18 bist, wäre ich 85. Wenn Du 28 bist, wäre ich 95, mit all den möglichen negativen Konsequenzen – falls ich ein solches Alter überhaupt noch erlebe.«

Natürlich seien die Risiken hoch, auch wenn die Mutter von Tobias 25 Jahre jünger ist. »Aber ist das Leben nicht immer riskant? Krankheiten, Unfälle, Arbeitslosigkeit, Versagen, Zerwürfnisse, Scheidungen, Tod treffen auch junge Väter und Mütter tausendfach.« Er, erklärt er seinem Sohn, sei damals vor dessen Geburt nach reiflicher Überlegung zu dem Ergebnis gekommen: »Schluss mit den Bedenken und der Angst vor dem Risiko! Das Wesentliche, der eigentliche Sinn dieses Lebens ist Liebe. Und ich fühlte: Diese Liebe muss jetzt in ihrem tiefstmöglichen Ausdruck, in einem Kind, noch einmal Mensch werden. Keine Sekunde haben wir die Entscheidung und diese Stunden absolut vollkommenen Glücks bereut.«

So ist denn auch unserem späten Dreifachvater um die Zukunft nicht bange. Mit seinen fünf Jahrzehnten steht er bundesweit nicht als Exot da, im Gegenteil. Bei jedem 20. Neugeborenen ist der Vater über 50; in den USA, immer noch richtungweisend, ist bei fast jedem zehnten Baby der Erzeuger Jahrgang 1956 oder älter.

Der Anteil der späten Mütter wächst nicht weniger rasch. Dass sie bei der Geburt ihrer Zwillinge schon 39 sein wird, empfindet deshalb auch unsere angehende Mutter nicht als Makel. Eher sieht sie sich als Zukunftsmodell.

Tatsächlich, berichtet die Psychologin Monika Häußermann von »Pro Familia« in Berlin, habe sich mit den steigenden Zahlen das »gesellschaftliche Empfinden stark gewandelt: Früher galt man mit 32 als späte Mutter, heute erst mit 42.« Auch die »Bild«-Zeitung hat ein Herz für ältere Mütter und listet die Vorteile bei einem Baby mit 40 auf: »Frauen mit 40 sind Mütter aus Überzeugung. Sie haben viel erreicht, sind meist finanziell abgesichert, verzichten gern auf Freiheiten, sind extrem dankbar für das späte Kinderglück und insgesamt gelassener.«

Die Altersgrenze für Väter ziehen die meisten nach einer Erhebung der Bundeszentrale für gesundheitliche Aufklärung bei etwa 50 Jahren. Selbst das Bundesministerium für Familie, Senioren, Frauen und Jugend spricht in einer Broschüre zu »Facetten der Vaterschaft« schon von einem »zunehmenden Trend«. Für »Berufstätige der gehobenen Mittelschicht« sei es geradezu ein »Statussymbol geworden, in einem späteren Lebensalter Kinder zu bekommen«.

Dabei relativiert die gestiegene und weiter steigende Lebenserwartung das Alter des späten Vaters. Ein 50-Jähriger kann heute, im statistischen Durchschnitt, noch mit gut 30 weiteren Jahren rechnen. Der Mann hat also die begründete Aussicht, nicht nur das Abitur, sondern auch das Hochschulexamen der Töchter mitzuerleben. Sein Vater hatte, als der 50 war, nur noch eine »weitere Lebenserwartung« von etwa 25 Jahren. Die Statistiker wissen: Mit jeder Generation, einer Zeitspanne von 30 Jahren, leben die Menschen in Deutschland durchschnittlich um siebeneinhalb Jahre länger. Warum also sollte man nur die zurückgelegte Lebenszeit betrachten und nicht auch die noch vor einem liegende?

Allerdings mag sich auch der offenherzigste späte Vater kaum mehr outen, wenn er in bestem Soziologendeutsch liest, dass seine Spezies nach Einschätzung der Ministeriumsexperten vor allem in »Gesellschaften mit geringer religiöser Orientierung, hohem Lebensstandard und niedrigen Geburtenraten« zu finden sei, »in denen eine liberale Ideologie das Recht der Frauen auf Arbeit unterstützt und in denen der Wunsch junger Erwachsener weitgehend akzeptiert wird, auch nicht familienbezogene Ziele und Lebensstile zu verfolgen«. Deutlicher gesagt: Späte Väter sind reiche, egoistische Heiden. Muss Mann sich bei solchen Umfeldanalysen wundern, wenn den Protagonisten der »innovativen Väterpolitik« (Familienministerium) noch immer Misstrauen entgegenschlägt?

Gemeinhin gilt: Je älter der Vater, desto härter fällt das Urteil des Durchschnittsbürgers aus. Für greise Promi-Väter hatte schon der alte Herr des späten Vaters nichts übrig. Der angehende Zwillingspapa weiß noch, wie sein Paps den Kopf schüttelte über den 73-jährigen Charlie Chaplin, der sich noch mal mit Baby hatte feiern lassen. Auch heute empfindet es über die Hälfte der Bundesbürger geradezu als »peinlich«, und gar 78 Prozent halten es dem Kind gegenüber für »verantwortungslos«, wenn Männer mit 70 und mehr Jahren noch Vater werden wie der französische Alt-Star Jean-Paul Belmondo (mit 70) oder der Medientycoon Rupert Murdoch (mit 74). Wohl bekanntester Frisch-Vater im Opa-Alter war Anthony Quinn, der mit 81 noch mal einen Stammhalter in den Armen hielt, den ihm seine – fast 50 Jahre jüngere – dritte Frau Kathy geschenkt hatte. Als den Hollywood-Mimen 2001 der Tod ereilte, war der kleine Ryan gerade fünf Jahre alt. Halb neidisch, halb hämisch verurteilt jeder vierte Deutsche solche ultraspäten Vaterschaften als den verzweifelten Versuch eitler Säcke, das eigene Altern aufzuhalten.

An der Grundvoraussetzung, um im Alter noch für einen Stammhalter zu sorgen, fehlt es jedoch den meisten Männern: der deutlich jüngeren Frau. Nach Umfragen der Bundeszentrale für gesundheitliche Aufklärung sind gerade mal vier Prozent der Männer mit einer Frau liiert, die zehn oder mehr Jahre jünger ist.

Nun ist es das eine, Vater zu werden, das andere, Zwillinge zu bekommen. Daher sind der Mann und die Frau unermesslich glücklich, als ihnen die Niederkunft eines Doppelpacks angekündigt wird. Gerade unter In-vitro-Paaren, die für ein einziges Kind alles geben würden, gelten Zwillinge als Premium-Schwangerschaft, die manche als Wiedergutmachung des Schicksals für ihren Bittgang durch die Laboratorien sehen. Therapeuten warnen nicht selten vor der »narzisstischen Komponente« bei Eltern, die ohnehin glauben, etwas Besonderes zu verdienen: meine Villa, meine Pferde, meine Zwillinge.

Den Mann und die Frau lässt ihr großes Glück eher demütig werden. Fast beschämt räumen sie auf Nachfrage ein, dass sie Zwillinge erwarten. Sie wissen, wie viele ihrer Bekannten aus der gemeinsamen Zeit der Laborbesuche weiterhin vor leeren Wiegen stehen. Manchen gehen sie sogar aus dem Weg, weil sie wissen, wie weh jenen der dicke Bauch der Frau tut. Den Fehler, ein befreundetes Paar mit Kinderwunsch zu sich nach Hause einzuladen, machen sie nie wieder. Bei der obligatorischen Wohnungsführung wollte der angehende Vater das bereits eingerichtete Kinderzimmer auslassen. Die Besucher haben da nur gelacht und darauf bestanden, einen Blick hineinzuwerfen. An den Zwillingsbetten verkrampften sich die Finger der Freundin um die Gitterstäbe. Dann hat sie sich entschuldigt und ist ins Bad gegangen. Während er ihren Mann nach vorne in sein Arbeitszimmer führte und mit Scherzen auf eigene Kosten (»Hier schreibt Hamburgs am häufigsten nicht verfilmter Drehbuchautor«) abzulenken suchte, vernahm er trotz Plätschern des Wasserhahns ihr Schluchzen. Die Freundin hatte an jenem Morgen erfahren, dass wieder ein Versuch gescheitert war. Dass andere gleich zwei Kinder bekommen, war dann doch zu viel für sie.

Was nur wenigen bewusst ist, die das Paar beneiden: Zwei Kinder im Bauch gelten nach den deutschen Richtlinien als Risikoschwangerschaft. Bei schätzungsweise einem Drittel bis der Hälfte aller Zwillingsschwangerschaften stirbt ein Kind vor der Geburt; die Hälfte aller Zwillingsmütter bringt ihre Kinder zu früh zur Welt; nur jedes zweite wiegt über 2500 Gramm und erreicht damit Normalgewicht. »Sehr besondere Hoffnungen«, warnt die Zwillingsmutter und Autorin des Ratgebers »Auf einmal zwei«, Angela Grigelat, würden nicht selten »auf besonders grausame Weise enttäuscht«. Dem Mann brennt sich die Warnung einer Zwillingsmutter aus einem Internet-Forum ins Gedächtnis: »Es ist schon schwierig für jemanden wie mich zu hören, dass Leute sich Zwillinge herbeisehnen. Ich habe selbst welche: Mein 15-jähriger Sohn trägt Windeln und kann nicht selbst sitzen, meine Tochter ist lernbehindert. Beide wurden als Zwillinge viel zu früh geboren. Bestimmt sind Zwillinge niedlich – wenn sie die Schwangerschaft gut überstehen.«

Aus Angst vor der Angst blickt das Paar kaum in all die Ratgeber, die es gekauft hat. Schade. In der Zeit der In-vitro-Behandlungen hat er sich so gerne ausgemalt, wie er, im Café sitzend, mit dem demonstrativen Stolz des angehenden Vaters in Elternzeitschriften lesen würde: Seht alle her, es ist so weit. Und außerdem wollte er ja wirklich gut vorbereitet sein. Doch jetzt sieht er, der bekennende Quartalshypochonder, seine Kinder als lispelnde Linkshänder mit Hyperaktivitätssyndrom und Lese-Rechtschreib-Schwäche vor sich, wenn er nur mal flüchtig durch diese Zeitschriften mit ihren wohlmeinenden Dossiers blättert. Sie immerhin wirft zumindest einen Blick in Bücher wie Lydia Hauenschilds »Zwillinge, die doppelt süße Last« und sieht sich durch die von der Autorin vorangestellte Mahnung bestätigt in ihrer Sorge: »Zwillinge zu haben bedeutet sehr großes Glück – nur leider verschließt einem der Alltag allzu oft die Augen, dies zu erkennen.« Wie soll sie das schaffen? Zwei Kinder auf einmal? Wie die Kanzlei halten, die mit ihr steht – oder fällt? Wie kann sie eine gute Mutter sein, ohne sich aufzugeben? Ihr Mann versucht sie mit blumigen Erkenntnissen aus dem Orient zu trösten: Kinder seien »Söhne und Töchter der Sehnsucht des Lebens nach sich selbst«, zitiert er den libanesischen Dichter Khalil Gibran. »Kinder«, antwortet sie mit einem Satz ihrer Mutter, seien »die ganz normale Katastrophe«.

Auch wenn die Erwartung von Zwillingen die Verunsicherung erhöht – die Selbstzweifel von Eltern sind wohl so alt wie der Spruch, dass früher alles besser war. »Die Selbstverständlichkeit, mit der noch vor hundert Jahren Kinder im friedlichen Schoß der Familie aufwuchsen, ist für die gegenwärtige Generation keineswegs gültig. Unter dem Einfluss der Zivilisation sind ferner manche Instinkte verloren gegangen, mit denen Mütter ihre Kinder in die natürliche Fülle des Lebens einführten«, zweifelte schon »Das Elternbuch« aus den fünfziger Jahren an den Fähigkeiten vergangener Generationen: »Auf Schritt und Tritt begegnet man grundsätzlichen, gefährlichen Erziehungsfehlern. Sie sind das Produkt jener Unsicherheit der Mütter und Väter.«

So werden sie beide Opfer des Schwangerschaftsparadoxes: Während sie sich einerseits fragen, ob ihre Kinder überhaupt gesund zur Welt kommen, beschäftigen sich die angehenden Eltern andererseits schon mit den Zukunftsperspektiven ihrer Zwillinge. Der Vater denkt manchmal: Gut, dass es kein Junge wird. Der hätte schon vor der ersten Zellteilung unter Leistungsdruck gestanden. Immerhin haben der Mann und die Frau während ihrer In-vitro-Jahre gerne von ihrem »Projekt Messias« gesprochen. Der Vater hat seine Zweifel, ob er damit seiner Frau wirklich nur über die

Enttäuschung nach gescheiterten Befruchtungsversuchen hinweghelfen wollte. Jedenfalls freut er sich, dass sie die teuren Vitaminpräparate schluckt, die ihnen ihre Apothekerin so ans Herz gelegt hat. Deren hoher Anteil an Fischöl soll schon im Mutterleib Kinder klüger und gesünder werden lassen. Doch die Prädikatsjuristin und der beharrliche Journalist wissen um ihren Hang zum Perfektionismus, mit dem sie sich selbst seit Jahren plagen – und bisweilen auch Mitarbeiter, Kollegen und Freunde nerven. Ihre Kinder wollen sie damit verschonen. Sie wünschen sich gesunde Kinder, gewiss, aber keine perfekten. Vor allem er weiß, was dabei herauskommen kann, wenn Eltern für ihre Kinder nur das Beste wollen: enttäuschte Eltern und verstörter Nachwuchs.

Damit unsere Kinder »später einmal alle Möglichkeiten haben«, persifliert die »Frankfurter Allgemeine Zeitung« die Zielstrebigkeit moderner Eltern in einem Leitartikel, »würden wir, wenn wir in Jena arbeiten, möglichst nicht dort entbinden, damit das Baby in späteren Vorstellungsgesprächen nicht nach seiner Ossi-Herkunft gefragt wird«. Weimar wäre ja noch »okay wegen der Klassik«, aber sicherheitshalber würde man doch rechtzeitig zu den Eltern in den Westen fahren. »Unmittelbar nach der Geburt legen wir dann Stammzellen auf die Nabelschnurblutbank und Geld auf ein Ausbildungskonto.« Die moderne Variante des Sparstrumpfs macht sich der Vater zu eigen und rennt zur Sparkasse. Ansonsten will er möglichst vermeiden, dass seine Kinder so sonderbar werden wie er.

Natürlich ist der weitgehende Verzicht auf die Lektüre von Ratgebern letztlich unklug. Sie hätten manch nützlichen Tipp der Papa-Mama-Blätter gut brauchen können. Aber konnten sie wissen, dass sie später kaum einmal die Zeit haben sollten, um das eine oder das andere wie »Einschlafrituale« oder »Schreiattacken« nachzuschlagen? Noch vor ein paar Wochen haben sie sich abends vor dem Fernseher über die arme Lynette amüsiert, die als *Desperate housewife* Zwillinge bändigen muss und in ihrer Not ihre beiden hyperaktiven Bengel vor den Rasenmäher spannt, damit sie bettmüde werden. Ritalin für die Blagen und *Mother's little helper* für die Eltern – das würde ihnen doch nicht drohen? Er jedenfalls verliert nicht einen Gedanken daran, dass er einmal wie die gestresste Film-Mama abends Beruhigungspillen schlucken würde, um seine Sorgen aus dem Kopf zu kriegen.

Erschreckend naiv hat er geglaubt, dass zwei Mädchen pflegeleicht seien, gelten sie allgemein doch als ruhiger und friedlicher. Dass der Stammhalter ausblieb, mindert seinen Vaterstolz nicht im Geringsten. Die Vorstellung, in zehn Jahren raus zu müssen auf den Fußballplatz, wohin es ihn noch nie gezogen hat, ist ihm ohnehin ziemlich fremd. Er hat noch die Mahnungen Daniel Cohn-Bendits im Ohr, der ihm auf jener Istanbul-Reise gestanden hatte, wie anstrengend ein Nachmittag auf dem Bolzplatz sein könne, wenn Mann erst mal über 50 sei. Und der Alt-Sponti war immerhin selbst ein leidenschaftlicher Fußballspieler, zumindest in jüngeren Jahren. Unser Vater hingegen lässt sich bei Länderspielen die Abseitsfalle noch immer von seiner Frau erklären.

So verbindet das Paar mit seinem Doppel-Geschenk weitgehend schöne Phantasien wie etwa eine Reise nach Twinsburg im US-Staat Ohio. Dort sollen sich, so hat er gelesen, einmal im Jahr Tausende Zwillinge treffen. Alles Tims und Toms, Belindas und Bellas, Jims und Jerrys oder Monikas und Mikes. Während in Twinsburg vor allem eineiige Zwillinge das Bild bestimmen, weil sie durch möglichst große Ähnlichkeit das Klischee vom Zweimal-Ich bedienen, erwarten der Mann und die Frau kein doppeltes Lottchen. Die Verwechslungsstreiche, die Erich Kästners berühmte Zwillingsmädchen spielen und mit denen sie schließlich ihre getrennt lebenden Eltern wieder zusammenbringen, werden die Kinder des Paares nicht spielen können. Sie sind zweieiige Zwillinge. Und die können äußerlich und wesensmäßig völlig verschiedene Typen sein.

Obschon Zweieiige eher die B-Klasse der Zwillingshierarchie stellen, ranken sich auch um sie die Mythen vom geheimen Bund dieser Paare und der ihnen eigenen Sprache. Die künftigen Eltern halten von solchen Geschichten nichts und orientieren sich an der sehr geerdeten Einschätzung der Hamburger Grünen-Politikerin Krista Sager. »Von einer Art metaphysischer Verbundenheit zwischen Zwillingen, zumal zweieiigen, auszugehen, scheint mir reichlich übertrieben«, schreibt die ehemalige Hamburger Wissenschaftssenatorin und spätere Bundestagsabgeordnete in einem Beitrag für das Magazin SPIEGEL special über ihr Leben mit Zwillingsbruder Klaus: »Aber es gab doch seltsame gemeinsame Marotten und merkwürdige Übereinstimmungen, die sich sowohl im Alltag als auch im späteren Lebenslauf zeigten.« Die Doppelpack-Fachfrau Grigelat verweist zumindest auf die Beobachtung, »dass Zwillinge, die in verschiedene Familien adoptiert wurden, sich bei einem Wiedersehen trotz jahrelanger Trennung einander näher fühlten als den Adoptivgeschwistern, mit denen sie aufgewachsen sind, und dass adoptierte Zwillinge als Erwachsene intensiver nach dem anderen Zwilling als nach ihren biologischen Eltern suchen«.

Manchmal, wenn der angehende Vater neugierig das Ohr an den gewaltigen Ballonbauch seiner Frau legt, hört er leise Geräusche und freut sich in seiner Phantasie schon auf die ersten Worte seiner Kinder. Vielleicht sprechen sie ja in ihrer eigenen Zwillingssprache miteinander. Der Unwissende ahnt nicht, dass die Kryptophasie, die legendäre von Zwillingen selbst geschaffene Individualsprache, heute in der Wissenschaft als eine »schwerwiegende Verhaltensstörung« gesehen wird, ausgelöst durch eine ausgeprägte Vernachlässigung seitens der Eltern, weit über die sprachliche Verwahrlosung hinaus.

Doch ob sie nun Kryptophasiker werden oder nicht, die Mädchen müssen Namen bekommen, und damit bringen die Zwillinge das erste Mal Krach über das Paar, das sich bislang in knapp sieben Jahren allenfalls eine Handvoll Male gestritten hatte. Später sollten sie sich bereits an einem einzigen Wochenende öfter angiften. Zwillingseltern sind nun mal eine Risikogruppe. Angeblich ist bei ihnen die Trennungsquote dreimal höher als bei anderen Paaren. Bei Zwillingseltern potenziert sich eben alles, nur nicht die Kreativität bei der Namensfindung. Ob der Nachwuchs nun Xantippe oder Lillyfee heißen soll, liefert schon bei Einzelkindern Konfliktstoff genug und setzt in extremen Fällen, wie die angehende Zwillingsmutter aus ihrer Erfahrung als Fachanwältin für Familienrecht weiß, den Anfang eines Zwists, der sich mitunter bis zur Scheidung auswächst.

Einig ist sich das Paar immerhin in der Ablehnung klassischer Zwillingsnamen, die jene besagte Verbundenheit noch verstärken. Lena und Luisa also kommen nicht infrage, Hanni und Nanni noch weniger. »All die Namenskombinationen, die mit einer gewissen Deutlichkeit auf die Zwillingsexistenz hinweisen, wie sehr ähnliche Namen, solche mit gleichen Anfangsbuchstaben oder solche, die gleichlautend enden oder auf prominente Paare anspielen, drücken ohne Zweifel ein Wunsch- oder Sehnsuchtsbild der Eltern aus, das ein Zwillingsleben mit Ähnlichkeit, Gleichklang und Gemeinsamkeit assoziiert«, schreibt die Expertin Grigelat: »Und das muss nicht unbedingt das sein, was die Zwillinge sich spätestens ab der Pubertät für ihr eigenes Leben vorstellen.«

Die Namen Franziska und Katharina sind sehr schön, ihr aber zu streng. Ihm gefallen auch Ella und Lisa, aber die erinnern sie zu sehr an ihre frühere Katze und seine erste große Liebe. Auch Vornamen von vergreisten Verwandten, unausstehlichen Bekannten oder renitenten Kolleginnen fallen flach.

Zur Namensgebung gibt es übrigens fundamentale soziologische Erkenntnisse. So hat die englische Wissenschaftlerin Elizabeth Stewart den Zusammenhang zwischen dem Vornamen der Kinder und dem Einkommen der Eltern untersucht. Danach lassen Mick und Muck auf eine eher knappe Familienkasse schließen, während Jo und Peter-Maria auf bessere Schichten deuten. Wer Geld hat, so die Forscherin, wolle mit möglichst unterschiedlichen Namen die Eigenständigkeit und Unabhängigkeit betonen, ärmere Eltern unterstreichen mit ähnlich klingenden Namen den familiären Zusammenhalt – alles natürlich eher unterbewusst. Unser Paar entscheidet sich kurz vor der einander angedrohten Scheidungsklage und der erwarteten Niederkunft für eine Lösung, die ihren eher bescheidenen Verhältnissen entspricht: Fanny und Lilly. Zugeteilt werden soll nach Geburtenfolge und Alphabet: Wer zu spät kommt, den belohnt das Leben mit dem Namen Lilly.

Die Mühe mit der Namensgebung hätten sich die beiden übrigens sparen können. Zweieinhalb Jahre später wird Lilly verkünden, dass sie fortan »Thilo« heißt, wie der Vater von David, der ihr das tolle Tiger-Tattoo auf den Handrücken geklebt hat. Am nächsten Tag verpasst er Fanny morgens im Kindergarten ein Katzenbild auf den Unterarm. Über längere Zeit leben die Eltern fortan mit zwei Thilos.

Um den Familiennamen kommt es nicht zu längeren Diskussionen, weil finanzielle Aspekte diese schnell beenden. Erste Hochrechnungen ergeben, dass die Anschaffung einer Kinderausstattung für Zwillinge durchaus dem Preis eines Kleinwagens entspricht. Da kommt das Angebot nur recht, das ihm der Schwiegervater unterbreitet. Der will diverse Möbelstücke bezahlen, wenn er damit den Fortbestand seines bürgerlich-baltischen Heimkehrernamens sichern könne.

Bei dem angehenden Vater hingegen sind die Eltern, die den Fortbestand ihres Familiennamens sicherlich gerne gesehen hätten, schon vor Jahren verstorben. Außerdem rettet den schon Juliane, die Tochter seiner alleinerziehenden Schwester Jutta. Weil sein Nestbautrieb größer ist als sein Narzissmus, verkauft er also seinen Namen, der immerhin an beste polnische Fassmacher-Tradition (»Böttcher«) erinnert, für zwei Kinderbetten, zwei Kleiderschränke, zwei Regale und eine Wickelkommode. Der Opa zählt als Teneriffa-Rentner nicht gerade zu den Allerärmsten und legt das Geld für einen Zwillingskinderwagen obendrauf. Die Oma will dem Opa nicht nachstehen und zahlt, was sonst noch anfällt – und das ist nicht wenig. Aber die Oma will nun mal nicht minder generös dastehen als der Opa. Zum ersten Mal freut sich die angehende Mutter, dass ihre Eltern geschieden sind und es einander noch immer gerne zeigen wollen. Nicht ohne Stolz vermerkt der angehende Vater, dass er besser geschachert hat als einst Esau. Der hatte seine Stammvaterschaft über Israel und seinen Erstlingssegen für ein Linsengericht hergegeben.

Weil der künftige Zwillingspaps auch in Sachen Technikbegeisterung nicht dem Klischee vom Mann entspricht und ihm das Verständnis für vier Räder mangels langjähriger Lektüre von Testzeitschriften abgeht, gestaltet sich der Kauf eines Zwillingsgefährts als überaus zeitaufwendig. Wannenwagen, Kombiwagen, Sportwagen oder Buggy – er steht so hilflos vor dem unüberschaubaren Angebot in den Babymärkten wie einst auf dem Gebrauchtwagenmarkt, auf dem er sich seinen ersten Käfer kaufen wollte. Nur hatte er damals seinen Freund Peter dabei, und der hatte Ahnung. Nun steht seine Frau neben ihm, und bei Kinderwagen ist selbst die überfordert. Dass es längst Sonderhefte dazu gibt (»Kinderwagen – die Topmodelle des Jahres im Vergleich«), muss man wissen. Er weiß nur, dass es auf keinen Fall einer dieser Wagen werden soll, in denen die Kinder hintereinander sitzen. Das findet der Vater schrecklich. Er weiß, wie das ist, wenn man sich zurückgesetzt fühlt. Außerdem sind diese Wagen zu unhandlich. Und da das Leben mit Zwillingen vor allem eine logistische Herausforderung ist, soll das Gefährt möglichst praktisch sein, damit es für die Eltern nicht zum Mühlstein im täglichen Versorgungszehnkampf wird.

Der entscheidende Tipp kommt von einem Freund. Denny ist körperbehindert und ahnt, was dem Paar blüht: »Euer Wagen darf nicht breiter sein als mein Rolli«, mahnt er, »sonst kommt ihr nirgendwo durch.« Damit reduziert sich die Auswahl dramatisch: je schmaler, desto teurer. Es wird schließlich ein Modell aus Neuseeland: leicht, wendig und in knallpink. Wenn schon auffallen als Zwillingseltern, dann richtig, auch wenn es mehr kostet. Der Opa zahlt ja.

Richtig ins Geld aber geht die Motorisierung der Familie. Der angehende Vater hat als Junge immer davon geträumt, mit 50 mal ein Powerpaket aus Zuffenhausen zu fahren. Nun endet er vor einem »Raumwunder« aus Tschechien, wie es in den Fachzeitschriften heißt, die er, der technisch Unbeschlagene, seit Wochen schon durchblättert, liest, akribisch auswertet. Statt auf der Strecke Hamburg–München per Lichthupe alle auf die rechte Spur zu nötigen, sieht er sich mit Tempo 30 zum Babyschwimmen schleichen. Er kann gerade noch verhindern, dass der flinke Verkäufer eine Warnung an die Heckscheibe klebt: »Vorsicht, Zwillinge an Bord«.

Im gleichen Maße, in dem ihr Budget schmaler wird, geht das Paar in die Breite. Die figurfrustrierte Autorin Susanne Fröhlich hat recht. Ähnlich wie dem »Moppel-Ich« ist auch der Frau und ihrem Mann die Taille schnuppe. »Der positive Schwangerschaftstest war so etwas wie ein ersehntes Startsignal, eine Generalabsolution für alle Kaloriensünden: Bitte essen Sie ab jetzt so viel und so gut, wie Sie wollen«, rät Fröhlich allen angehenden Müttern. Weil sich auch der Vater angesprochen fühlt, steuern die Frau und der Mann den Sommer über an jedem freien Abend das »Venezia« an. Und natürlich nur aus purer Solidarität macht auch er sich über das Spaghettieis her. Oder sollte er seine schwangere Frau, die immerhin Zwillinge austrägt, allein zur Eisdiele laufen lassen?

Offiziell schaufeln sie ihr Eis für die Kinder, die gut genährt sein sollen. Jede Portion, verkündet er Freunden und Kollegen, die ihn auf seine neuerdings »leicht spannenden Hemden« ansprechen, bewahre die Zwillinge ein Stück mehr vor dem Brutkasten. Die Angst, die in seinen Scherzen anklingt, ist durchaus begründet. Zwillingsschwangerschaften enden eher mit einer Frühgeburt als normale. Von den tragischen Fällen, in denen das kleine Leben auch durch künstliche Ernährung im Brutkasten nicht zu retten ist, sind 30 bis 40 Prozent Zwillinge.

Die Eisorgien, die natürlich auch ein wenig Sexualitätsersatz sind, lassen den angehenden Vater Fresssüchtige besser verstehen. Nichts unterdrückt aufsteigende Ängste vor der künftigen Verantwortung und unliebsame Erinnerungen an die eigene Kindheit auf so wunderbare Weise wie eine extragroße Portion *Gelato*. Zu viel kommt da auf ihn zu: die Veränderung seiner Frau, die tatsächlich »in anderen Umständen« ist. Wie lange haben sie darauf gewartet, dass ihr Bauch wächst. Mit einem Umfang von schließlich 122 Zentimetern wächst die Frau gleichsam weit über sich hinaus. In der Zeit der Befruchtungsversuche haben sich die beiden oft gefragt, wie gerade sie – die so gerne alles im Griff hat – damit umgehen würde, dass sich ein anderes Leben so eigenwillig und trotz aller Ultraschallaufnahmen so unkontrollierbar in ihr breitmacht. Beruhigt stellt er fest, dass die Wandlung seine Frau nicht schreckt. Manchmal kann er seinen Neid nicht verhehlen: Im Kontakt zu ihren Kindern hat die Mutter schon jetzt einen uneinholbaren Vorsprung vor dem Vater.

Während seine Frau dem neuen Leben vergleichsweise gelassen entgegensieht, steigt in ihm nicht nur seine alte Angst vor der einst übermächtigen eigenen Mutter wieder auf. Er muss sich noch einmal mit dem Sohnsein beschäftigen. Wer ein guter Vater werden will, muss vorher bewusst Sohn gewesen sein. Das war er viel zu lange.

Kann er den Sohn in sich gewesen sein lassen? Ist er reif genug, erwachsen genug für die Vaterrolle?

Beklommen denkt er an die Erkenntnis aus der Lektüre eines Buches, das ihn sehr beschäftigt hat: »Erwachsen werden, das hieße zugeben, dass man nicht geworden ist, was man werden wollte«, lautet die Botschaft aus Martin Walsers Roman »Die Verteidigung der Kindheit«. In der tragischen Bindung des Alfred Dorn an seine Mutter hat der angehende Vater auch sich gesehen, obgleich er alles andere war als fast ein Wunderkind und Einser-Abiturient wie die Romanfigur. Wird ihn das Noch-einmal-Erleben der Kindheit durch die eigenen Kinder bedrücken oder vom Ballast seiner Vergangenheit befreien?

Zumindest entdeckt er diese Zeit jetzt als lebendigen Teil seiner selbst. Er freut sich, endlich einen Vorwand zu haben, alle Folgen der »Augsburger Puppenkiste« noch einmal zu sehen. Verwundert bemerkt er, dass er als Sohn nicht schnell genug älter werden konnte; als Mann hat er dann versucht, die Zeit anzuhalten. Und nun versucht er als werdender Vater, mit Lukas und Jim Knopf die Uhr um Jahrzehnte zurückzudrehen. Während er in kindlicher Freude »eine Insel mit zwei Bergen« trällert und sich freut, den Text noch gut im Gedächtnis zu haben, wird ihm schmerzlich bewusst, dass seit der letzten Begegnung mit der Lokomotive Emma und dem Drachen Frau Mahlzahn 40 Jahre vergangen sind. Der Preis für die Wiederentdeckung der Kindheit ist die Bewusstwerdung des Alters. Aber es tut nicht weh. Der Blick auf den sich stetig rundenden Bauch seiner Frau stimmt ihn nachsichtig auch mit sich selbst. Er söhnt sich mit seiner Vergangenheit aus, er tritt aus seiner Rolle als Sohn seiner Mutter heraus. Er hofft, dass es der letzte Schritt zu seinem inneren Frieden ist, viele Jahre nach dem Tod der Mutter.

Nur manchmal befällt ihn eine leise Ahnung, dass 49, entgegen allen kessen Behauptungen an seinem vergangenen Geburtstag, doch mehr ist als eine Zahl, und das trübt seine Vorfreude auf die zweite Jugend mit seinen Kindern. Seiner Frau ergeht es nicht anders. Auch sie wird noch mal kleines Mädchen, kauft die Fingerfarben, mit denen sie als Kind selbst so gern gemalt hat. Dass die beiden drei lange und nicht gerade leichte Jahre würden durchhalten müssen, bis ihre Kinder überhaupt in die bunten Töpfe patschen und in unbeobachteten Momenten die Wände beschmieren können – das geht in der Flut der Hormone unter.

Sie hat keine Zweifel, bald eine gute Mutter zu sein, trotz der Arbeit, die in ihrer Kanzlei reichlich anfällt. Auch ihre Mutter war berufstätig, betrieb als Kauffrau ein eigenes Modegeschäft. Damit war sie damals unter den Frauen die große, von der Verwandtschaft skeptisch beobachtete Ausnahme. Die Frau ist überzeugt, dass es ihr weniger gut ergangen wäre, wenn ihre Mutter zu Hause gegluckt hätte. »Schlüsselkinder« wurden Mädchen und Jungen wie sie damals von jenen anderen Müttern genannt, die vielleicht gerne selbständig gewesen wären, sich aber nicht trauten. »Zeig deine Narben am Hals«, spottet der Mann manchmal in Anspielung auf das Schlüsselband, das seiner Frau früher umhing, wenn er seine Schwiegermutter ärgern will.

Seiner eigenen Rolle ist er sich, bei aller Freude und offensiven Zuversicht, nicht sicher. Wird er ein guter Vater sein? Und was ist ein guter Vater? Lebt er in einer wieder »vaterhaften« Gesellschaft? Oder immer noch in jener »vaterlosen«, die der Frankfurter Psychoanalytiker Alexander Mitscherlich in seinem berühmten Essay 1963 heraufziehen sah?

Die »Entväterlichung« in Familie und Erziehung bezog sich auf den Autoritätsverlust des Vaters als Lehrer und Vermittler, seine traditionellen Funktionen. Die konnten Väter in den Zeiten des blühenden Handwerks, in denen Familie und Beruf noch eng miteinander verbunden waren, gut ausüben. Mit zunehmender Industrialisierung und Bürokratisierung aber wurde der Vater zum Lohnempfänger, der sich zu Hause nur noch über die Höhe seines Salärs definieren konnte. Gerne würde sich der Vater in spe mit den Nachkommen des berühmten Psychoanalytikers unterhalten. Die fünf Kinder aus den ersten beiden Ehen Mitscherlichs sollen sich ziemlich vernachlässigt gefühlt haben.

Oder wird er ein allzu verweiblichter Vater? Experten wie Holger Brandes sehen die Gefahr durchaus – als Gegenreaktion auf die Zeit der Vaterlosigkeit. »Aus dieser Defizitperspektive eines Verlustes an Autorität und beruflicher Vorbildfunktion«, so der Dresdner Professor für frühkindliche Entwicklung, »wird ein alternatives Bild vom Mann in der Erziehung zuerst einmal am Vorbild der Frau und der Mutter angelehnt. Der Vater tritt quasi als Mutterersatz neu in das Feld der Erziehung ein.« In Westdeutschland erklärt das die Phase der »bewegten Männer«, die sich an die Forderungen der Frauenbewegung anzupassen versuchten, sich in »Selbsthilfegruppen« zusammenfanden, »antisexistische Rundbriefe« verfassten und in Hörsälen Pullover strickten.

Auch wenn er den eigenen Vater später – als er selbst schon ein reifer Mann war – sehr lieb gewonnen hat und viel besser verstehen und ihm verzeihen konnte: Auf keinen Fall will der künftige Vater sein wie sein alter Herr. Der war viel zu sehr mit dem nackten Überleben zwischen Schwiegermutter, Ehefrau, zwei Kindern und einem ihn ständig fordernden Job beschäftigt. Dunkel erinnert sich der Mann, dass er als kleiner Junge Zweifel hatte, ein Kind der Liebe zu sein. Erst als er in dem von seinem Vater einmal abgelegten Ehering den Hochzeitstag der Eltern entdeckt, mit seinem Geburtstag abgeglichen und eine Differenz von weit mehr als neun Monaten errechnet hatte, war er sicher, dass seine Eltern nicht unter dem Druck einer unerwünschten Schwangerschaft geheiratet hatten.

Hat ein Saulus mit seiner Vergangenheit Chancen auf eine Wandlung zum Paulus? Würde ein Kind seiner Zeit – in der Zärtlichkeit als überflüssige Verhätschelung galt, Kinder mehr mit Scham und Schuld erzogen wurden als mit Wärme und Nähe – die eigenen Kinder wirklich lieben können? Wird er seinen Kindern zeigen können, »willkommen« und »wertvoll« zu sein – zwei Gefühle, die alle Menschen brauchen?

Je mehr er sich erinnert, desto deutlicher wird dem angehenden Vater, dass er die Berufstätigkeit seiner Frau nicht nur begrüßt, weil sie deren Vorstellung von Selbstverwirklichung entspricht oder weil sie damit auch ihm – zumindest solange er daheim spurt – eine gewisse Unabhängigkeit von seiner Firma garantiert: Sie würde die Familie im Falle eines Falles schon durchbringen, tröstet er sich manchmal. Nach seinem Retiro mit 67 Jahren wird sie ohnehin überwiegend für den Unterhalt der Familie sorgen müssen, da ihre Kinder dann noch lange nicht selbständig sein werden.

Doch viel mehr, so wird ihm in der Schwangerschaft bewusst, bannt sie mit ihrer Berufstätigkeit auch seine Angst vor der Wiederauferstehung der eigenen Mutter. Geboren Anfang der dreißiger Jahre, war diese ein Opfer nicht nur der eigenen überaus dominanten Mutter, sondern der nationalsozialistischen Ideologie mit ihrem Muttermythos. Manchmal denkt der Sohn, der bald Vater wird, dass er seinem Ruthchen gerne so etwas wie einen Mutterverdienstorden für Kinderreiche verliehen hätte. So, wie sie sich geopfert hat, vor allem für ihn, hätte sie es verdient gehabt, auch wenn sie nur zwei Kinder in die Welt gesetzt hatte. Sie hätte die Auszeichnung sicherlich stolz getragen.

Die Vorstellung, dass die Beziehung zwischen ihm und seinen Töchtern mit einer viel zu hohen Erwartungshaltung beginnen könnte, erschreckt ihn. Er tröstet sich damit, dass seine Frau sich bei der Prägung der Kinder schon durchsetzen wird.

Die näher rückende Geburt selbst beschäftigt das Paar kaum. Da sich das untere der beiden Kinder querlegt, wird es keine spontane Entbindung geben, sondern, wie bei etwa 60 Prozent aller Zwillingsgeburten, einen Kaiserschnitt. Den Geburtsvorbereitungskurs lassen sich die pflichtbewussten künftigen Eltern dennoch nicht entgehen. Als Kompaktseminar für Berufstätige kostet er sie nur ein Wochenende. Außerdem sollen Väter, die Wickelkurse belegt haben, später eine bessere Beziehung zu ihrem Kind aufbauen, wenn ihnen erst mal gezeigt worden ist, wie Mann durch die Gebärmutter atmet. Na denn.

Also macht er brav mit bei Gymnastikübungen, die ihm wie die Sieben Tibeter für Korpulente vorkommen; bei den Massagetipps fällt ihm sein Grundkurs Tantra vor 15 Jahren wieder ein, nur dass die Federboa fehlt und er wirklich keinen der Kursteilnehmer auch nur halbnackt sehen möchte. Auf die legendären Hechelübungen verzichten die Kaiserschnittler, sie müssen ihre Kinder ja nicht durch den Geburtskanal pressen. Mit anderen Paaren machen sie sich währenddessen zwei schöne Stunden im Café.

Für die werdenden Zwillingseltern sollte es einer der letzten ruhigen Nachmittage auf lange, lange Zeit sein. Erst viel später wird der Vater verstehen, was sein Kollege Georg meint, als er ihnen zur Geburt aus Washington schreibt: »Ihr müsst jetzt ganz tapfer sein.« Georg weiß, warum er Mut macht. Er ist selbst Zwillingsvater.

Der Abend oder
Lasst uns froh und müde sein

*I*ch sehne mich nach ihr. Nach ihrer hellen, weichen Stimme. Ich habe immer noch das Bild vor Augen, wie sie in den frühen achtziger Jahren Konzerte gab und auf der Bühne herumhüpfte, in hautenger Hose mit Leopardenmuster, schwarzer Lederjacke, darunter das rote, ärmellose T-Shirt, angestrahlt von bonbonfarbenen Scheinwerfern. Damals klang ihre Stimme leicht heiser, oft kieksend. Sie war umwerfend sexy. Sie war das Idol der Teenies, aber auch männlicher Twens.

Auf einem ihrer Gigs war ich nie. Ich habe keine ihrer Platten gekauft. Aber ich habe sie oft in die Arme genommen – in meiner Phantasie, wenn ich abends nach Hause kam, frustriert, weil ich wieder nicht meiner Traumfrau begegnet war. Sie hat mich getröstet.

Ein Vierteljahrhundert später sehne ich mich wieder nach ihr. Zur Bettzeit. Ich sehne mich vor allem nach ihrer Stimme. Die ist ganz sanft geworden. Manchmal zähle ich abends die Minuten, bis ich ihre Stimme wieder höre. Aber das kann dauern, heute Abend. Eine gute Stunde noch, mindestens. Wir müssen noch baden. Wir haben einen automatisch abtauenden Kühlschrank und einen sich selbst säubernden Backofen. Warum haben wir keine sich selbst reinigenden Kinder?

Baden ist was schrecklich Schönes. Danach bin ich jedes Mal völlig fertig, schweißgebadet. Ich habe das Gefühl, wir baden jeden Abend. Ich komme nach Hause, und wir müssen baden. Dreimal ausziehen und einseifen, wobei ich die Wahl habe – entweder Fanny beschimpft mich: »Du blöder Mann, du!«, oder Lilly beleidigt mich: »Du alte Dame, du.« Hatten wir das so ähnlich nicht schon heute Morgen? Müssen meine Tage enden, wie sie begonnen haben? Mit Undankbarkeit? Nicht selten ergeht es mir mit meinen Töchtern wie mit meinen Chefs: Ich kann es ihnen einfach nicht recht machen. Erst die Hose, dann das T-Shirt, fordert die eine; die andere will es genau andersherum. Ihre Spangen, da sind sich die Zwillinge ausnahmsweise mal einig, wollen sie beide im Haar behalten. Ich will das nicht. Oder korrekter: Die Mutter will das nicht. Also will ich es auch nicht. Also gibt es das erste Geschrei noch vor dem ersten Spritzer Wasser. Und das ist nur das Vorspiel zum Hauptakt: Haarewaschen. Unser Shampoo ist das teuerste im ganzen Drogerie-Discounter, mit Warentest-Siegel, »No tears«-Aufkleber und persönlicher Empfehlung der Verkäuferin (»total augenmild«). Die hat selbst Kinder, also zählt die Aussage doppelt. Trotzdem wird geheult, dass die Kacheln wackeln.

Nur Rosa planscht gemütlich vor sich hin. Sie weiß, dass ihre Haare trocken bleiben. Aus Rücksicht auf ihr krankes Ohr wird sie vom Shampoo verschont. Rosa hat eine dauerhafte Mittelohrentzündung. Ich spreche aber immer nur von einer rezidivierenden Otitis media. Bei drei Arztbesuchen die Woche und das seit Monaten muss doch auch für unsereins was rumkommen, außer Rechnungen und zu spät im Büro sein. Und wenn es nur ein Fremdwort ist. Geföhnt werden will Rosa trotzdem, sonst kreischt auch sie. Jedes Kind will mit einer anderen Düse angepustet werden, einer anderen Windstärke und einer anderen Heizstufe. Klar doch, als Star-Coiffeur für Arme füge ich mich meinen Diven. Hauptsache: Ruhe! Und dass ich bald durch bin mit den dreien.

Esther behauptet, es sei gemein, ihr einen »Reinlichkeitsfimmel« zu unterstellen. Wir badeten nur zweimal die

Woche. Sie kenne niemanden, der weniger bade. Wenn sie das sagt.

Ich sage dazu schon lange nichts mehr. Manchmal allerdings frage ich nach: Ob wir nicht erst gestern gebadet hätten.

Das reicht ihr schon. Sie meint, ich hätte einen »komischen Unterton in der Stimme«.

»Das kann nicht sein«, sage ich, so müde und kaputt wie ich sei, sei mir gar nicht zum Lachen zumute.

Da sei er doch schon wieder, antwortet sie, der Unterton.

Unterton? Welchen Unterton will meine Liebste denn bei mir heraushören, bitte schön? Und schon gar einen komischen. Habe ich Grund zu scherzen? Nicht, wenn schon wieder gebadet werden müsse.

»Aha«, sagt sie, »das soll kein Unterton sein?« Ich solle doch einfach sagen, dass ich keine Lust habe.

Das Badewasser plätschert in die Wanne.

Lust sei eigentlich Sünde, verweise ich auf das Credo von einem, der immer recht hat, dem keiner widerspricht.

Doch wenn es ums Baden geht, hat selbst der Papst keine Chance gegen meine Liebste. »Sei doch ehrlich, steh dazu, dass du deine Kinder nicht baden willst«, seufzt sie. »Ich mach das schon, hab ich am Freitag ja auch gemacht.«

Sie drückt sich an mir vorbei aus dem Badezimmer, schließt deutlich hörbar die Küchentür.

Jetzt reicht's auch mir. Ich hinterher, Küchentür auf: »Wer hat denn hier den Unterton? Ich oder du?«

Sie schiebt sich an mir vorbei. Aha, wenn es konkret wird, geht sie. So kann man sich ja auch nicht konstruktiv auseinandersetzen. Aber ich bleibe dran. Ich will keinen Streit, ich will das nur klären. »Bitte, sprich mit mir«, sage ich, »den Kindern zuliebe.«

Sie bleibt in der Diele stehen. »Lass die Kinder aus dem Spiel!«

Will sie mich provozieren? Darauf lass ich mich nicht ein. Ich bin ja für meine Sachlichkeit bekannt, bin total entspannt: »Sag mir, was ich schon wieder falsch gemacht habe, bitte.«

Sie sieht mich an und schweigt. Kontert mit dem billigsten rhetorischen Trick überhaupt: Schweigen. Steht in jedem Handbuch für Personalchefs, ist der klassische Einstieg ins Mitarbeitergespräch: Halten Sie die Stille aus. Locken Sie Ihren Untergebenen aus der Reserve.

Ich tue ihr den Gefallen: »Ich lasse meine Geschichte halbfertig liegen, hetze zum Bäcker, gehe noch in die Apotheke, bleibe nirgendwo stehen, freue mich auf euch, und das Erste, was ich höre, ist: Du willst die Kinder nicht baden. Das ist nicht fair.«

Sie schaut mich an. Diese Katzenaugen. Gleich macht sie einen Buckel. Ich schaue zurück. Wollen doch mal sehen, wer hier die besseren Nerven hat.

»Äff mich nicht nach, so spreche ich nicht. Das habe ich so nicht gesagt«, zischt sie. Keine 1,70, aber darin ist sie groß: einfach alles abstreiten.

Bei Gericht kommt sie vielleicht damit durch, in unserem kleinen Privatkrach nicht. »Aber gedacht hast du es. Als ob mir die Kinder egal wären. Es sind auch meine Kinder. Und meine Kinder bade ich auch. Will ich etwa dreckige Kinder haben?«

Ich gehe ins Bad, fühle die Wassertemperatur. Ist okay. Sie kommt hinzu, mit Rosa auf dem Arm, fühlt die Wassertemperatur. Dem Vater vertrauen ist gut, Kontrolle ist besser. Sie zieht die Mundwinkel herunter: »Du hast es zu heiß werden lassen. Für Rosa ist das zu heiß.«

Sie will kaltes Wasser zulaufen lassen, aber ich bin schneller, drehe den Hahn kräftig auf. Das kalte Wasser schießt in die Wanne.

»Das ist zu viel, das wird zu kalt.« Sie versucht, den Hahn zuzudrehen.

Ich drehe ihn noch weiter auf. »So, jetzt ist es zu viel. So sieht es aus, wenn es zu viel ist. So.«

Schützend legt sie ihre Hand um Rosas Kopf. Typisch späte Mutter, *overprotective*. Dabei bin ich ganz freundlich, ganz »kooperativ«, wie unser Kinderarzt in seinen Krankenberichten manchmal über das Verhalten von Fanny, Lilly und Rosa vermerkt. »Bitte, gib mir Rosa.« Sie wendet sich ab: »Rosa kann nichts dafür.«

Ja, stehe ich denn hier mit einem Wasserwerfer? »Bitte, gib sie mir. Wir fangen mit ihr an.«

Denkste. Sie wieder raus, ich hinterher. »Esther, so geht das nicht: Erst soll ich die Kinder baden, nun soll ich nicht. Können wir hier bitte mal eine klare Linie fahren?«

»Drehst du bitte endlich das kalte Wasser ab.« Weg ist sie, wieder Richtung Bad.

Tür auf. Tür zu. Wasser aus. Ablauf auf. Tür auf. Tür zu. »Das Wasser war eiskalt.«

Sie geht in die Küche, setzt Rosa in ihr Stühlchen. Ich setze mich auf die Bank. Wie gut, dass wir auf Sri Lanka den Mönch Siri kennengelernt haben. Mönch Siri ist praktizierender Buddhist und hat uns nicht nur getraut und für unsere Fruchtbarkeit gebetet, er hat uns auch eine kleine Atemtechnik für Konfliktfälle mit auf den Weg gegeben: »Liebe ausatmen. Frieden einatmen.« Also beherrsche ich mich, atme tief meine Liebe aus und atme noch viel tiefer ein, auch wenn nicht gerade Frieden in der Luft liegt.

Ganz in Siris Sinne haben sich die Kinder nicht anstecken lassen vom Streit. Fanny hat sich von der Fensterbank den Honigtopf geangelt und es irgendwie geschafft, ihn aufzuschrauben. Aha, deshalb war sie so still. Sie blickt auf, bekommt ein schlechtes Gewissen. »Ich, Tütü, Nuna weg.« Keine schlechte Idee. Ich gebe ihr ein Stück von der Haushaltsrolle, um den Honig von den Händen zu wischen.

»Ne, Papa, Tütü. Da.« Fanny zeigt auf das Feuchtpapier in der Plastikbox. Schlaues Kind. Sie weiß genau, was sie will. Wie ihre Mutter. Esther würde sagen: Im Gegensatz zum Vater weiß das Kind, dass trockenes Papier bei Honig-Händen nicht viel nutzt.

Und was macht Lilly? Sie malt. Ganz mein Mini-Me, besonnen und friedfertig – solange man sie in Ruhe lässt. Solange man ihr den Filzstift lässt.

Natürlich sehe ich den Filzstift. Dick und schwarz, wie er ist. Lilly malt mit ihm, ganz selig, etwas Verbotenes tun zu dürfen. Dummerweise nimmt sie den Stift jetzt in den Mund. Nicht die Spitze. Nur den Metallschaft. Aber unter Esthers Augen. Das kann nicht gutgehen.

»Lilly, nimmst du bitte den Filzstift aus dem Mund.«

Lilly denkt nicht dran. »Sofort, Lilly, sofort. Ich zähle bis drei.«

Esther steht auf. »Eins.« Lilly schaut unschuldig drein. »Zwei.« Lilly blickt Esther herausfordernd an. »Lilly, ich sage das jetzt zum letzten Mal: Nimm den Filzstift aus dem Mund. Sofort.« Lilly tut, was Esther sagt, lächelt sie an. Ach, sie ist ein gutes Kind, die liebe Lilly.

Aber was macht das gute Kind dann? Es führt den Stift wieder zum Mund. Diesmal die Filzstiftspitze. Ganz langsam steckt Lilly sie tief und tiefer in den Mund, blickt Esther dabei provozierend an. Die greift nach dem Stift, Lilly hält ihn mit beiden Händen fest. »Drei. Und her mit dem Stift. Sofort her damit. Sofort, sage ich. Lilly!«

Lilly denkt immer noch nicht dran, den Stift herzugeben. Und Lilly ist stark. Und ein Dickkopf. Ich weiß nicht, von wem sie den hat.

Esther windet ihr den Filzstift aus der Hand. Lilly weint. Sie kann wunderbar weinen. Große Kullertränen, tiefes Schluchzen. Es ist rührend. Die erste Minute. Leider kann Lilly auch sehr lange weinen, geradezu ekstatisch steigert sie sich in ihr Leid, fängt an zu schreien, schlägt um sich. Gut, dass auf dem Tisch nichts in ihrer Nähe steht. Lilly ist jetzt ganz weit weg, unerreichbar für die Außenwelt.

Nun haben wir aber noch zwei andere Kinder, und Lillys Anfälle sind ansteckend, jedenfalls für Fanny. Gerade hat sie noch mit ihrem »Tütü« sehr penibel jeden Finger einzeln abgewischt und war sehr stolz auf ihre Geschicklichkeit. Nun weint Fanny mit, sehr schrill, Sturzbäche schießen aus ihren Augen. Anfall Nummer zwei. Die kleine Rosa windet sich in ihrem Stühlchen, schlägt um sich, japst nach Luft. Anfall Nummer drei.

Bei solchen »Kollern« werden die Kinder »von der Kraft der eigenen Wut hinweggespült«, erklärt der Entwicklungspsychologe Steve Biddulph. Mit dem Anfall wird Energie entladen, die sich durch Frustration aufgestaut hat. Für den Umgang mit Koller-Kindern hat auch Biddulph kein Patentrezept: »Es bleibt Ihnen und der Situation überlassen, wie Sie reagieren«, schreibt er in seinem Buch »Das Geheimnis glücklicher Kinder«. Schöner Ratgeber.

Solange sich diese Spektakel zu Hause ereignen, geht es ja noch. Man kann einfach abwarten, vielleicht sogar auf die Überschriften der Zeitung spinxen, die seit morgens unberührt auf der Ablage liegt. Wo keine Zeugen sind, fehlt die Scham.

Eine richtige Herausforderung dagegen ist der Koller in der Schlange vor der Supermarktkasse, ein Klassiker im Repertoire unserer Kinder. Achtzehn Uhr, Feierabendhektik bei unserem Lebensmittelhändler. Rechtsanwälte, Architekten, Ärzte, Büroangestellte, allesamt entnervt und ermüdet von einem langen Arbeitstag. Die meisten parken draußen im Halteverbot, das fördert die Geduld ungemein. Und dann ich.

Drei Kinder, zwei Körbchen, ein Einkaufswagen. Fanny schleppt Weintrauben an, die ich nicht will; Lilly wirft Quark aus dem Korb, den wiederum sie nicht will, und Rosa reißt vom Einkaufswagen aus einer nicht unattraktiven Enddrei-ßigerin die Tasche von der Schulter, weil sie die gerne hätte. Tampons fliegen über den Boden, ein Pillendöschen fällt raus, klirrt mit Lippenstift und Handy auf die Fliesen. »Entschuldigung«, rufe ich von der Eistruhe. Deren Deckel versuchen die Zwillinge gerade wegzuschieben. Schockgefrieren würde ich sie hin und wieder gerne, aber nicht jetzt. Wir hinken schon eine halbe Stunde hinter unserem Zeitplan her. Und wir müssen noch zur Kasse. Bis wir zu Hause sind, ist es sieben – falls alles glatt geht.

An der Kasse lasse ich das Rosa-Opfer dann vor. Wir haben die Frau schon genug Nerven gekostet, da will ich sie durch Fannys Koller nicht noch weiter aufhalten. Der ist nämlich abzusehen. Die armen Menschen hinter mir in der Schlange. Ob sie etwas ahnen?

»Ich, Maties«. Da. Jetzt. Okay, ich bin bereit.

»Nein, Fanny, es gibt keine Smarties.«

»Ich will aber.«

»Ich aber nicht.«

»I will.« Das Verschlucken von Buchstaben bei Grundwörtern, die sie eigentlich kann, kündigt an, dass sie bereits abhebt.

»Eeee willl.«

Vorbei. Da müssen wir jetzt durch. Die Ungeduldigen in der Schlange räuspern sich. Wahrscheinlich Juristen, die sich bereits überlegen, was sie für diese Belästigung bei mir einklagen können. Gut, dann werden sie ihre Kollegin Esther mal kennenlernen. Jetzt allerdings erst mal meine Kinder. Denn das ist nur der Anfang bei Fanny. Sie kann sich so gekonnt auf den Boden werfen, drehen und wälzen, dass jeder Breakdancer was von ihr lernen könnte.

Rumms. Fanny wirft ihren Kinder-Einkaufskorb um. Hinter mir springen zwei Typen im feinen Zwirn einen Schritt zurück, als würde gerade Salzsäure auslaufen. Ist aber nur

Orangensaft. Eine Karrierefrau mit weißen Wildlederpumps ruft »igitt«, dabei ist der Sahnebecher vor ihren Füßen heil geblieben. Auch ich habe mit meinen Koller-Kindern noch Glück. Die kleine Mickey aus unserer Nachbarschaft hat ihrer Mutter kürzlich hier an dieser Kasse gedroht: »Ich mach die Hosen voll« – und Wort gehalten. Weil Mickey neuerdings keine Windeln mehr trägt, fanden das alle ziemlich »scheiße«.

Während sich Fanny im Orangensaft suhlt, laut schreiend natürlich, stimmt Lilly in das Geschrei ein, lässt ihre von mir gefürchteten Tränen kullern. Rosa schlägt wild um sich. Ich muss meinen Wagen wegschieben von den Kaugummiregalen, sonst fegt Rosa sie leer. Dazu müsste ich raus aus der Kassenschlange. Der blasse Schlipsträger hinter mir wittert seine Chance, sich vorbeizudrängeln. Aber das kann er vergessen. Das ist schließlich nicht der erste Kassen-Koller. Während ich mit rechts den Einkaufswagen wegschiebe, werfe ich mit links meine Fleischtüte aufs Band und die Äpfel hinterher. Der nächste Bon ist meiner.

Mehr als Nerven bewahren bleibt mir auch gar nicht. Bei solchen Anfällen, schreibt der Schweizer Kinderarzt Remo Largo, sei es »erfahrungsgemäß am sinnvollsten, wenn man das Kind in Ruhe lässt und das Ende des Anfalls abwartet. Dabei soll man sich nicht vom Kind entfernen, sondern bei ihm bleiben, um ihm zu zeigen, dass man es nicht verlässt, auch wenn man seinem Willen nicht nachgibt.« Für Largo sind Weinkrämpfe und Tobsuchtsanfälle dieser Art kein Drama: Fanny und Lilly sind eben in dem Alter, in dem sie beginnen, sich selbst wahrzunehmen und ihren eigenen Willen zu entdecken. Und was macht man mit einem eigenen Willen? Ihn durchsetzen! Und wenn das nicht gelingt, gibt's Geschrei.

Der scharfe Analytiker Michael Winterhoff spricht von einer annähernd »masochistischen Grundhaltung«, die

Eltern bei Supermarktbesuchen mit Kindern abverlangt werde. Er sieht den Selbstbedienungsladen als ideale Spielwiese für das in der »Allmachtsphase« befindliche Kind, seine Eltern unter Druck zu setzen und sich als »Kleindiktator« aufzuführen. Und die Supermarkt-Chefs, erpicht auf jeden Euro, zuckern die Kinder auch noch an, indem sie gezielt Süßigkeiten in unmittelbarer Kassennähe positionieren. Deshalb habe ich auch kein Mitleid mit Ladenbesitzern, deren Kaugummiregal meiner Rosa in die Hände fällt. Rummms.

Die Verkaufsstrategen wissen genau, dass kaum ein Kind in der Lage ist, ihren verführerischen Angeboten zu widerstehen und dass ein Gutteil der Eltern schnell nachgibt, um Ruhe zu haben. Sind sie deshalb schlechtere Eltern? Was macht gute aus? Die alten autoritären Muster, mit denen ich selbst groß geworden bin, lehnen wir ab. Aber wie soll die neue Rolle des Vaters und der Mutter aussehen? Antiautoritär? Nur, was heißt das eigentlich?

Natürlich ist mir ein Familientherapeut wie Jesper Juul höchst sympathisch, wenn er schreibt, dass wir ach so fortschrittlichen Eltern unsere »persönlichen Grenzen« durchaus »zum Ausdruck bringen« dürfen. »Statt zu fragen: ›Was ist richtig für das Kind?‹, müssen wir uns fragen: Was ist richtig für mich? Und was bedeutet das für mein Kind? Es gibt keinen verbindlichen Konsens darüber, was üblich, richtig oder falsch ist. Stattdessen sollen wir uns selbst befragen – was für viele von uns eine neue und ungewohnte Aufgabe ist.« Wir müssen, fordert Juul, »herausfinden, wer wir sind und wer unsere Kinder sind – und das kann eine geraume Zeit in Anspruch nehmen«. Wenn mir meine Kinder die Gelegenheit geben würden, darüber nachzudenken, hätte ich die Chance auf eine Antwort, bevor sie aus dem Gröbsten raus sind – und wir unsere ganzen Fehler schon gemacht haben.

Vielleicht fühlte sich Fanny schlicht vernachlässigt? Habe ich unbewusst eine ihrer Schwestern im Supermarkt bevorzugt? Hätte ich auf dem Weg zum Einkaufen noch länger bei dem Baukran stehen bleiben sollen, wie sie es so gerne wollte? Vielleicht wollte Fanny nur von mir »gesehen werden«. Hatte sie vielleicht gemerkt, dass ich ihr heute beim Frühstück nur zugeschaut habe, statt sie ganz persönlich und in ihrer Einzigartigkeit wahrzunehmen und anzunehmen? Um ehrlich zu sein: Es ist mir manchmal schnurzegal. Ich werde auch seit über 50 Jahren nicht in meiner Einzigartigkeit wahrgenommen. Und wenn die Kinder nicht bald ruhig sind, dann kriege ich den Koller Nummer vier.

Wie gut, dass ich derzeit nur montags, wenn ich eher aus dem Büro verschwinden kann, mit Einkaufen dran bin. Oft frage ich mich dann auf dem Heimweg: Fliehe ich aus der Redaktion? Oder treibt mich eher die Sehnsucht nach den Kindern?

An vielen Tagen zumindest scheint mir der Arbeitsplatz erholsamer als die Familie. »Gehen Sie doch nach Hause«, sagt mein Chef an manchen Abenden gönnerhaft, »fangen Sie nicht jetzt schon an, sich vor Ihrer Familie zu drücken.« Witzbold. Da zerreiß ich mich für die Firma, und zum Dank unterstellt er mir Wiegenflucht. Doch dann ertappe ich mich manchmal, den Kopf an die Fensterscheibe der U-Bahn gelehnt, bei dem Gedanken: »Wenn ich Glück habe, schlafen sie schon.«

Die Tage in der Redaktion sind typische Bürotage. Ich bearbeite Geschichten von Kollegen, kürze, schreibe hinzu, stelle etwas um, suche nach treffenderen Ausdrücken, tilge Wortwiederholungen. Ich bemühe mich seit einigen Jahren, so wenig wie möglich an den Texten anderer zu verändern. Der kategorische Imperativ ist das Einzige, was ich von Kant kapiert habe: »Handle so, dass die Maxime deines Willens jederzeit zugleich als Prinzip einer allgemeinen

Gesetzgebung gelten könne.« Ein hehres Wort, um meine Zurückhaltung zu begründen. Banaler drückt es das Sprichwort aus: Was du nicht willst, dass man dir tu, das füg auch keinem andern zu. Und ich hasse es, wenn einer an meinen Texten rumfummelt. »Lakonischer«, sagt der eine, »erzählerischer«, fordert ein anderer. »Konziser«, verlangt ein dritter. »Kant-iger«, murmele ich.

Und doch bin ich dankbar für diesen Arbeitsplatz, denn er gibt mir, trotz allem, Freiraum. Sollte ich jemals über Fremdbestimmung im Beruf geklagt haben – ich nehme alles zurück. Sie zu ertragen ist ein Klacks, verglichen mit Kindern. Die sind die wahre Fremdbestimmung. Manchmal möchte ich einfach abhauen von der Familie. Bloß weg. Es muss gar nicht weit sein, nur raus – mal schnell Zigaretten holen gehen – und nicht wiederkommen. Und das Allerschlimmste: Ich darf noch nicht mal klagen. Bei wem denn? Bei anderen Männern? Da ist Klagen verpönt. Bloß keine Schwäche zeigen. Bei meiner Frau? Die hat es noch viel schwerer am Arbeitsplatz, bekommt es dort mit nicht minder selbstgewissen Menschen zu tun. Die heißen dann Richter oder Staatsanwalt und haben die Wahrheit gepachtet, glauben sie. Esther hat auch noch den ökonomischen Druck: die Miete fürs Büro, die Gehälter für die Rechtsanwaltsfachangestellte, die Aushilfssekretärin, die Auszubildende oder den Referendar sowie jede Menge Nebenkosten. Trotzdem will sie die Kanzlei nicht aufgeben. Die Eigenständigkeit ist ihr Rückgrat. Sie weiß: Jederzeit könnte sie die Kinder alleine durchbringen.

Der Preis für die Autonomie ist hoch: Schuldgefühle sind der Sockelbetrag. »Das schlechte Gewissen«, schreibt Petra Gerster in ihrem autobiografischen Buch »Reifeprüfung«, »verfolgt Frauen noch immer auf Schritt und Tritt, egal wie sie sich entscheiden: im Beruf, weil sie wieder die Schulaufführung des Sprösslings wegen einer angeblich wichtigen

Konferenz verpassen, die sich dann doch nur als das übliche Gespreize der sich selbst gern reden hörenden Platzhirsche erweist, oder zu Hause im sogenannten Erziehungs›urlaub‹, wo sie am Sandkasten das sichere Gefühl beschleicht, gerade den Anschluss in der Berufswelt zu verpassen – oder im täglichen Spagat zwischen Halbtagsjob und Familie, wenn sie permanent empfinden, mit der Arbeit nicht nachzukommen und keiner Seite gerecht zu werden.« So viel zum Druck, der auf Esther lastet.

Aber haben es unsere drei Mädchen nicht auch schwer? Manchmal frage ich mich, ob gute sechs Stunden in der Krippe für Fanny, Lilly und Rosa nicht anstrengender sind als zwölf Stunden in Redaktion oder Kanzlei. Darf ich es ihnen da verübeln, dass sie einen Koller kriegen? Andererseits, haben wir Eltern nicht auch Nachsicht verdient? Wir können uns den Frust des Tages doch nicht vor der Haustür aus dem Mantel klopfen. Er haftet uns an, wir atmen ihn, wir verpesten die Atmosphäre, infizieren die Kinder. Aber wo sollen wir denn hin mit der Anspannung des Tages?

»Daheimlosigkeit« nennt der einfühlsame Autor Rathgeb jenen Zustand der Zerrissenheit und Zerfahrenheit von Vätern, der aber ganz sicher auch für Mütter gilt. Und er schreibt von seinem Nachdenken darüber, wann und wie er Vater sei und wie müde er manchmal darüber wurde und dass ihm durch das Grübeln über seine Rolle »das Gefühl, daheim zu sein, zu entschwinden drohte, sobald er zu Hause war«.

»Ein Vater bekommt eine tiefere Bedeutung für sein Kind, wenn es anfängt, sich von Mama zu lösen und der Welt zuzuwenden«, sagt der Kinder- und Familientherapeut Wolfgang Bergmann: »Die Mutter ist die Innigkeit der Gefühle, der Vater das Sehnsuchtsbild.« Das kann aber nur ein gelassener und zugewandter Vater sein, nicht ein gehetzter. Um zur Ruhe zu kommen, habe ich eine Zeitlang versucht, mithilfe von Baldrian ein entspannter Vater zu sein. Nach sechs Wochen war ich bei drei Pillen zwischen U-Bahn und Haustür. Und dann noch einmal drei für die Nacht. Ja, ich habe durchgeschlafen. Ohne Träume von Chefs, denen ich zu alt sein könnte, obwohl ich doch gerade mal gute 50 bin; ohne Träume von Kindern, die in Brunnen fallen und ertrinken. Trotzdem: Nie war ich abends fahriger, nie morgens zerschlagener.

Neidvoll schau ich da zu meinem Bekannten Willi. »Alles eine Sache der Planung«, sagt der. Und das meint er ernst. Zum Tagesordnungspunkt Abendbrot ist der Familienmanager Willi »bestens aufgestellt«: Eine halbe Stunde spielt er jeden Abend »sehr konzentriert« mit seinen beiden Kindern, vorausgesetzt, er hockt nicht gerade im Flieger. Mit Abendbrot oder gar Baden muss Willi sich nicht aufhalten, das hat seine Frau Mariam alles schon erledigt. »Ich bin dann 100 Prozent Papa«, sagt Willi, der natürlich auch mal die Kinder badet und dabei »großen Spaß« hat. Aber eigentlich steht Willi nur am Wannenrand und schüttet bunte Knisterperlen ins Wasser. Das Haarewaschen übernimmt seine Frau.

»Quality time« nennen sie das in Amerika, wo der Begriff vor vielen Jahren schon geprägt wurde. Gemeint ist damit die Zeit, in der ein Elternteil (oder beide), durch keine Ablenkung unterbrochen, sich intensiv mit seinem Kind beschäftigt. Ich beneide Willi um seine Intensivzeit. Doch Kritiker wie die Erziehungswissenschaftlerin Christine Brinck halten das Konzept für falsch. Sie weisen darauf hin, dass diese sogenannte Qualitätszeit einseitig festgelegt wird. Motto: Jetzt komme ich nach Hause, und deshalb sollst du gefälligst den Wunsch haben, mit mir sprechen zu wollen. »Das Baby oder Kleinkind hat nichts zu bestimmen, seine Gefühle werden nicht abgefragt«, schreibt Brinck in ihrem Buch »Mütterkriege«.

Grundsätzlich mag Brinck recht haben. Trotzdem machen Willis Kinder Lena und Lise einen zufriedenen Eindruck – ich hingegen einen ziemlich entnervten. Uns gelingt ja nicht mal abends eine halbwegs ordentliche Zwillingsfütterung.

Brei oder Toast? Bereits die Frage ist natürlich ein Fehler. Meiner. Gegessen werden sollte, was auf den Tisch kommt. So hieß es früher bei uns zu Hause. Daran hält sich aber nur unsere Rosa, bislang jedenfalls. Die mümmelt friedlich ihre Banane. Noch ist sie zu klein, um im Ego-Kampf ihrer Schwestern mitzuhalten, die bereits ihre ganz persönlichen Vorlieben entdeckt haben. Und Eltern wie wir nehmen ihre Kinder und deren Geschmack nun mal ernst: Fanny mag eben Haferflocken, Lilly dagegen lieber ein warmes Weißbrot. Gerne entscheidet sich Lilly aber auch noch mal für Flocken, wenn Fannys Portion auf den Tisch kommt. Fanny hingegen hätte dann doch lieber einen Toast. Tauschen geht aber nicht, da Lilly nur Toast mag, wo zuerst der Käse aufgestrichen wird und danach ihre Kräutercreme. Fanny hingegen möchte erst ihre Tomatencreme aufgetragen haben und danach den Käse. Bei den Haferflocken übrigens nimmt Lilly die aus vollem Korn, Fanny bevorzugt die weichen. Also machen wir alles noch mal von vorne, allerdings erst nach einer Viertelstunde Geschrei, in das dann auch Rosa einstimmt. So lange immerhin sind wir konsequent geblieben und haben es mit gutem Zureden versucht: »Schau mal, Lilly, du wolltest doch einen Toast, nicht wahr? Und du, Fanny, du hattest doch Flöckchen gewünscht, oder?«

Ja, ich nehme meine Kinder ernst. Ist das falsch? Zumindest ist es weit verbreitet. »Dieser moderne Umgang mit dem Kind gilt heute in der Gesellschaft als vollkommen normal«, sagt der Tyrannen-Fachmann Winterhoff. »Partnerschaftlichkeit« heißt das große Modewort unter aufgeschlossenen Eltern, die glauben, ihren Kindern etwas Gutes zu tun, wenn sie schon Neugeborene wie Erwachsene behandeln.

Das halte natürlich selbst ich für groben Unfug. Winterhoff sieht darin gar die Vorstufe zu einer echten Beziehungsstörung. Die falsch verstandene Partnerschaftlichkeit ist für ihn eine Folge elterlicher Defekte. Weil es uns Erwachsenen etwa an Orientierung, Anerkennung und Sicherheit mangelt, benutzen wir unsere Kinder zur Kompensation des eigenen Verlorenheits- und Isolationsgefühls.

Überhaupt scheint Familie immer mehr zum Synonym zu werden für Fehler und Frustration. Ist das die Art von Familie, die ich immer wollte? Ich stehe hier in der Küche, bekleckert, müde, entnervt, geladen, frustriert. Ist das wirklich der Hort der Geborgenheit, der mir Kraft gibt für den Existenzkampf da draußen? Oder regiert das Hauen und Stechen nicht eher hier? Bin ich in meiner Sehnsucht nach Familie einem Mythos erlegen und erkenne ich das erst jetzt, drei Kinder zu spät?

Ich bin eben kein Martin. Ich sollte das Käsekarussell aus dem Fenster werfen. Irgendwann vor einem Dutzend Jahren habe ich bei Martin und Inge und deren drei Mädels, damals zwischen vier und acht, am Abendbrottisch gesessen. In der Mitte die *Lazy Susan*, der große Holzteller für Käse und Aufschnitt, jeder nahm, alle erzählten, und irgendwie, glaube ich, hatten die sich wirklich lieb. Und ich mittendrin. Der Bindungsunfähige im Familienmus, es war wunderbar. So eine Familie, so eine Atmosphäre habe ich mir seither immer gewünscht. Drei Mädchen, das habe ich geschafft. Das Käsekarussell haben Martin und Inge uns im vergangenen Jahr geschenkt. Nur mit der Harmonie, das will uns nicht gelingen. Aber wir arbeiten dran.

»Familie – was ist das?«, fragt der deutsche Schriftsteller Sten Nadolny in seinem »Ullsteinroman« über die deutsche Verlegerdynastie und fügt ironisch hinzu: »Jeder weiß es, außer man fragt ihn.« Konservative sind da bereiter, sich festzulegen. Udo Di Fabio, Richter am Bundesverfassungsgericht und Streiter für ein traditionelles Familienmodell, spricht vom »Eros des Versprechens lebenslanger Bindung« und einer Gemeinschaft, die »den Sinn des Lebens nur mit Kindern sieht«. Die Bundesregierung hat sich auf eine ganz pragmatische Definition verständigt. Familie ist für sie »eine Gemeinschaft mit starken Bindungen, in der mehrere Generationen füreinander sorgen«.

Ausgehend von meiner eigenen Rolle, liegt mir die Definition in Friedrich Kluges »Etymologischem Wörterbuch der deutschen Sprache« schon näher: Familie, lateinisch *familia*, heißt es dort, sei die »Hausgenossenschaft«. Und dann folgt noch der Hinweis auf *famulus*, lateinisch für Diener. Und »Meyers Konversationslexikon« trifft es wirklich. Mit *familia*, heißt es in einer alten Ausgabe, hätten die Römer oft alles bezeichnet, »was ein freier Bürger besaß« und »namentlich auch die dazu gehörigen Sklaven«. Wusste ich es doch.

Dass für Soziologen längst das Zeitalter der »postfamilialen Familie« begonnen hat, wie der Wiener Gesellschaftsforscher Leopold Rosenmayr behauptet, macht mich noch lange nicht zum freien Mann. Grundsätzlich aber stimmt es schon, dass Partnerschaft und Familie neu organisiert werden. Treibende Kraft für den Trend zur »Ehe light« sind die Frauen, die keine Lust haben, in der traditionellen Hausfrauenfamilie steckenzubleiben. Das bedeutet nicht, dass sie das Lebensmodell »Familie« grundsätzlich verwerfen, aber in Esthers Kanzlei stapeln sich die Akten von Frauen, die sich notfalls durch Trennung dagegen wehren, ihr Leben zwischen Küche und Kind zu verbringen.

Richtig ist andererseits auch, dass die Familie, sosehr ihre traditionellen Strukturen durch neue Partnerschaftsmodelle aufgebrochen wurden, gerade eine Renaissance erlebt: als verklärte Insel der Seligkeit, während rundherum die Wellen gefährlich hoch schlagen. Die Heidelberger Gesellschaft für Innovative Marktforschung erkennt eine »neue Wertschätzung von Familie als emotionaler Heimat«. Nach der suchen gerade Ältere, wobei sich immer mehr schon mit 40 alt fühlen oder dazu erklärt werden. »Gammelfleischparty« heißt es im juvenilen Jargon, wenn Menschen über 30 feiern – die Schmägung wurde zum »Jugendwort 2008« erklärt.

Vor allem in den Medien, beklagt der Hamburger Kriminalschriftsteller und Drehbuchautor Frank Göhre, herrsche ein »regelrechter Altersrassismus«. Göhre: »Überall rücken sie vor, diese jungen, alerten Menschen, die immer zur Stelle sind, aber nie Position beziehen, die immer das Wort ergreifen, aber nicht wirklich etwas zu sagen haben, diese Kindersoldaten, die mit einem so glühenden Blick in die Schlacht um Anerkennung und Aufstieg ziehen.« Einer wie Göhre war schon immer eigenwillig. Ein sympathischer Querkopf. Mir hingegen sind junge Angepasste so fremd nicht. Wahrscheinlich war ich viel schlimmer, früher, bevor die Kinder kamen. Vielleicht würde ich noch heute hinter jeder Karotte herrennen, wenn ich nur könnte. Doch mein neues Leben zwingt mich jeden Tag aufs Neue zu entscheiden: Wieder den Finger heben, um zu zeigen, dass ich bereit bin? Oder nach Hause gehen, zu Frau und Kindern? Zum wievielten Mal auch immer in den Ring steigen, um auszuteilen und einzustecken? Oder die ohnehin schwindenden Reserven schonen für schlaflose Stunden, tausend Nächte tief? Die Entscheidung fällt nicht immer leicht. Wenn sie mir morgen meinen Traumjob anbieten würden? Könnte ich widerstehen? Würde ich dem eigenen Anspruch ans Vatersein treu bleiben? Oder würde ich dem Karrieristen in mir wieder Zucker geben?

In stillen Momenten spüre ich, dass ich mich richtig entschieden habe. In ihrer Herausforderung, die für mich oft eine Überforderung ist, bieten mir meine Kinder eine große Chance. Sie zwingen mich, meine Einsichten und Absichtserklärungen endlich zu leben. Dadurch wird Elternschaft zur Gewissensprüfung, zu einer Frage der Glaubwürdigkeit – nicht nur vor den Kindern.

So geht die bewusste späte Vaterschaft nicht selten einher mit einer Metamorphose. Nicht zum Käfer, das widerfährt nur dem Tuchhändler Gregor Samsa aus Franz Kafkas Erzählung »Die Wandlung«. Seine Metamorphose ist eher ein Rückzug auf sich selbst, ein Auszug aus der Arena. Der späte Vater war lange genug Matador, oft auch nur der arme Stier. Nun sucht er Geborgenheit und Selbstvergewisserung im Familienleben: Wenn schon draußen die Welt in Schutt und Asche gelegt wird, während die Anforderungen steigen und die Meister das Loben ihrer Gesellen und Lehrlinge verlernt haben, will er es sich zumindest in den eigenen vier Wänden mit Frau und Kindern kuschelig machen. Er ahnt nicht, dass er nur die Kampfplätze tauscht – in beiden Fällen steht er mit dem Rücken zur Wand. Doch die Hoffnung stirbt zuletzt, auch bei mir.

Offensichtlich bin ich mit meinen Phantasien über die Institution Familie nicht allein. Für 52 Prozent der Deutschen rangiert die Familie laut einer Emnid-Umfrage ganz oben auf der Werteskala, weit vor der persönlichen Freiheit. Und als die Meinungsforscher von Allensbach fragten: »Ist Ihnen Ihre Familie heute wichtiger als noch vor zehn Jahren?«, da antwortete knapp ein Viertel der Befragten mit ja. Gut die Hälfte gab zudem an, im Notfall könnten sie sich am ehesten auf die Familie verlassen. Dabei müssten sie nur mich ansehen, um zu wissen, dass sie auf einen Mythos bauen. Ein Blick in die Geschichte zeigt: heile Familie – alles Legende. »Auf reale Vorbilder kann sich dieses Ideal nur teilweise berufen, denn statt Großfamilien und Ehen von langer Dauer dominierten in der europäischen Geschichte Patchwork-Verbindungen und Kleinfamilien, ledige Mütter und Singles«, schreibt die Familienhistorikerin Ute Planert von der Tübinger Eberhard-Karls-Universität: »Mutterliebe erwies sich als ebenso wandelbar wie das Verhältnis der Geschlechter, Familien gründeten weniger auf Emotionen denn auf materiellen Interessen.«

Wie bunt es inzwischen unter deutschen Dächern zugeht, zeigt mir schon der flüchtige Blick in die eigene Familie. In meiner Jugend war Scheidung noch ein Tabu. Als Tante Erna sich von ihrem Mann trennte, wurde sie zum »leichten Mädchen« erklärt. Dabei hatte sie nur den Schritt gemacht, den meine Eltern nicht wagten. Esther hingegen, zehn Jahre jünger als ich, musste sich schon entscheiden, bei welchem Elternteil sie groß werden wollte. Sie und ihr Bruder Guido hatten keine festen Präferenzen, zogen mal hier ein und dort wieder aus. Inzwischen lebt jedes dritte Kind in unserer Umgebung nicht mehr in der klassischen Familie. Angela und Michael bringen es als Patchworker auf zusammen fünf Kinder; mein alter Freund Peter zieht seinen Luca alleine groß, so wie Anna ihre Miriam; Andreas und Ute leben in wilder Ehe und arbeiten am zweiten Kind; Franz und Hans wiederum sind glücklich verheiratet und haben Sex ohne jeglichen Vermehrungsgedanken. Wahrscheinlich hält deren Beziehung am längsten.

Ob wir, Esther, die Kinder und ich, es als klassische Familie schaffen?

»Bringen wir sie ins Bett?«, fragt die beste Ehefrau der Welt.

Das hört sich nach Waffenstillstand an. Endlich. Dreimal ausziehen, Windeln, Schlafanzug, Zähne putzen, Geschichte vorlesen – vor halb neun sind die wieder nicht in ihren Schlafsäcken. Esther schiebt die Einschlaf-CD ein. Wir legen uns zwischen drei Kinderbetten auf den Boden, obwohl mir trotz der Judomatte hinterher der Rücken wehtun wird, halten Händchen mit den Kleinen. Im Hintergrund erklingt leise unser Einschlaflied seit vielen Monaten: »Wer hat die schönsten Schäfchen?«

Mit ihrer hellen, weichen Stimme singt Nena. Die Pop-röhre von einst, mein Schwarm in der Twenty-something-Zeit, ist inzwischen Mehrfach-Mutter und singt statt Para-noiahits wie »99 Luftballons« nun Kuschellieder. So schlicht, so schön, dass nicht nur die Kinder zur Ruhe kommen.

Ich denke in diesem Augenblick an all die vielen Väter und Mütter, die nicht das Glück haben, mit ihren Kindern zusammen zu sein, die in Hotels und Flugzeugen ausharren müssen oder noch am Schreibtisch hocken. Oder die in Krankenhäusern an Kinderbetten und Brutkästen die Wacht halten. Welch eine Gnade, hier liegen zu dürfen, als Bettvorleger.

Ich flüstere Esther zu, dass ich so gerne mit ihr auf dem neuen Sofa sitzen würde, das in der vergangenen Woche angeliefert wurde. Acht Tage haben wir das schöne Stück schon. Aber es uns darauf gemeinsam gemütlich zu machen, das haben wir noch nicht geschafft. Einfach nur so still zu sitzen. Sie und ich. Frieden einatmend, Liebe ausatmend. Oder umgekehrt.

»Ja, lass uns da ein Glas Wein trinken«, sagt sie und sucht im Dunkeln meinen Blick – »wenn du morgen Abend mit mir die Kinder badest.«

Ich atme tief ein und frage vorsichtig: »Schon wieder baden?«

Die Herausforderung oder
Überleben mit Zwillingen

So hatte er ihn sich nicht vorgestellt, seinen 50. Geburtstag. Aus der eigenen Wohnung ist er geflohen, ohne Frühstück. Erst hat ihm die unruhige Nacht zugesetzt, dann gab ein Wort das andere. Das meiste ging im Lärm der Kinder unter. Da hat sie ihm die Schreihälse eingepackt, und er ist abgeschoben zum Sandkasten.

Wer steht schon so früh am Morgen auf dem »Rutschi«, dem Spielplatz an der Straße, die sinnigerweise Rutschbahn heißt? Niemand, der noch nicht auf die schiefe Bahn geraten ist.

An seinem Fünfzigsten, so hatte er geglaubt, als er mit einer großen Party seinen Dreißigsten feierte, würde er fein raus sein. Im Beruf wäre er anerkannt, vielleicht sogar reich und berühmt oder wovon man sonst so träumt. Auch privat hätte er es geschafft. Er würde eine tolle Frau haben, wäre glücklich. Zufriedener jedenfalls als seine Eltern. Die hatten sich zwar nicht scheiden lassen, aber in seiner Jugend kamen sie ihm dennoch wie geschiedene Leute vor.

Und Kinder? Darüber hatte er seinerzeit nicht nachgedacht. Aber ausdrücklich dagegen hatte er sich nicht ausgesprochen. Also würde er wohl auch Familie haben.

Er würde seinen Festtag mit Champagner begehen oder zumindest mit Prosecco, sich von seiner Frau bewundern und von den Kindern feiern lassen. Und zum Frühstück bekäme er seine geliebte Buttercremetorte. Die hatte bis zu ihrem Tod die Oma für ihren Enkel gebacken, dann die Mutter für den Sohn, zuletzt die Schwester für den Bruder, der nie Frauen hatte, die ihm seine Torte hätten backen wollen – bis auf Andrea. Aber die wollte damals auch Kinder, er nicht, noch nicht, und dann stand er ohne Torte da.

Und vielleicht würde im Büro sogar ein Vorgesetzter ein paar nette Worte sagen: Immerhin würde er zugleich 25 Jahre dem Blatt gedient haben – sein halbes Leben lang.

Alles in den Sand gesetzt. An seinem Festtag sucht er Zuflucht zwischen Rutschen und Schaukeln, ein Glatzkopf in abgewetztem Cordjackett mit tiefen Ringen unter den Augen und schwer geschädigtem Trommelfell: Vor ihm im Kinderwagen liegen Zwillinge, die weder schlafen wollen noch essen und schon gar nicht einfach nur spielen. Die zwei wollen nur schreien. Grundlos, sinnlos, rücksichtslos schreien. 13 Monate und kein bisschen leise. Schönes Geburtstagsständchen.

Er drückt ihnen Spielzeug in die Hand, hält ihnen Bilderbücher vor die Augen und Fruchtriegel unter die Nase – sie schreien. Ein Kind alleine, das würde er schon beruhigen können. Auf den Arm nehmen, wiegen, schmusen, was man eben so versucht. Unmöglich mit diesen zwei Flöhen. Hebt er die eine aus dem Wagen, kräht die andere umso lauter. Und die auf dem Arm schreit mit. Zwillingssolidarität. Dass im Bauch seiner Frau ein drittes Kind heranwächst, verdrängt er, so gut es geht. Wenn es nicht geht, verfällt er in tiefe Depressionen. Drei Schreihälse – wie soll das nur gehen?

Er gehört nicht gerade zu den Naiven im Land. In der Firma sagen einige ihm nach, ein umsichtiger Organisator zu sein, der die Vorbereitung von Reisen und Gesprächen zuweilen mit äußerstem Perfektionismus betreibe. So wusste er also, worauf er sich einließ, als er kurz vor seinem 49. Geburtstag Vater von Zwillingen wurde und ein Jahr Elternzeit antrat. Aber das war alles Theorie. »Es ist ein Unterschied«, hatte ihn sein Ressortleiter vor der Geburt bei einer gemeinsamen Joggingrunde um die Alster noch gewarnt, »ob man über die Bombe liest oder ob sie unter einem hochgeht.« Der baldige Vater hatte gelacht. Aber recht hatte er gehabt, der Vorgesetzte. Die Zwillinge radierten tatsächlich sein altes Leben aus.

Aber er wollte ja partout keiner dieser »Fassadenväter« sein, wie Andrea Bambey und Hans-Walter Gumbinger sie bezeichnen. Die Frankfurter Soziologen haben nach der Analyse von 2500 Befragten verschiedene Typen von Vätern ausgemacht: Am häufigsten ist der »egalitäre Vater« (29 Prozent); er beschreibt sich selbst als partnerschaftlich, dem Kind zugetan, geduldig und von seiner Frau sehr akzeptiert. Auf ihn folgt mit knapp 25 Prozent der »fassadenhafte Typ«. Im Gespräch distanzierten sich diese Männer deutlich von traditionellen Rollenbildern, setzten sich für Gleichberechtigung ein und beschrieben ihr Verhältnis zu ihren Kindern als gut, sich selbst als engagiert, den Kindern zugewandt. Aus den Interviews der Wissenschaftler mit den Betroffenen ergab sich jedoch ein krasser Unterschied zwischen dem väterlichen Selbstverständnis und der familiären Wirklichkeit. Einer von ihnen sah sich als *Good guy*, einen Freund der Kinder – dabei war er allenfalls ein Samstag-Sonntag-Vater, der die Woche über in einer anderen Stadt arbeitete und lebte. Für Erziehung und Grenzsetzung, für den Alltag seiner Kinder stand er nicht zur Verfügung – sah sich aber als Super-Dad. Zwischen Selbsteinschätzung und Fremdwahrnehmung liegen offenbar nicht nur im Berufsleben Welten.

Als der Zwillingsvater den Antrag auf eine Teilzeitarbeit stellte, malte er sich die freien Stunden als innige Familienzeit aus. Er wollte seine Vaterschaft, zumindest im ersten Jahr, nicht auf eine in Minuten gemessene *Quality time* beschränken. Er wollte für die Kinder, nach denen er sich so gesehnt hatte, ganz und gar da sein. Dass jene, für die er sich so gestreckt hatte, ihn einmal lang machen würden, kam ihm nicht in den Sinn.

Es hatte begonnen wie im Bilderbuch. Die Zwillinge waren gesund zur Welt gekommen. Kaiserschnitt und damit nur eine Geburt zweiter Klasse. Schade, aber kein Drama. Schließlich ist die *Sectio caesarea* groß en vogue. Mit ihr wird das Abenteuer Geburt zum schlichten Termin im Kalender, zum letzten planbaren Moment, bevor die Kinder das Leben umkrempeln.

Die Eltern hätten sich beide gerne auf das Unternehmen spontane Geburt eingelassen, obwohl eine normale Niederkunft bei Zwillingsschwangerschaften mit höheren Risiken verbunden ist. Aber eines der Kinder hatte sich quergelegt. Die Beckenendlage nötigt etwa 20 Prozent aller Zwillingsschwangeren zum Verzicht auf das ursprüngliche Geburtserlebnis. Selbst ein Spezialist für schwierige Lagen wie der Hamburger Gerhard Ortmeyer, Oberarzt im Universitätsklinikum Eppendorf und mit Chefarzt Kurt Hecher zudem Spezialist für Mehrlingsentbindungen, setzt dann zum Kaiserschnitt an.

Der Frau war es nicht unlieb. So konnte sie in ihrer Kanzlei noch bis zum Abend vor der Entbindung Gespräche mit Mandanten führen. Dass Heidi Klum schon kurz nach der Niederkunft wieder vor der Kamera stand, ließ sie hoffen, selbst auch bald wieder im Job zu sein. Er trauerte eigentlich nur dem Verzicht auf eine Handlung nach, die er als kleiner Symbolfetischist zu gerne vorgenommen hätte: die Durchtrennung der Nabelschnur. Die hätte er mit nach Hause genommen, sie eingegraben, zur Not im Stadtpark, und auf ihr einen Baum gepflanzt. Er hat mal gelesen, dass das für irgendetwas gut sein solle.

Rückblickend, so befindet er zumindest an diesem Morgen auf dem Spielplatz, waren die ersten drei Tage nach der Geburt für ihn die schönsten mit seinen Kindern. Inzwischen behauptet er das vor allem, um seine Frau zu ärgern, wenn er mal wieder das Gefühl hat, nicht hinreichend gewürdigt zu werden für sein ganzheitliches Vatersein. Nach der Geburt jedenfalls, die er als teilnehmender Beobachter verfolgte, genoss er durchaus die Handlungsunfähigkeit der noch arg geschwächten Mutter. Noch lange später stichelte er, nie sei er als Vater autonomer gewesen. Nie sei er weniger kritisiert und korrigiert worden als in jenen Tagen, in denen seine Frau an den Nachwehen des Kaiserschnitts litt. Er ermahnte sich, bloß kein Konkurrenzdenken um die Kinder zu entwickeln. Doch erst konnte er die Würmchen im Operationssaal gar nicht schnell genug an seine Brust drücken. Dann wollte er seine Frau beim *Bonding* übertrumpfen, dem Aufbau einer besonders engen und gerade auch körperlichen »Bindung« zwischen Mutter und Kind nach der Geburt. Schrecklich, diese Vollwertväter.

Ob ihre Klinik zu den offiziellen »babyfreundlichen Krankenhäusern« gehört, danach hatte sich das Paar nicht erkundigt. Über 30 Hospitäler können schon auf dieses Gütesiegel verweisen. Dutzende streben nach dieser Auszeichnung. Von gewöhnlichen Krankenhäusern unterscheiden sich die babyfreundlichen dadurch, dass, abgesehen vom sogenannten APGAR-Test, bei dem Atmung, Puls, Grundtonus, Aussehen und Reflexe kontrolliert werden, irdische Nichtigkeiten wie Wiegen, Messen und Waschen hintanstehen. Besonders wichtig ist solchen Einrichtungen die größtmögliche Nähe zwischen Neugeborenem und Eltern, allen voran natürlich der Mutter, um so Stillprobleme, Unruhe bei den Kindern und Unsicherheit bei den Eltern einzugrenzen. Stillhilfe, aber auch tägliche Hebammenbetreuungen sind bei den Babyfreundlichen selbstverständlich. An dem strengen Kriterienkatalog haben auch das Weltkinderhilfswerk Unicef und die Weltgesundheitsorganisation mitgearbeitet. Die angehenden Zwillingseltern trafen ihre Wahl jedoch ausschließlich nach dem guten Ruf der Ärzte. Ihnen reichte es, ein Doppelzimmer anmieten zu können für ihr ganz persönliches *Bonding*-Programm: Kuscheln bis der Arzt kommt.

Bei dem Schreien seiner Kinder, das dann doch einsetzte, lernte der Mann schnell zu unterscheiden, was die Kleinen treibt: Hunger, Schmerz, Langeweile oder Überreizung, alles hat seine eigene Tonart. Er, der sonst nicht Dur von Moll unterscheiden kann, würde seine Kinder aus Millionen raushören und wissen, was sie brauchen – wenn die Biester denn nur selbst mal wüssten, was sie wollen. Mit scheinbar ziellosem Geschrei weiß er gar nichts anzufangen. Und seine Frau auch nicht. Also krähen die beiden ihre Eltern fast in die Verzweiflung.

An seinem Geburtstag schreien die Zwillinge seit fünf in der Früh. Kopfschüttelnd erinnert sich der Vater, dass er seiner Frau bei der Geburt zugeflüstert hat, diese Schreie seien »wie Musik«, für die er »immer ein offenes Ohr« haben werde. Inzwischen hat er sich mehrmals nachts Wachspfropfen vors Trommelfell gestopft. Vergeblich.

Schreibabys sind die Zwillinge dennoch nicht, jedenfalls nicht nach gebräuchlichen Kriterien. Dazu muss ein Kind mindestens drei Stunden täglich unartikuliert Luft ausstoßen, an mindestens drei Tagen die Woche, mindestens drei Wochen lang. Auf zweieinhalb Stunden am Stück bringen es die Mädchen aber locker, und das mal zwei. Vor allem für die Erstgeborene der Zwillinge gilt in gewissem Maße, was bei Schreibabys als Grund für die Phon-Angriffe gesehen wird: Schwierigkeiten mit dem Schlaf-Wach-Rhythmus und Probleme, sich selbst zu beruhigen.

Manchmal denkt der anfangs höchst besorgte, später schnell genervte Vater, dass er bei der Geburt nicht umsichtig genug gewesen ist. Obwohl als Zwillingskaiserschnitt lange vorher anberaumt, war ihnen nur eine Hebamme zugeteilt worden. Weil das zweite Kind gleich darauf zur Welt kam, musste das erste in warmen Tüchern warten, bis sie gemeinsam den Eltern, vor allem dem Vater, in den Arm gelegt wurden. Vielleicht waren es jene zwei oder drei Minuten des völligen Alleinseins auf dieser Welt, die sie nun panisch schreien lassen. Mehrfach schon hat der Vater in gereizter Verfassung erwogen, die Klinik zu verklagen und zahlen zu lassen – nicht für den erlittenen Geburtsschock, den das Schreien des Kindes vermuten lässt, sondern für sein eigenes zerrüttetes Nervenkostüm.

Noch auf der Entbindungsstation hat er seine Kinder an die Kautschukindustrie verraten, nachdem das Geschrei eskaliert war: Wie ein Dealer fühlte er sich, der Jugendliche zu ersten Drogen verführt, als er seinen Zwillingen die Schnuller in den Mund schob. Die Ruhe danach empfand der Vater, als hätte er sich selbst zugedröhnt. Da lag sie, die wunderbarste Brut der Welt, versonnen nuckelnd, leicht dösend, und der Vater schmiegte sich an die Frau, die nun die Mutter seiner Kinder war. Im teuersten Hotel der Welt wäre er nicht seliger entschlummert als im Klinikbett.

Sein Gewissen hatte er schließlich dadurch besänftigt, dass er durch die halbe Stadt gereist war, um die »optimalen Sauger« zu finden. Die sollten »der Zunge maximalen Freiraum lassen«, auch hatte er auf »Kirschform« oder »Flachmann« geachtet und natürlich auf den »physiologisch gewinkelten dünnen Stufenschacht«. Die Absolution hatte ihm der Kinderarzt und Autor Remo Largo erteilt. »Säuglinge und Kleinkinder vom Lutschen abzuhalten, ist nicht sinnvoll und für Eltern auch nicht durchführbar«, schreibt der Entwicklungsexperte. »Die Frage ist daher nicht: Lutschen oder nicht lutschen? Sondern vielmehr: Woran lutschen? Daumen und Zeigefinger sind immer verfügbar, was für Kind und Eltern angenehm ist. Nachteilig wirkt sich aus, dass das Lutschen an Daumen und Fingern zu Deformationen des Ober- und seltener des Unterkiefers, einem sogenannten offenen Biss, führen kann. Schnuller bewirken weniger häufig eine Verformung der Kiefer.« Also: Schnuller frei!

Für liberale Väter und Mütter oder solche, die es in ihrer Not zwangsläufig werden, ist der Bestseller »Babyjahre« zu einer Art Bibel avanciert. Kritiker verspotten den toleranten Mediziner als La-La-Largo. Das können sich Zwillingseltern nicht leisten. Sie sind dankbar für jeden dieser Experten, der rechtfertigt, was sie gerade machen, um zu überleben. Und, dem Buchmarkt sei Dank, es gibt für nahezu jede Situation das salvierende Wort.

Nach außen demonstrieren die Eltern Gelassenheit, der Stolz ist echt. Immer wieder spazieren sie durch ihr kleines Viertel, den Grindel, rauf und runter. Zwillingsspotter sind Balsam für die Seele, auch wenn die Fragen sich schnell wiederholen.

»Junge oder Mädchen?«

Der Vater blickt demonstrativ auf den pinkfarbenen Kinderwagen: »Zwei Mädchen.«

Verständnisvolles Nicken: »Eineiig?«

Der Vater schüttelt den Kopf: »Die Straßenköter-Variante, zweieiig.«

Bedauerndes Nicken: »Schade.«

Der Vater lächelt überlegen: »Hauptsache gesund.«

Besserwisser oder Neider setzen dann noch mit spitzfindigem Lächeln hinzu: »So, so. Mit Hormonbehandlung?«

Freche Fragen verdienen eine ehrliche Antwort: »Ja, Sex geht noch, aber der Samen, einfach nicht mehr flott genug. Und Ihrer?«

Das reicht dann, beiden Seiten. Vor allem, wenn manche mit vorwitzigen Händen vor den Gesichtern der Zwillinge rumfummeln – da schiebt selbst der auf Zuneigung erpichte Zwillingsvater doch lieber weiter.

Während er trotz allem genießt, dass seine Zwillis, Twinnis, Zwitscherlinge oder wie auch immer die Leute seine Kinder nennen mit einem gewissen Staunen betrachtet werden, obwohl im Fertilisationsboom auch Zwillingswagen immer häufiger um die Ecke biegen, bedauert er seine Kollegen in der Redaktion. Noch immer aufgeputscht durch die Geburt, anders kann er es sich rückblickend nicht erklären, sieht er in ihnen arme Würstchen, die gegrillt werden, während er vom Rost gesprungen ist. Dass tief in seinem Innern die Angst heranwächst, er könnte durch den Rost fallen, ahnt er nicht.

Er hat sich sein Jahr der partiellen Auszeit so schön vorgestellt: Gemeinsam aufstehen, die Kinder fertig machen; wenn seine Frau in die Kanzlei fährt, würde er hinausgehen ins Viertel, die Kinder um den Block schieben, dabei Nachbarn auf der Straße treffen, hier einen Plausch halten, dort noch ein wenig einkaufen gehen, bevor er den Mittagsbrei aus den Gläschen verfüttert; danach würden die Kinder schlafen, von zwei bis drei Stunden Mittagsruhe hatte er irgendwo gelesen. Er könnte sich derweil guten Büchern widmen, die er schon immer einmal lesen wollte, ein wenig durchs Internet surfen, mit Freunden oder auch mit der Firma telefonieren. Und danach würde seine Frau ja auch schon wieder heimkehren.

In der Realität klappt nichts. Nicht einmal eine einzige Tasse Morgentee kann er in Ruhe trinken. Wenn er sich nachmittags in das Computersystem der Redaktion einloggt, muss er zweimal aufspringen, weil eines der Kinder im Schlaf schreit, bevor er überhaupt sein Passwort eingeben kann. Und da er daheim denselben Ehrgeiz an den Tag legt, mit dem er sonst Texte pflegt, frisst ihn auch der Haushalt auf: Windeleimer entleeren, Müll entsorgen, die Spielsachen zusammensuchen. Wickeln, waschen, weitermachen. Er stellt sich Tantalos als Früchtehändler vor.

Der arme Grieche ist immerhin in die Geschichte eingegangen. Für geschaffte Zwillingsväter interessiert sich kein
Schwein. Da schiebt er zur besten Arbeitszeit den Kinderwagen über die Straße seines Viertels, und die Kleinen werden bestaunt – aber niemand erkundigt sich nach seiner
Arbeit, weder der als Journalist noch der als Vater. Vor ein
paar Monaten noch wurde er, wenn er an den Cafés und
Restaurants vorbeischlenderte und den einen oder anderen
Bekannten entdeckt hatte, angesprochen: auf die Firma, auf
seine Geschichten, auf seine Meinung zur politischen Entwicklung in der Region, für die er zuständig war. Und er
hatte gerne geantwortet. Jetzt wollen alle nur wissen, wie
es denn den Kindern geht. Und manchmal erkundigen sie
sich auch noch, wie seine Frau das mit ihrer Kanzlei schafft:
»Alle Achtung, tolle Frau!« Lustlos spielt er dann mit den
Kindern, lässt sich von ihnen bekrabbeln, immer mit den
Füßen durchs Gesicht. Für die Redewendung »am Boden
liegen« entwickelt er ein ganz neues Bewusstsein. Und das
Aufmerksamkeitsdefizit-Syndrom, befindet er, sei eigentlich
keine Kindererkrankung, sondern eine Elternstörung.

Er fühlt sich nicht als »Hausmann«. Diese Bezeichnung
hat für ihn immer etwas Lächerliches gehabt. Er dachte
dabei an Birkenstock-Sandalen-Träger mit Fusselbart, an
Müsli-Esser und Warmduscher. Mit denen sieht er sich nicht
in einem Boot. Er ist nicht zu Hause geblieben, um den
Haushalt zu führen. Er hat alles, so wenig es letztlich auch
war, aufgegeben, um für die Kinder da zu sein. Was dies
im Versorgungsalltag bedeutet, wird ihm erst bewusst, als
sich seine Bezugsgruppen drastisch ändern. Früher war er
Stammgast in Feinkostgeschäften und im Weinhandel, jetzt
duzt er den Kinderarzt, die Homöopathin und die Apothekerin. Wobei das »Duzen« mit der Pharmazeutin nicht
ausreicht, um rezeptfrei an jene Psychodrogen zu kommen,
mit denen hyperaktive und aufmerksamkeitsgestörte Kinder

behandelt werden. Diese Scheinfreundschaften in späten Jahren sind einfach nicht belastbar.

Vor der Hausfrau, die seine Mutter letztlich trotz aller Ausbruchsversuche in Stundenjobs geblieben ist, bekommt er mit jedem Tag größeren Respekt. Auch über Hausmänner lacht er nicht mehr. Er versteht den Ärger, den sich der damalige Bundeskanzler Gerhard Schröder einfing, als er die Arbeit zu Hause »Gedöns« nannte. »Hausarbeit sieht man eben nur, wenn sie nicht gemacht wird«, schreibt die Autorin Catharina Aanerud in ihrem Buch »Schatz, wie war dein Tag auf dem Sofa? Hausfrau – die unterschätzte Familien-Managerin«. Einer amerikanischen Studie zufolge besteht die Heimarbeit aus 216 verschiedenen Tätigkeiten. Das Jahresgehalt einer Hausfrau müsste 134 121 US-Dollar betragen, wenn man ihre Leistungen entsprechend vergüten würde. Anfangs notiert er noch, wie oft er wickelt und Flaschen gibt und wie lange er dazu braucht. Bei einem Vier-Stunden-Rhythmus trinken die Kinder sechs Mal in 24 Stunden, er hat aber auch schon acht Mal gezählt, an harten Tagen macht er auch das Dutzend voll. Fläschchen geben, Bäuerchen, frische Windeln, auch wenn er geübt ist, kommt er bei zweien auf eine gute Stunde pro Fütterung. »Double trouble and double duty«, grinst Freund Cornel, der aus Washington zu Besuch kommt.

An vielen Tagen zählt er die Stunden, bis seine Frau gegen Abend heimkehrt; an manchen die Minuten. Andererseits fürchtet er sich oft regelrecht vor ihrem Nachhausekommen: Hat er auch alles richtig gemacht? Ist die Wohnung in Schuss? Hoffentlich schreien die Kinder nicht gerade in dem Moment, wenn sie die Tür aufschließt. Schwer atmend muss er erkennen: Er hat nur die Vorgesetzten in der Firma gegen einen neuen Chef zu Hause eingetauscht. Da hat er sich so auf einen zumindest vorübergehenden Ausstieg aus der beruflichen Tretmühle gefreut – und ist in einer neuen:

Nun ist es sein Ehrgeiz, stille, satte Kinder zu präsentieren, frisch gewickelt natürlich.

Es ist nicht zu schaffen. Deshalb wird er ab 18 Uhr so nervös.

Bei Tag scherzt er über seine »verspätete Wochenbett-depression«. Leider nehmen auch die meisten Ärzte solche Beschwerden nicht ernst, obwohl es längst erwiesen ist: »Auch bei Männern kann es zu postpartalen Symptomen kommen, diese werden jedoch oft nicht rechtzeitig erkannt«, schreibt dazu das Online-Lexikon Wikipedia, »da es nicht ihrem (derzeitigen) Rollenbild entspricht und der Arzt von einem falschen Standpunkt ausgeht.« Hat ihn tatsächlich eine verspätete Wochenbett-Depression ereilt? Bei einem Mann, der während der Schwangerschaft seiner Frau das Couvade-Syndrom gezeigt hat, wäre das nicht auszuschließen. Zumindest erfüllt er alle vier Kriterien: Depression, Angst, Weinerlichkeit und übersteigerte Selbstkritik. Und der Zeitpunkt passt auch. Aus Beratungsstellen ist zu hören, dass sich seelische Krisen bei Zwillingseltern im zweiten Halbjahr zuspitzen. Dann ist der Adrenalin fördernde Zwillingshype (»Oh, wie toll! Ihr Armen, wir bedauern euch!«) endgültig verpufft. Spätestens dann schaut kaum einer in der Nachbarschaft noch hin, nimmt wirklich niemand mehr Rücksicht – bis an das Ende aller Tage.

Ernste Stillprobleme verstärken die Krise. Das eine Kind will nicht trinken, das andere säuft beide Brüste leer. Fordert das Gummikartell nun doch seinen Tribut in Form von Saugschwierigkeiten? Bedauerlicherweise hat die Hebamme wenig Ahnung vom Stillen. Das Paar hat sie aufgrund ihrer sympathischen Ausstrahlung erwählt, nicht so sehr auf Qualifikation und Erfahrung geachtet. Erst eine Stillberaterin gibt Nachhilfe beim Doppel-Anlegen. Eine Aufnahme in die La-Leche-Liga, die Mutter aller Stillvereinigungen, wird die Zwillingsmutter dennoch nicht mehr schaffen. Um einige

Erfahrungen reicher und viele Euro ärmer steht das Paar schließlich mit einer kleinen Sonde da, die sich die Eltern um den Zeigefinger wickeln und mit der sie der Trinkverweigerin den Gaumen stimulieren. Selbst die Sonde löst das Problem nicht. Die Mutter muss das Stillen einstellen und ihre Milch abpumpen, um sie der Brust-Müden zuzuführen. Notgedrungen wird das zweite Kind, typisch Zwillingsschicksal, gleich mit aufs Fläschchen umgestellt. Trotzdem bleibt die Fütterung schwierig, denn Trinken ist das eine, die Milch behalten das andere. Wenig Trost spendet da der Spruch der Schwiegermutter: »Speikinder sind Gedeihkinder.«

Nach Monaten des mechanischen Melkens im Drei-Stunden-Rhythmus stellt die Mutter schließlich die Milchpumpe ab, weil sie sich dabei ertappt hat, ungewohnte Laute auszustoßen: Muh, muh.

Der Vater will seine geliebte Außenalster nicht mehr sehen, so oft hat er sie mit den Kindern umkreist. Seine Mutter wäre sicherlich hochzufrieden mit ihm gewesen, wenn sie noch hätte erleben dürfen, wie brav er sich an ihr gutes altes »Hausbuch für die deutsche Familie« hält. »Ein wichtiger Punkt der Kinderpflege ist die Freiluftbehandlung. Licht, Luft und Sonne spielen mehr als bei Erwachsenen eine für das körperliche Gedeihen vordringliche Rolle«, heißt es in dem Standardwerk aus der Mitte des vorigen Jahrhunderts. »Ende des ersten Monats, spätestens Anfang des zweiten sollte jedes kräftige gesunde Kind bei einigermaßen schönem Wetter täglich mehrere Stunden ins Freie gebracht werden.«

Mit Einbruch von Herbst und Winter fühlt sich der Vater besonders allein gelassen, während er seine Runden schiebt: eine morgens, nachmittags manchmal auch zwei. Anders wollen die Biester nicht einschlafen. Zeit, seine Kinderwagen-Ausfahrten zu begleiten, haben nur seine älteren, bereits aus dem Berufsleben ausgeschiedenen Freunde, zumindest hin und wieder. Wenn der Zwillingsvater sie anruft und um ihr

Geleit bittet, wird ihm bewusst, dass es auch nach der Pensionierung noch ein Leben mit Termindruck gibt. »Rentnerstress«, schimpft er, wenn die mal wieder dankend ablehnen. Seit jenen Tagen versteht der Vater die Handy-Mütter, die bei ihren Ausfahrten mit dem Kinderwagen stets das Telefon am Ohr haben. Nur wenn die Plagegeister geschoben werden, sind sie ruhig, nur dann kann man durch Anrufe bei Freunden draußen im normalen Leben dem eigenen Brutpflegestress entfliehen.

Und seither hat der Vater auch einen Blick für die Frau auf dem Balkon. Früher hat er sie nie wahrgenommen. Doch jetzt sieht er sie sofort: das eine Bein in der Wohnung, das andere draußen, die Augen sehnsüchtig auf die Straße gerichtet, während sie hineinhorcht in die Wohnung, ob das Kind auch schläft. In der Hand hält die Frau auf dem Balkon, die manchmal auch aus dem offenen Fenster lehnt, eine Zigarette, die ihr Gelegenheit zum Durchatmen gibt. Mit jedem Zug inhaliert sie tief: »Endlich ich.« Viel länger als drei, vier tiefe Züge bleibt sie nicht stehen an den Blumenkästen, dann ruft sie ein Krähen zurück ins Zimmer, sie drückt ihre Zigarette aus und damit auch ihr aufglimmendes Ego. Manchmal, wenn sich sein Blick traf mit ihrem da oben, wollte er ihr von seinem Schicksal erzählen, damit sie nicht länger so neidvoll blicken müsste. Aber ihm schien, als wüsste sie um sein Schicksal, wahrscheinlich hatte sie bis eben noch selbst den Kinderwagen geschoben.

»Wenn man sich auf ein kleines Kind einlässt, findet man sich immer erst mal auf dem Boden wieder«, sagen Experten wie der Psychoanalytiker Hans-Geert Metzger. »Für viele Väter ist es noch immer ungewohnt, sich auf die frühe Kindheit einzulassen, die mit wenig bis keiner Sprache einhergeht, mit völlig veränderten Zeitbegriffen. Die Angst, sich dabei vom gesellschaftlichen Alltag abhängen zu lassen, ist bei Männern offenbar stärker ausgeprägt als bei Frauen.«

Der Direktor des Staatsinstituts für Frühpädagogik in München, Wassilios Fthenakis, sekundiert zum Thema Balanceakt zwischen Berufstätigkeit und Fürsorglichkeit: »Wir wissen, dass der von Vätern erlebte Konflikt genauso stark ist wie bei erwerbstätigen Müttern, mit dem Unterschied, dass bei den Frauen seit Jahrzehnten darüber diskutiert wird, bei den Männern nicht.«

Der Eifer des Vaters, die bessere Mutter zu sein, erhält gut acht Monate nach der Geburt einen schweren Dämpfer. Ergeben hat er seinem Entwicklungsguru Largo vertraut, der behauptete, dass er als engagierter Mann eine Chance habe auf das erste Wort. »Durch die Wiederholungen einzelner Laute entstehen mit acht bis zehn Monaten Silbenketten wie ›Ta-ta‹, ›Ma-ma‹ oder ›Ba-ba‹. Daraus leitet das Kind die ersten Namen für seine Eltern ab. Ob daraus zuerst ›Mama‹ oder ›Papa‹ wird, hängt nicht von der Beziehung des Kindes zur Mutter und zum Vater ab, sondern auch davon, welche Silben das Kind zuerst artikulieren kann. Nicht selten schafft das Kind als erstes ›Papa‹, sehr zur Freude des stolzen Vaters.« Ihm ist sie nicht vergönnt. Obwohl er den Kindern beim Wickeln und Wiegen Selbstgereimtes vorträgt (»Was macht der Frosch im Park? – Quak, quak, quak!«), sagen die Kinder trotzdem zuerst »Ma-ma« und nicht »Pa-pa«.

Trost bezieht der enttäuschte Zwillingsvater aus der Statistik. Danach ist »Mama« nun mal bei der Mehrheit der Kinder eindeutig das erste Wort (54 Prozent), während »Papa« mit schlappen 16 Prozent auf Platz zwei liegt, gefolgt – na, was kommt jetzt? – von »Auto« mit 4 Prozent. Im Konkurrenzkampf mit seiner Frau um die erste bewusste Artikulation, in der sich vermeintlich auch die Gunst der Kinder spiegelt, kommt ihm ausgerechnet die Schwiegermutter zur Hilfe, die durch eifriges Kinderwagenschieben bei ihm zur »lieben Hannelore« avanciert ist. Die hat gehört, was die Kinder tatsächlich als Erstes gesagt haben: »Oma«. Dazu aber findet der Vater selbst bei dem weitherzigen Largo nichts.

Vielleicht, fragt sich der Vater, hat er die Kinder ja auch nicht genug herumgetragen. Ein bisschen mehr Affenliebe hätte ihm vielleicht doch noch »Papa« als erstes Wort sichern können. Als überzeugte Anhänger der Tragekultur haben die Eltern noch vor der Geburt eines dieser Wundertücher gekauft, den »Kinderwagen in der Tasche«, wie es in der Werbung heißt. Die Sitte, Säuglinge ins Bett zu legen, ist eine Erfindung des Industriezeitalters. Stammesgeschichtlich sind wir Kinder-Träger. Auch schreien Babys, die in den ersten drei Monaten viel an der Brust oder auf dem Rücken geschleppt werden, angeblich weniger. Tragetuch-Fetischisten verweisen dazu gerne auf die !Kung-Nomaden in der Kalahari-Wüste. Deren Kinder werden so viel getragen und gestillt, dass es in den Behausungen mucksmäuschenstill ist. Seinen Vorschlag nach einer nächtlichen Schrei-Attacke, für die nächsten drei Jahre zu den !Kung nach Botswana zu ziehen, lehnt die Frau ab: Sie kenne sich nicht gut genug aus im afrikanischen Scheidungsrecht, um in Gaborone eine Kanzlei zu eröffnen. Auch deshalb versucht das Paar es zu Hause mit dem Tragetuch.

Einen ganzen Vormittag studiert der Vater die Bindetechnik, damit »die Beine des Babys zu etwa 100 Prozent angezogen und gleichzeitig 130 Grad gespreizt sind, der Oberschenkelkopf optimal zur Hüftgelenkspfanne orientiert ist und sie so perfekt ausformt«, wie es in der Gebrauchsanweisung heißt. Leider fällt ihm dann ein Kind, das zappelt, aus dem Tuch – glücklicherweise nicht tief. Um seine Verknotungen mit der Gebrauchsanleitung abzugleichen, hat sich der Vater bei diesem Missgeschick gerade über den Esstisch gebeugt. Wie manche Mütter mit dem Tuch angeblich Zwillinge tragen, bleibt den Eltern völlig rätselhaft. Klar ist beiden nur, dass die Tuchhersteller bei ihnen schief gewickelt sind: Die Neuanschaffungen wandern zum Verkauf ins Internet – und sind im Nu vergeben: drei, zwei, keins.

Einvernehmen herrscht auch in der Windelfrage. Zwar versucht der eine oder andere wackere Alt-Öko aus dem erweiterten Bekanntenkreis, die Eltern zu Stoffwindeln zu bekehren, der Umwelt und dem Geldbeutel der Eltern zuliebe. Tatsächlich weist der Windelrechner im Netz eine Ersparnis von knapp 2000 Euro aus. Aber das Paar geht ohnehin schon in Wäschebergen unter und fühlt sich finanziell so ruiniert, dass es ihm auf diesen Betrag auch nicht mehr ankommt. Jetzt nehmen es die Eltern mit Humor: Bei ihnen trägt der Teufel Pampers.

Einig sind sich Vater und Mutter auch über den vorzeitigen Ausstieg aus der Krabbelgruppe. In ihrem Bemühen, gute Eltern zu sein, haben sie sich schon wenige Wochen nach der Geburt einem dieser »Wir machen uns frei«-Kreise angeschlossen, die Kapital schlagen aus dem Ehrgeiz von Eltern, ihre Kinder früh und intensiv zu fördern. Also rein ins sogenannte Eltern-Kind-Programm: Mit nur einer Stunde in der Woche wird dort der Nachwuchs durch Spielanregungen in seiner »positiven Körpererfahrung« unterstützt und sein »Vertrauen in das eigene Können« gestärkt. Bei molligen 27 Grad dürfen die Kleinen in Gruppen wie »Krabbel Fun« oder »Pampers Sports« nackig über Gummimatten rollen und tollen. Spiele mit Tüchern, Bällen und der Balance sollen die Beziehung zwischen Eltern und Kind stärken; für freies Pinkeln, auch wenn es Mitturner und Erwachsene trifft, gibt es Applaus. Nur nichts unterdrücken.

Für den Vater hört der Spaß auf, wenn die Mütter bei »Krabbel Fun« zum Gruppenstillen ansetzen. Zwar haben ihm derbe Kollegen zum Start ins Vaterjahr »allzeit volle Brust« gewünscht – aber beim stillen Kommando »Milch marsch« fühlt er sich trotzdem irgendwie ausgeschlossen. Außerdem kann er sich des unguten Gefühls nicht erwehren, dass manche Mütter im Kindermädchen Janne – blond, jung, sportlich – seine Geliebte sehen. Einem späten Vater traut Frau eben alles zu. Und so wenig er für die Krabbel-Mütter übrig hat, so gering ist deren Interesse am Krabbel-Vater und dessen Kindern. Zur Fortsetzung der Übungen im privaten Rahmen mit Kaffeetrinken wird er jedenfalls nicht eingeladen.

Weitaus wohler fühlt sich der Vater auf dem Spielplatz um die Ecke, wenn er nicht gerade an seinem 50. Geburtstag dorthin ausreißt.

In den Monaten der Schwangerschaft und beim Schieben der Babys hat er bereits hin und wieder neugierig über die Hecke gelugt, in die Welt der Eimerschlepper und Schaufelträger, der Schildkrötenkuchen-Bäcker und Schaukelpferdchen-Reiter. Auf den Bänken vor den Sandkästen wollte er unbeschwerte Tage verbringen. »Cappuccino-Luder« sollte es dort geben, einige sogar Models und alleinerziehend, hat er irgendwo aufgeschnappt. Dem Frühjahr, wenn um die Osterzeit die Freiluftsaison beginnt und die Kinder mit acht oder neun Monaten Platzreife erreichen würden, hat er regelrecht entgegengefiebert.

In der Altbauwohnung waren die Zwillinge ohnehin kaum noch zu bändigen. Das »Wonnealter« im dritten bis sechsten Lebensmonat, wenn Kinder angeblich »von Grund auf zufrieden« sein sollen, wie die Lektüre von Remo Largo verheißt, haben die Zwillinge offenbar übersprungen. Nach dem »Einrichtungsschmerz«, der auf die Geburt folgt, gleiten die beiden gleich weiter in die »Ambivalenz-Phase«. Geschrei und Unruhe darf man ihnen da nicht übelnehmen, so wie sie zwischen Neugierverhalten und Trennungsangst hin- und hergerissen werden, die armen Kleinen. Für die Eltern bedeutet das eine wie das andere Geschrei am Tag und Geschrei in der Nacht. Nach dem legendären »Engelslächeln« sucht der Vater an vielen Tagen vergeblich. Dafür liefern ihm die Zwillinge mit ihrem Konkurrenzkampf untereinander jede Menge Stoff, um nicht nur »Krieg und Frieden« zu schreiben, sondern auch gleich noch »Schuld und Sühne«.

Nichts mehr in der Wohnung gehört den Eltern. Die Altbauflucht ist »im Lauf der Zeit zu einem zusammenhängenden Kindergelände entgrenzt«, wie Peter Handke es in seiner »Kindergeschichte« beschreibt. Als die Zwillinge unlängst die Schallplattensammlung ausräumten, musste auch ein Album von Janis Joplin dran glauben. Dass er den Songzeilen *»Freedom is just another word for nothing left to lose«* einmal so nahe kommen würde, hätte der Vater nicht gedacht. »Besitz belastet«, hat Mönch Siri die Eltern schon auf Sri Lanka gelehrt. Ommm.

Die Hoffnung, ein Laufstall würde den Kindern Grenzen setzen und den Eltern Freiräume verschaffen, erweist sich rasch als trügerisch. Ein raumfüllendes Zwillingsgatter bauen die Eltern schnell wieder um. Aufgewachsen mit den Büchern über die Frei-Lern-Schule Summerhill und die antiautoritäre Erziehung, bringen sie es nicht übers Herz, ihre Kinder hinter Gitter zu sperren. So wird der Laufstall zum Elterngehege. In ihm stehen jetzt der Schreibtisch und der Computer.

Ein wenig Balsam bietet dagegen der Spielplatz. Schön, dass auch andere Männer einen schweren Stand haben. Mehr als drei Sätze können sie allerdings selten wechseln, die fünf von der Sandstelle: Marco, der ewige Zeitungsleser, Nachtarbeiter mit eigenem Catering-Service; Oliver, der Dauertelefonierer und Quartalsarbeiter in der Filmbranche; und Christoph, der Gutmensch, der unserem Vater als Kümmerer Konkurrenz macht. Damit seine Jessica sich auf ihr Jura-Examen konzentrieren kann, hat er die Arbeit in seiner PR-Firma heruntergefahren. Die gute Akademikerquote im Sandkastenquintett, die hierzulande so hoch sein soll wie nirgendwo sonst auf der Welt, sichert Otto, ein habilitierter Psychologe und verhinderter Erzieher. Ungefragt belehrt er jeden Erwachsenen: keine Schaufel aus Metall kaufen, nicht mit Schokolade trösten, keine zuckerhaltigen Getränke.

Ausgerechnet dieser Otto meint seinen Sohn auf Geländegängigkeit drillen zu müssen. Obwohl der Kleine lieber einfach im Sand hocken möchte, jagt der Vater ihn das Klettergerüst rauf und runter, weil er überzeugt ist, dass sein Filius so schneller laufen lernt. Richtig ist, dass »Väter wichtig für die Frühförderung ihrer Kinder sind«, wie der Dresdner Entwicklungsexperte Holger Brandes sagt: »Väter verlangen mehr als Mütter, fördern damit die Fähigkeit, Herausforderungen zu bewältigen.« Richtig ist aber auch, dass sich bei keinem Kind die Motorik besser entwickelt, nur weil man es über einen Balanceparcours jagt.

Letztlich aber sind die Männer auf den »Rutschis« und »Spielis« selbst noch große Jungs, die Vater spielen. Von den Spielplatzmüttern werden sie nicht wirklich ernst genommen. Jenen Müttern, die tagsüber mit ihnen die Stunden killen, dürfen sie mal einen Becher Kaffee mitbringen oder eine Windel stiften – aber wenn es spannend wird im Erfahrungsaustausch, dürfen die Väter nicht mithören. Den attraktiven Gucci-Müttern wiederum, die am frühen Abend ihren Kindern nach der Kita noch mal persönlich Auslauf gönnen, sind sie nicht männlich-erfolgreich genug. Mit den Handy-Mamas, wie die Spielplatzväter über diese Superweiber spötteln, kommen sie kaum in Kontakt. Bänke mit Taubendreck mögen die ihren Kostümchen nicht zumuten. Die bemoosten Bohlen überlassen sie müden Müttern, die lauwarmen Stilltee aus Pappbechern schlürfen, während sie mit der freien Hand ihrem weinenden Kind den Sand aus den Augen wischen und mit dem letzten Schluck im Mund den Dreck ausspülen, den sie vom Schnuller gelutscht haben. Nach der vierten Sandburg findet der Vater das total erotisch.

Er verlangt ja nicht mehr viel. Nur eine Viertelstunde, vielleicht auch eine halbe, ungestört den Zwillingen zusehen, wie sie spielen, friedlich, ohne sich untereinander zu streiten oder mit anderen Kindern; einfach so sitzen, ohne aufspringen zu müssen, weil die eine vom Wipppferdchen zu fallen droht oder die andere gerade blindlings auf die voll ausschwingende Schaukel zurennt, auf der so ein sechsjähriger Rocker wieder zeigt, wie rücksichtslos er spielen kann; ja, das wäre schön, mal so zu sitzen und durchzuatmen und sich an seinen Kindern zu erfreuen, statt immer nur hinter ihnen herzurennen und sich einzureden, dies sei nun Erziehung oder gar Vaterfreude.

Dabei haben sie noch Glück auf ihrem »Rutschi«, bedenkt man die Auswüchse, die das – wie Psychologe Brandes sagt – »explorative Moment« von Vätern wie Otto auf die Spielplätze bringt. Bislang ist ihr beschaulicher Buddelkasten von Kindern verschont geblieben, für die ihre Eltern besser eine eigene Vollkaskoversicherung abschließen sollten. In Amerika haben die Soziologen nämlich eine besonders extreme Gruppe, die *Freerange kids,* ausgemacht. Deren Eltern wünschen sich, dass ihre Kinder in »Freilandhaltung« groß werden, ganz nach dem Motto: Risiko bildet, Gefahr macht klug, und Unfälle gehören zum Leben. Vorkämpferin der Bewegung ist die Kolumnistin der »New York Sun«, Lenore Skenazy. »Wir wollen unseren Kindern jene Freiheiten einräumen, die wir selbst genossen – und überlebt – haben.« Nach den Ängstlichkeitsneurotikern, den *Paranoid parents,* sind die NRNF-Moms und -Dads der neue Elterntypus. Ihr Motto: *No risk, no fun.*

Unserem Zwillingsvater sind die Risikoeltern nicht unsympathisch. Auch er findet, dass man von den Spartanern lernen kann, und predigt seinen Kindern nach jedem verlorenen Zweikampf um ein Eimerchen oder eine Schaufel: »Geweint wird erst, wenn der Kopf ab ist.« Und natürlich hat er dabei seriöse Erziehungsexperten wie den Psychiater Rudolf Dreikurs auf seiner Seite: »Ein verletztes Knie wird wieder heil, verletzter Mut kann sich ein Leben lang auswirken.« Keiner weiß das besser als unser später Vater – Sohn einer »Vorsicht«-Mutter.

Und so hocken sie da, die Väter auf dem »Rutschi«, bei Ernie-und-Bert-Dinkelkeksen, spaßbefreitem Puffreis und »Capri-Sonne«, die sie an das eigene Kindheitsgetränk »Sunkist« in der charakteristischen Tetraederpackung erinnert. Sie suchen nach ihrer Bedeutung für die Entwicklung ihrer Kinder, fühlen sich maßlos unterschätzt und grenzenlos überfordert. Und bei den Müttern, die auch alle ihren Beruf haben und ihre Eigenständigkeit so dringend benötigen wie ihre Familie das Geld, sieht es nicht anders aus. Trotzdem lachen sie – hin und wieder. »Besonders bei sonnigem Wetter«, hat mal einer von ihnen ein Zitat des früheren Bundesfamilienministers Bruno Heck abgewandelt, »kann das Leben auf dem Spielplatz recht angenehm sein.« Die Einschätzung des konservativen Politikers bezog sich damals auf die Unterbringung von Oppositionellen in einem Fußballstadion in Chile zuzeiten der Diktatur. Galgenhumor.

Auch an seinem Geburtstag trudeln sie dann noch ein, die Stammeltern vom »Rutschi«. Und natürlich beruhigen sich auch die Zwillinge irgendwann, krabbeln friedlich zu Jessica, Kaspar, Oscar, Paul, Luna oder Aglaja, um ihnen die Förmchen zu entreißen. Irgendwer greift dann immer ein, schlichtet und tröstet. Und irgendwer bringt auch immer einen Becher Kaffee mit, von Samir, dem Hofbäcker, oder David, dem Portugiesen, oder aus dem Café Solo, wo man als Rutschianer kostenlos die Toilette benutzen darf. Kinder lassen einen so dankbar werden.

Während der Vater an seinem Kaffee nippt, hat das Schicksal doch noch ein Einsehen mit dem Jubilar: Langsam, aber sehr entschlossen, richtet sich die eine Tochter an der

Sandkiste auf – und tapert die ersten Schritte ihres Lebens über den Spielplatz. »Sie kann gehen«, ruft der Vater, als hätte sich vor seinen Augen gerade der von Jesus geheilte Lahme erhoben. Nun kann es nur noch Tage oder Wochen dauern, bis auch die andere, eher der bequeme Typ, auf eigenen Füßen steht.

Die Mutter von Aglaja hat hinterher behauptet, der Zwillingsvater habe feuchte Augen bekommen. In jedem Fall ist die Premiere dem Mann ein willkommener Anlass, seine Frau anzurufen, um von dem entscheidenden Entwicklungsschritt zu berichten. Und um sich für seine Gereiztheit am frühen Morgen zu entschuldigen und um zu sagen, dass er jetzt gerne nach Hause komme mit den Kindern.

Er solle sich beeilen, sagt seine Frau: Seine Buttercremetorte stehe bereits auf dem Tisch.

Die Nacht oder
Augen zu und durch

*M*al sehen, wie weit ich komme. Das Aufrichten klappt schon ganz gut. Ich stehe.

Jetzt schön vorsichtig einen großen Schritt nach rechts, Richtung Tür. Aufpassen, nicht auf die Stelle vor dem Lichtschalter treten. Die knarrt so. Bloß keine Geräusche.

Nun das linke Bein. Es ist eingeschlafen. Trotzdem, nicht wackeln jetzt, nicht am Bett abstützen. Die Stäbe sind locker, sie klappern. Wo ist mein linkes Bein?

Vorsichtig nach rechts absetzen. Nicht dahin, wo die Bademäntel hängen. Da quietscht es. Ich weiß nicht, was hier unter dem Parkett ist, aber an der Stelle quietscht es. Ziemlich durchdringend, das geht ins Ohr. Geschafft.

Ich bin stolz auf mich, mitten in der Nacht. Es gibt noch Erfolgserlebnisse. Selbst wenn es nur ein einziger Schritt im aufrechten Gang ist.

In knapp einer Minute habe ich mich von der Fußmatte vor den Betten der Kinder erhoben, bin mit einem großen Schritt bis zur Tür gekommen. Und die Zwillinge schlafen noch immer. Noch aber bin ich auch nicht draußen. Parkett ist eine schöne Sache, allerdings nicht, wenn man Kinder hat. Ich kenne in unserer Wohnung jede Bohle, jeden Parkettstab, als hätte ich die Hölzer selbst verlegt. Im Kinderschlafzimmer sind es 26 Bohlen; in der Diele haben wir acht; im Elternschlafzimmer besteht der Boden aus 98 Holzstäbchen im Fischgrätmuster. Und jedes Stück Holz kann tückisch sein, kann mich verraten, wenn ich mich davonschleichen will, nachdem ich wieder Händchen halten musste. Na, gleich habe ich es geschafft. Nur noch die Tür aufziehen, bloß einen Spalt. Ich muss das Ding ölen, unbedingt. *Mission accomplished.*

Ich bin draußen. Fanny hat ihren Schnuller wieder, nuckelt tief und selig weiter, Lilly hat ihre Flasche zurück und schnarcht. Ich weiß nicht, warum dieses Kind seine Flasche aus dem Bett wirft, wenn sie ihm später fehlt. Ich höre es bis in unser Schlafzimmer, wenn das Ding auf den Boden knallt. Leider hört Fanny es auch – wird wach und schreit.

Früher, die ersten eineinhalb Jahre, als wir nur mit Fanny und Lilly fertig werden mussten, hatten wir hin und wieder noch eine Chance, rechtzeitig hinten im Kinderzimmer zu sein, um – wer immer gepoltert oder gejammert hatte – das Aufwachen des zweiten Kindes zu verhindern. Spurtstark, wie Esther seit ihren Schülerzeiten in der 800-Meter-Staffel ist, war sie immer die Erste. Doch ich bin drangeblieben. Wäre unser Flur nur ein paar Meter länger, ich hätte es schaffen können; zumindest in den ersten Monaten hatte ich solche sportiven Gedanken, dann habe ich Esther einfach laufen lassen. Zehn Jahre jünger sind eben auch ein paar Zehntel schneller auf 15 Meter Flur.

Inzwischen nutzt ihre Antrittsstärke der flotten Esther aber auch nichts mehr. Denn jetzt schläft Rosa bei uns im Zimmer, sofern sie schläft. Deshalb müssen wir besonders leise sein, um ihren Schlaf nicht zu stören. Das heißt: ganz vorsichtig rauskriechen aus den Federn, bloß nicht zu heftig die Decke zurückschlagen, ja nicht zu forsch die Füße aufsetzen. Rosa spürt jeden Luftzug, hört jedes Knarzen, bremst die sportlichste Mutter aus, selbst wenn sie in ihrem Kinderbett liegt, was selten vorkommt. Rosa bevorzugt das elterliche Lager, vor allem meine Seite gefällt ihr. Nach dem Stillen rollt sie sich gerne von der Mutterbrust ab, bis sie gegen den Vater purzelt, der sich zwischen Bettkante und Nachttisch schmiegt. Es ist nur eine Frage der Zeit, bis ich ganz draußen liege.

Hinten im Kinderzimmer befinde ich mich bereits in der Bodenlage, das bringt das Apportieren so mit sich: Lilly wirft die Flasche weg, Papa darf sie zurückbringen. Und jedes Mal drohe ich dem Kind, dass dieses Mal das letzte Mal ist. Aber da könnte ich auch gegen Windmühlen angehen: »Bei einem Kleinkind eine Verhaltensänderung durch Einsicht zu bewirken, ist gut gemeint, aber wenig erfolgreich, da dies sein Verständnisvermögen überfordert«, sagt Remo Largo. Sonst schätze ich den Schweizer Kinderarzt ja sehr. Ich beherrsche mich und beherzige die Mahnung aus dem Erziehungsbuch meiner Mutter: »Schlage dein Kind niemals im Zorn.« Aber die Frage muss doch mal erlaubt sein: Wann denn sonst?

Ich jedenfalls werde diese Flasche nicht wieder suchen. Mit der Taschenlampe unters Bett kriechen, vier Mal in einer Nacht, wo sind wir denn? Alle Survival-Bücher für Eltern raten zur Konsequenz. Beim nächsten Mal bleibt die Flasche, wo sie ist – wollen wir doch mal sehen, wer hier die besseren Nerven hat.

Die Leidtragende ist Fanny. Die hat ab vier Uhr einen besonders leichten Schlaf. Einmal wach, gibt unser Napoleon so schnell keine Ruhe mehr. Wie der kleine Kaiser hält sie Schlafen für schiere Zeitvergeudung. Ein Mann schläft vier Stunden, soll Bonaparte mal gesagt haben, eine Frau fünf und nur ein Idiot sechs. Ausnahmen bestätigen die Regel: Hier in der Diele steht ein Vollidiot, der schläft nur drei Stunden. Früher haben mich die Kollegen im Büro mit »Guten Morgen« begrüßt, jetzt sagen sie: »Lass dich heute Abend nicht so früh wecken.« Dabei ist das Büro doch der einzige Ort, wo ich richtig durchschlafen kann.

Auch wenn wir kaum noch soziale Kontakte haben, die Frage: »Na, schlafen sie denn inzwischen durch?« hören wir immer noch oft genug. Angesichts meiner dunklen Ringe unter den Augen kann ich das nur als pure Provokation auffassen. Mit irrem Blick, behauptet Esther, die eigentlich für ihre Aufrichtigkeit bekannt ist, soll ich kürzlich erst ihre gute Freundin Betty angeblafft haben: »Meine Kinder brauchen keinen Schlaf, meinen gibt's der Herr auch so.«

Es ist ja nicht nur das Aufgeschrecktwerden, das Aufspringen, das Hinlaufen und Schnullerreinstecken, Flaschegeben, Händchenhalten, Flaschesuchen, Melodiensummen; es ist auch das Angespanntsein, das Lauern, dieses stundenlange Wachliegen im eigenen Bett zwar, aber mit allen Sinnen doch bei den Kindern: Habe ich etwas gehört? War das die blöde Katze im Hof oder mein herzallerliebstes Kind? Hat Jutta von oben gerade die WC-Spülung gedrückt, oder röchelt da hinten jemand?

Oder dieses minutenlange Stehen vor der Kinderzimmertür: Schläft es von selbst wieder ein? Schiebt es sich den Schnuller eigenhändig zurück? Findet es alleine seine Flasche? Oder gehe ich rein, bevor es richtig wach wird, bevor aus dem kurzen Jammern und Wimmern ein großes Geschrei wird?

Und in diesen Momenten, die oft viele Minuten sind, kommt es zu jenen reizenden Begegnungen zwischen bewusst wartendem Vater und besorgt drängelnder Mutter:

»Was hat sie denn?«

»Ich weiß es nicht.«

»Dann geh doch mal rein.«

»Nein.«

»Dann lass mich.«

»Ich würde lieber noch etwas warten.«

»Sie macht die anderen wach.«

»Die schlafen tief.«

»Ja, noch. Deshalb gehe ich jetzt rein.«

»Ich stehe hier seit einer halben Stunde.«

»Ja, deshalb sollten wir jetzt rein.«

»Rein kann ich auch.«

»Ja, dann geh doch.«

»Sie fängt sich gleich. Sie muss die Chance haben, selbst wieder in den Schlaf zu finden.«

»Sagt dein Largo.«

»Weiß ich nicht, aber es könnte ja was dran sein, selbst wenn es nur von mir ist.«

»Gleich ist sie ganz wach.«

»Nein, sie schafft das.«

»Da, das war Lilly.«

»Nein, das ist immer noch Fanny.«

»Ich erkenne doch meine Kinder, das war Lilly.«

»Ach, ich erkenne sie nicht?«

»Jedenfalls war das Lilly.«

»Wer steht hier eigentlich seit drei Uhr?«

»Das eine hat doch mit dem anderen nichts zu tun.«

»Noch so einen Satz, mein Hasi, und du kannst da alleine reingehen.«

»Das will ich schon die ganze Zeit.«

Sie drängt sich neben mich, drückt vorsichtig die Tür auf. Ich ziehe sie wieder zu.

»Nein, ich lasse mir jetzt von dir meine Strategie nicht kaputt machen.«

»Lass mich jetzt rein!«

Ich stoße die Tür auf: »Bitte, zieh deine Kinder doch alleine groß!«

Die Klinke knallt gegen die Kinderzimmerwand. Lilly schreit auf.

»Das jetzt war Lilly. Jetzt ist sie wach.«

Fanny schreit auf.

»Siehst du, so hört sich Fanny an.«

Ich stapfe zurück zum Schlafzimmer. Wenn meine Frau nicht Scheidungsanwältin wäre, würde ich jetzt ernsthaft über Trennung nachdenken. So bleibt mir nur der Abstecher in die Küche. Ich falle über die Schokolade der Kinder her, reiße Osterhasen den Kopf ab, beiße Weihnachtsmännern in die Beine. Die waren vom Opa auf der Insel und sollten halten, bis er wieder mal zu Besuch kommt. Egal.

Das ist das Schöne an der Elternschaft: dass man ganz neue Seiten an sich kennenlernt – auch wenn es nicht immer die schönsten sind. Der Schriftsteller Robert Musil hat einmal gesagt: »Man ist wahrhaftig nicht so oder so, sondern wenn man mit einem anderen Menschen in Berührung tritt, so schlägt dieser andere Mensch in einem einen ganz bestimmten (oder ganz unbestimmten) Ton an – und so ist man dann.« Esther trifft den Ton, der den Unmenschen in mir weckt, jedenfalls mitten in der Nacht.

Gegen mein Leben kommt mir in solchen Stunden das RTL-»Dschungelcamp« wie ein Erholungsferienlager vor, wenn ich zwischen zwei Schnuller-Suchaktionen mal ins Überlebensprogramm für sogenannte Prominente hineinzappe. Lieber gehe ich doch mit Michaela Schaffrath Krokodile melken, als alle zwei Stunden Geschrei zu ertragen. Wobei mich Michaelas Vergangenheit als Pornostar Gina Wild überhaupt nicht reizt. Andere mögen vom Sex mit ihr träumen, ich träume vom Durchschlafen.

Manchmal tröste ich mich nachts in der Küche, wenn ich gerade wieder eine lila Schokoladenkuh gekillt habe, dass die Dschungelqueen bestimmt stolz auf mich wäre. Denn auch ich bin ein Beweis dafür, dass die Anpassungsfähigkeit des Menschen an widrige Umstände enorm ist. Es kommt jedenfalls kaum noch vor, dass ich nachts das Fenster aufreiße und auf die Straße brülle: »Ich bin ein Zwillingsvater, holt mich hier raus.«

Auch werfe ich die Kinder nicht mehr nachts in den Hof. Das klingt brutal, wird aber von Überlebenstrainern wie dem Australier Steve Biddulph empfohlen: In Konfliktsituationen, rät der Kinderpsychologe entnervten Eltern, solle man erst die Schultern lockern, den ganzen Körper entspannen und sich dann vorstellen, was das schreiende oder tobende Kind eigentlich verdient hätte. Bei mir heißt das: Fenster auf und raus!

Dass ich immerhin Milchfläschchen in den Hof geworfen haben soll, ist allerdings ein böses Gerücht. Es stimmt auch nicht, dass ich die Kinder bei Ebay versteigern wollte. An der Idee habe ich mich jedoch oft delektiert: Meistbietend weg damit! Für Selbstabholer, je schneller, desto billiger. Mit einem Klick wäre hier Ruhe, wunderbar. Die arme Mutter in Memmingen, die in ihrer Verzweiflung noch einen Schritt weiter gegangen ist, hat jedenfalls mein volles Verständnis. Die Frau aus dem Allgäu hatte in ihrer Verzweiflung ihr Kind im Netz angeboten. Daraufhin ermittelte die Polizei in Krumbach allen Ernstes wegen des Verdachts des Kinderhandels. Den Beteuerungen der Frau, alles sei nur ein Scherz gewesen, wollte niemand glauben. Um das Baby kümmerte sich dann das Jugendamt, um die Mutter die Psychiatrie.

Vielleicht war die arme Ebay-Mutter ja auch nur übermüdet. Das sollte ihr mildernde Umstände verschaffen, denn Schlafentzug ist eine Tortur, gilt als sogenannte Weiße Folter, die keine Spuren hinterlässt. Im alten China diente das erzwungene Wachhalten über viele Tage und manchmal gar Wochen dazu, Schwerverbrecher in den Tod zu schicken. Und auch die Sowjets verstanden sich darauf, wie Alexander Solschenizyn in seinem »Archipel Gulag« schildert, Beschuldigte bei Verhören mit Schlägen, Elektroschocks und anderen Unmenschlichkeiten am Einschlafen zu hindern.

Einen Weltrekord im freiwilligen Schlafentzug hat im Jahr 2007 der Brite Tony Wright aufgestellt. Angeblich wollte er zeigen, dass ein Mensch trotz Schlafdefizit mit richtiger Ernährung leistungsfähig bleiben kann. 266 Stunden am Stück soll er wach gewesen sein. Ob er jahrelang von eigenen kleinen Kindern auf diese Spitzenleistung hingedrillt wurde, weiß ich nicht.

Unseren unruhigen Kindern müssen wir zugute halten, dass auch ihre Eltern keinen gesunden Schlaf haben. Esther hat schon immer ihre Sorgen mit ins Bett genommen, auch als sie mich noch nicht kannte. Ich wiederum musste mich früher mit einem Buch ablenken von zumeist unnötigen Gedanken. Jetzt allerdings kann ich nur mit ganz schlichten Krimis einschlafen, die ich zudem schon mal gelesen haben sollte – mehr als Miss Marple regt mich zu sehr auf.

Eine Alternative ist da allenfalls das Studium der Nachtprotokolle, die Therapeuten zur Behebung von Schlafstörungen des Nachwuchses empfehlen. »Bei Babys und Kleinkindern kommt es oft zur Schlafstörung, wenn die Eltern keinen Rhythmus vorgeben. Stattdessen lassen sie das Kind selbst entscheiden, wann es trinken und schlafen will«, heißt es in dem Bestseller »Jedes Kind kann schlafen« der Verhaltensexpertin Annette Kast-Zahn und des Kinderarztes Hartmut Morgenroth. Um dem Kind den richtigen Schlaf- und Trinkrhythmus beizubringen, empfehlen sie, »einige Tage lang seine Zeiten in das am Schluss dieses Buches abgedruckte Schlafprotokoll einzutragen«. Haben wir gemacht. Schrei-Attacken wurden schraffiert, für Fläschchen gab es Punkte, Schlafphasen bekamen Striche. Das Ergebnis war, typisch Zwillinge, beeindruckend: Zwischen Tagesschau und Morgenmagazin kamen wir auf 14 Punkte, der Rest des Blattes war schraffiert. Wir haben die Aktion »Schlafprotokoll« dann gleich ganz gestrichen.

Über geeignete Gegenmaßnahmen herrscht Uneinigkeit, nicht nur zwischen Esther und mir. Die »Extinktion« kommt für die beste aller Mütter überhaupt nicht infrage. Hinter dem Fachwort verbirgt sich der schlichte Rat: »Einfach schreien lassen.« Ich finde das sehr überzeugend. Wer für sein Schreien mit Milch belohnt wird, muss sich doch bestätigt fühlen. Merken die Bälger aber, dass Phonstärke sie nicht weiterbringt, geben sie Ruhe. So einfach ist das. Tatsächlich belegen »neuere Untersuchungen, dass die Methode ›schreien lassen‹ Wirkung zeigt«, schreiben sogar Kast-Zahn und Morgenroth. Bei einem Einzelkind, das nach zwei, drei Stunden vor Erschöpfung einschläft, könnte die Rechnung aufgehen. Bei Zwillingen, die ihre Kräfte aufteilen oder bündeln, stehen zart besaitete Eltern wie wir schon vorher als Verlierer fest.

Nicht mal auf den »Behandlungsplan« der Bestsellerautoren können wir uns verständigen. Dabei empfehlen Kast-Zahn und Morgenroth einen durchaus noch akzeptablen Wechsel zwischen Schreienlassen und Trösten.

Selbst nachsichtige Freunde schütteln über unsere Extinktionsskrupel den Kopf. »Euer Leidensdruck ist einfach noch nicht groß genug«, spottet Carsten. Und Christine nickt. Sie extinktieren streng nach Buch, und zwei Wochen später schläft Marieke durch. Und natürlich arbeitet auch Fränki, mein Widerpart aus dem Parterre, den Behandlungsplan Punkt für Punkt durch, erfolgreich selbstverständlich. Lotti schläft nach ein paar Tagen »einfach super«, und Fränki zieht von der Couch wieder ins Ehebett – bis dann gut zwei Jahre später Friedrich die Welt anschreit.

Nur unsere Haus- und Hofpsychologin Silke hält dagegen und bestärkt Esther in deren Bedenken zur Extinktion. »Willst du wirklich deinen Kindern den Willen brechen?«, warnt sie meine Liebste vor frühkindlichen »Trennungsängsten« und »Verlassenheitsgefühlen«. Ich sage dazu nichts, nur dass Silke dann doch bitte nachts für uns nach hinten zu den Kindern laufen möge, wenn das Geschrei wieder anhebt. Dafür aber steht unsere ganz persönliche Erziehungsexpertin schon deshalb nicht zur Verfügung, weil sie mindestens dreimal die Nacht selbst aufstehen muss, wenn ihre Tochter Aglaja aufheult. Seit Neuestem aber schläft ihre

Kleine besser – im Elternbett, was die Phonstärke zur Freude der Nachbarschaft reduziert, aber nicht unbedingt die Nachtqualität für die Eltern hebt, jedenfalls nicht für Ralfi. Der Arme muss nun wie ich auf die Bettkante ausweichen, von der er hin und wieder runterkippt. Das erträgt er mannhaft. Die Prellungen am Hüftgelenk schmerzen nur ein oder zwei Tage, dann kann er wieder ganz normal gehen. Wichtiger ist, dass die liebe Aglaja nicht aus dem Schlaf gerissen wird, wenn der Papa aufs Parkett plumpst. Doch da halten Ralfi und ich es ganz mit dem Motto meiner Mutter: »Hauptsache, den Kindern geht es gut.«

Unsicher, wie wir als Erstmals-Eltern sind, melden wir uns beim Kinderarzt an. Haben wir vielleicht doch Schreikinder? Nein, das richtige »exzessive Schreien« höre sich ganz anders an. Sind es Koliken? Die Phase sei längst vorbei. Sind es die Zähne? Dafür sei es noch zu früh. Hinterher hieß es dann, dafür sei es zu spät. Gibt es Zäpfchen dagegen? Ja. Empfehlen Sie die? Nein. Was sollen wir denn tun? Durchhalten.

Wie häufig wir beim Arzt sind, weil es ja auch Viren, Bakterien und Fieber gibt, Windpocken, wunde Bauchnabel und blutrote Hintern, wird mir erst bewusst, als der Doktor mir das Du anbietet: »Ich bin der Stefan.« Von dem neuen Geländewagen, den er mir dann später so von Mann zu Mann in der Tiefgarage zeigt, haben Fanny und Lilly allein in einer Woche einen halben Satz Reifen finanziert. Nachdem wir Stefan im vergangenen Winter auch noch wegen Rosas chronischer Mittelohrentzündung mehrmals die Woche konsultieren mussten, gönnt er sich in diesem Sommer einen Swimmingpool.

Aus leidvoller Erfahrung rate ich übrigens von der privaten Bekanntschaft mit Kinderärzten ab. Das führt nur zu Verwicklungen, wenn so einer anfängt, aus dem Nähkästchen zu plaudern – und meine kleinen Flaschenspielertricks auffliegen.

Als selbst ernannter Experte für Effektivität habe ich anfangs keine Zeit mit dem Halten der Trinkfläschchen vergeudet, wenn ich als Erster aufsprang, da ich den leichteren Schlaf hatte und mit Esther noch darum wetteiferte, wer die bessere Mutter sei. Erst Fanny und dann Lilly, die ohnehin ziemlich langsam trinkt, die Flasche zu halten, dauerte locker bis zu einer halben Stunde, ganz abgesehen davon, dass gebücktes Stehen am Bettchen zu bösen Verspannungen führt. Aber ein Stoffaffe bei Fanny und ein Hase bei Lilly, liebevoll auf die Brust der Kinder drapiert, stützen das Fläschchen ganz wunderbar, solange sie es noch nicht selbst halten können. Wenn sie satt sind, drehen sich die Kleinen einfach auf die Seite und schlafen weiter.

So hätte ich noch monatelang hier und da ein wenig eher unter die Ehedecke schlüpfen können, wenn der gute Stefan der Zwillingsmutter nicht irgendwann die Geschichte von der Krankenschwester auf seiner früheren Kinderstation erzählt hätte, die hatte die Milchflaschen den Kindern ähnlich »angelegt«. Für diese fahrlässige Bequemlichkeit war der vielleicht nur heillos überforderten Frau gekündigt worden, berichtete Stefan und ließ es bei Esther klingeln. Stofftiere? Weggerollte Flaschen? Es war eine Frage von Nächten, bis sie mich als »Anleger« ertappte. Aufgrund mildernder Umstände bin ich mit einer Abmahnung davongekommen. Dass ich die Löcher in den Saugern vergrößert hatte, ist ihr bis heute nicht aufgefallen – und inzwischen verjährt, hoffe ich.

Wie viel Nachtruhe der Erwachsene braucht, ist vor allem eine Typenfrage, aber selbst einer wie Thomas Alva Edison, dem in Sachen Glühlampen ein Licht aufging und der die Nacht zum Tage machte, bräuchte mehr, als wir bekommen. Esther fallen spätestens auf dem Heimweg vom Büro in der U-Bahn die Augen zu, ich kämpfe schon mittags in der Redaktion gegen die Müdigkeit wie einst in der Pubertät, wenn nach durchfeierten Nächten mitten im Unterricht der Kopf langsam nach vorne kippte. Der durchschnittliche Deutsche horcht etwas mehr als sieben Stunden pro Nacht an der Matratze – und zwar, im statistischen Mittel, exakt zwischen 23.04 und 6.18 Uhr. Hätte der Regensburger Schlafforscher Jürgen Zulley für seine Umfrage mal unsere Zeiten berücksichtigt, sähe die Statistik ganz anders aus.

So wie die individuelle Schlafdauer eines Erwachsenen erheblich variieren kann, ist auch der bevorzugte Schlafzeitpunkt höchst personenabhängig: Manche gehen mit den Hühnern zu Bett und kriechen beim ersten Morgengrauen aus den Federn – diesen Typus bezeichnen die Somnologen als »Lerchen«. Andere finden Schlaf erst tief in der Nacht und pofen am liebsten bis in die Puppen – diese Spezies nennen die Wissenschaftler »Eulen«. Und dann gibt es noch die Kategorie »Suppenhuhn«, darunter fallen alle Eltern, die sich von ihren Kleinkindern ausgekocht fühlen.

Über den Schlafdrang bestimmt die innere Uhr, die von den Genen abhängt und damit bei jedem Menschen anders tickt. Und wer nicht genug Schlaf bekommt, tickt nicht mehr richtig. Schon wer vier oder fünf Tage nacheinander zu wenig Schlaf findet und nur auf eine durchschnittliche Ruhezeit von vier Stunden kommt, ist so wenig gesellschaftsfähig wie jemand, der 24 Stunden am Stück wach geblieben ist. Diese Menschen, das hat der Schlafmediziner Charles Czeisler, Professor an der Harvard Medical School in Boston, herausgefunden, befänden sich in einem »Zustand, der dem der Trunkenheit ähnelt – sie reagieren deutlich langsamer, können keine objektiven Urteile mehr fällen und keine Probleme mehr lösen«.

Bei mir verstärkt der Schlafentzug massiv die latenten Selbstzweifel: Haben wir zu hoch gepokert, als wir das Mehrlingsschicksal mit dem Transfer von drei befruchteten Eizellen herausgefordert haben? Sind wir vielleicht doch nicht mehr jung genug für Kinder? Immerhin bin ich in einem Alter, in dem viele Männer froh sind, wenn das Knie schmerzfrei ist. Und mehr als drei von diesen Purzelbäumen, die Fanny täglich einfordert, schaffe ich nicht, ohne dass mir schwindlig wird, es im Nacken schmerzt und im Rücken sticht.

In den ersten Monaten der Zwillingselternschaft habe ich mich als langjähriger Jogger noch um die Alster gekämpft. »Therapeutisches Laufen«, spotteten meine Mitläufer Fränki und Christian, wenn sie mich aus meiner Mattheit herausklingelten und an die Alster schleiften. Körperlich war ich auch da schon ausgepumpt. Aber mein Nervenkostüm war noch nicht verschlissen, psychisch war ich gut drauf, gerade auch wegen der langen Läufe. Für mich sind die langen Läufe weniger ein Stück Selbstfindung als vielmehr Selbstbewahrung. »Wie viele rennen davon, wer zu sich zurück?«, fragt der Marathonjunkie und Schriftsteller Günter Herburger in seiner Deliriumsprosa »Lauf und Wahn« – und empfiehlt zur Klärung »laufende Therapeuten als Encounter-Personal mit umgeschnallten Strichlisten«. Deutschlands zeitweilig prominentester Läufer, Joschka Fischer, sieht im Joggen bereits die Therapie. »Durch die Faszination des Langlaufs gelang mir eine dauerhaft positive Umkonditionierung von wesentlichen Persönlichkeitsmerkmalen«, behauptete der damalige Bundesaußenminister keck, nachdem er durch Marathontraining über 35 Kilo abgespeckt hatte – bis er sich wieder in die Völlerei verrannte. Seither hat er eher eine Leidfigur.

Während die Zwillinge noch nicht mal richtig robben können, erfreue ich mich an meinem Gleichmaß der Schritte an der frischen Luft. Wie Colin Smith, der monologisierende Waldläufer aus Alan Sillitoes Kulterzählung »Die Einsamkeit des Langstreckenläufers«, delektiere ich mich an meinen Morgenrunden: »Ich bin noch nie so frei gewesen wie in den beiden Stunden, wenn ich den Weg draußen vor den Toren langtrottete.«

Ohne die vielen langen Läufe über all die Jahrzehnte wäre ich schon längst am Ende. Das Laufen hat mir gezeigt, dass ich doch ein zähes Kerlchen bin. Gerade der Marathon wird auch im Kopf gelaufen, ist vor allem »*a mind's game*«, wie man in den USA sagt, von wo einst die Joggingwelle und mit ihr eine regelrechte Marathonflut ins alte Europa geschwappt ist. In den vielen Jahren, da wir in den ärztlichen Laboratorien mithilfe der Befruchtungsmedizin um unsere Elternschaft gerungen haben, gaben mir gerade die langen Läufe Kraft und Zuversicht. Mit jedem Kilometer, den ich weiter lief, bestärkte ich mich auch in der Hoffnung, mein Ziel des Vaterwerdens zu erreichen. Nicht schlappzumachen auf dem langen Weg zum Kind, auch für Esther, gleichfalls eine Läuferin mit langem Atem, war reine Nervensache.

Und gilt nicht auch für die ersten Jahre mit Kindern, was für den Marathon gilt? »*Steady pace wins the race*«, sagen die Amerikaner. Gleichmäßige Geschwindigkeit führt zum Sieg. Marathon lehrt, das eigene Leistungsvermögen richtig einzuschätzen, weil er einen an die eigenen Grenzen treibt.

Kinder allerdings treiben einen darüber hinaus. Auch ist beim Laufen das *Runner's high* ziemlich garantiert. Der Laufrausch wird mit den Glückshormonen, den Endorphinen, erklärt, die nach längerer Belastung von der Hirnanhangdrüse – eigentlich als Schmerzblocker – freigesetzt werden. Von einem *Parents' high* habe ich noch nichts verspürt.

Wie Langstreckenläufer sollten aber auch Anfängereltern von den Lebenslänglichen lernen. Ähnlich wie schwere Jungs, die ihre Haft am besten verkraften, wenn sie nur in Stunden, allenfalls in Tagen denken, kommen auch jene Marathonis und Eltern am ehesten über die Runden, die sich nur an den nächsten Schritten orientieren: dem nächsten Erfrischungsstand, der nächsten Bananenstation, der nächsten Zwischenmahlzeit, dem nächsten Mittagsschlaf, dem nächsten Breichen, der nächsten sogenannten Nachtruhe. »Man wird demütig, wenn man Marathon läuft«, sagt der Kenianer Paul Tergat, der in Berlin einmal Weltrekord gelaufen ist. »Zwillinge lassen selbst bekennende Atheisten den lieben Gott anflehen«, sage ich.

So wie bei Kilometer 30 der legendäre »Mann mit dem Hammer« kommt, weil das Glykogendepot der Zellen leer ist, egal mit wie viel Kohlenhydraten es am Vorabend bei der traditionellen Pasta-Party aufgefüllt wurde, so sind nach fast einem Jahr mit den Zwillingen auch meine allerletzten Reserven aufgebraucht. So wie im letzten Drittel der 42 Marathonkilometer das Motto für harte Laufeinheiten, »Dehnen, Trinken, Sterben«, der Wirklichkeit näher kommt, als manchem lieb ist, so bin ich nach dem ersten Zwillingsjahr mit Elternteilzeit am Ende meiner Kräfte.

Wie viel gegenseitige Enttäuschung und Überforderung können wir noch verkraften? Wie lange kann ich in der Firma die Fassade der früheren Leistungsfähigkeit aufrecht erhalten? Stehen meine Nachfolger vielleicht schon in den Startlöchern?

Antworten finde ich keine in den wachen Stunden zwischen den Schnulleralarmen, Fläschcheneinsätzen und dem Händchenhalten. Nur Fragen, immer mehr Fragen. Und Schweißausbrüche. Draußen ist es kalt, im Zimmer ist es kalt, aber mir wird heiß, dass es nur so tropft. Ich bin ein einziges Feuchtgebiet. Dreimal wechsele ich in der Nacht das T-Shirt.

Manchmal wecke ich Esther: »Hasi, ich habe Angst.« Sie nimmt mich in den Arm, macht mir Mut. »Du weißt doch: *Quis nisi nos.*« Wer, wenn nicht wir? Das hatte ich mir an jenem Tag als Familienmotto ausgedacht, als wir von unserem Zwillingsglück erfuhren. Eine schöne Lebenslosung. Nun muss ich sie nur noch leben.

Aber klingt Esthers Stimme nicht ziemlich gepresst? Schwingt da nicht mehr Sorge mit, als die tapferste Frau der Welt zugeben will?

Auf der Stressspirale bin ich schon ein ganzes Stück runtergetrudelt. Stufe eins habe ich bereits hinter mir: Schlafstörungen, Schmerzen, Pfeifen im Ohr, Energieverlust. Auch das quälende Gefühl, die Situation nicht ändern zu können, gleichfalls ein Indikator, kenne ich. Die Anzeichen für Stufe zwei brechen bereits durch: aggressive Ausbrüche, blinder Aktionismus, Ohnmachtsgefühle. Das Gefühl ständiger Kränkung, auch Ausraster aus kleinstem Anlass – kommt mir alles sehr bekannt vor. »Niedergeschlagenheit wechselt sich mit harschen Aggressionsattacken ab«, beschreibt der Hamburger Psychiater Hans-Peter Unger die »emotionale Achterbahnfahrt«. Bekannt sind die Symptome unter dem Modewort *Burn-out*. Wenn die Balance zwischen Geben und Nehmen, Arbeit und Anerkennung nicht mehr stimmt, ist eine schwere Depression nur noch eine Frage der Zeit. Medizinsoziologen sprechen von einer »Gratifikationskrise«. Wie immer man auch die »Anpassungsstörung« nennt, die Kriterien für die Krise erfülle ich voll und ganz: geringe Kontrolle über das eigene Handeln, kleiner Entscheidungsspielraum durch die Kinder und die Partnerin sowie wenig Belohnung.

Weiter. Nicht aufgeben. Beißen. So wie beim letzten Marathon in Hamburg, meinem dritten in der Hansestadt, meinem ersten als frischer Vater. Da habe ich mich durch den Maienweg gekämpft. Seit meinem allerersten Start bei einem Hamburg-Marathon ist mir diese Straße, die man bei etwa Kilometer 30 erreicht, zutiefst verhasst. Damals bin ich dort elend eingegangen, zwischen Kleingärten, Einfamilienhäusern und »Santa Fu«, dem Gefängnis Fuhlsbüttel. Der Maienweg misst vielleicht zweieinhalb Kilometer, für mich ist er die längste Straße Hamburgs. Ich fresse mich an der Wegmarkierung, den blauen Streifen auf der Fahrbahn, entlang und spüre, dass ich mich immer wieder in meinem Durchhaltewillen bestärken muss. Ich hämmere mir ein, dass es um mehr geht als um diese gottverdammte Straße: Es geht um private und berufliche Ängste, um tiefe Dankbarkeit und großes Glück. Ich ringe mit Neidern und Widersachern, schwöre, es ihnen heimzuzahlen; ich umarme meine Kinder, versichere ihnen, immer für sie da zu sein; ich sehe es als Gnade, hier gesund laufen zu dürfen.

Mit jedem Streckenstrich, den ich hinter mir lasse, wächst die Gewissheit, dass ich meinen Lebensweg gehen werde, wie ich diese Straße laufe: unbeirrt. Ich schwöre mir durchzuhalten, was immer da auch auf mich zukommen mag in meinem neuen Leben als Vater. Dieses Tief zu überwinden, diesen Durchhaltewillen zu entwickeln, das ist die große Marathonherausforderung. Und die große Herausforderung für Esther und mich als Eltern ist es nun, diese Schrei- und Schlaflosphase durchzustehen. Dann wird alles besser. Aber wann ist dann?

Während ich mich über die Dielenbohlen der eigenen Wohnung zurück ins Bett schleiche, muss ich an unsere Freundin Mina denken. Die erste Tochter hat ihr nachts dreieinhalb Jahre lang keine Ruhe gelassen; dann kam die zweite zur Welt, die ebenso lange brauchte, bis sie durchschlief. Sieben Jahre mit Nächten, in denen Mina und ihr Mann Mike über viele Monate hinweg ein halbes Dutzend Mal und mehr aufgestanden sind. Bis zum Sommer. Seither schläft auch die zweite Tochter durch. Paradiesisch. Mina genießt den Luxus exzessiv. Sie hat sich ein eigenes Schlafzimmer eingerichtet, »um zu schlafen, einfach nur zu schlafen«. Für jedes Jahr im nächtlichen Mutter-Einsatz will sie einen Monat lang jede Nacht zehn Stunden durchschlafen.

Rechnen ist gut gegen Ängste. Mit vier Jahren, sagen sogar kritische Experten, schlafen selbst die schwierigsten

Kinder durch – warum also nicht auch unsere? Ich habe doch auch auf der langen, schwierigen Strecke zur Vaterschaft durchgehalten. Ich bin kein *quitter*, kein Kneifer. Also: beißen. Durchhalten. An der blauen Markierung bleiben. *We go the whole way.*

Ich husche ins Bett, ganz leise, um bloß nicht Rosa zu wecken, stoße vorsichtig Esther an. »Hasi, wir schaffen das.« Sie hört mich nicht. Ich lasse sie schlafen, die Arme. Wenn Esther mal länger als drei Stunden am Stück im Bett bleiben darf, fürchtet sie bereits, sich wund zu liegen. Es reicht, wenn einer darauf wartet, bis Lilly wieder ihre Flasche aus dem Bett wirft. Meine Tochter enttäuscht mich nicht. Und Lilly kann sich auch auf mich verlassen. Noch bevor sie Fanny wachgeschrien hat, suche ich mit der Taschenlampe in der Hand nach ihrer Flasche.

Konsequenz ist alles.

Das Gottesgeschenk oder
Willkommen im Leben

Ruhe. Stille. Vogelzwitschern. Blätterrascheln. Sie haben den Vater in ein Einzelzimmer geschoben. Zum Garten raus. Mit Blick in die Baumwipfel, die sich leeren, in die Wolken. Wie hatte der Pastor und liebe Freund Frank in seiner Predigt den Kirchendichter Wolfgang Schneller zitiert:

> Ich mag den Herbst – mehr als den Mai,
> weil er zur Höhe führt.
> Wenn jeder Baum jetzt Blatt um Blatt verliert
> und goldenes Verglühen mich berührt,
> wenn alles stürmt: vorbei, vorbei,
> dann wird der Blick zum Himmel frei.

Gleich werden sie ihn holen. Der Professor war noch einmal bei ihm am Bett, hat ihn gefragt, ob er es sich überlegen will. Nein, hat er gesagt: Das wird jetzt so gemacht, wie besprochen. Dann haben sie ihm einen Katheter gesetzt. Die Ärzte gingen, die Ruhe kam.

> Der kahlen Äste edle Leere
> entlässt die Farben leicht.
> Und wiegend, sanft, veratmend weicht
> zur Erde, was der Erde gleicht,
> damit ihr alles ganz gehöre
> und nichts den Blick nach oben störe.

Sie schieben ihn in den Operationssaal. Er soll zählen. Er will lieber Schneller zitieren: »Ich mag der Bäume stilles Stehen...« Sie lachen. Das Licht blendet ihn. »...herbstlich Vergehn... Aufer...«

Vor einem Jahr hätte er den Kopf geschüttelt: Ins Krankenhaus? Aus diesem Grund? Niemals! Aber damals hätte er auch gelacht: Ein drittes Kind? Wir? Unmöglich.

Das dritte Mädchen ist ein Gottesgeschenk. Wie kleine Kinder, die mit zu großen Gaben überfordert sind und deren Wert nicht erfassen, sind sich der Mann und die Frau der Gnade des Schicksals nicht sofort bewusst. Eine spontane Schwangerschaft? Sie? Das In-vitro-Paar mit den missglückten Versuchen? Trotz ihres Überlebenskampfes mit zwei Kindern, zwei Berufen und einem Tag, der nur 24 Stunden hat?

Unfassbarkeit ist das erste Gefühl. Wie ungerecht gegenüber dem neuen Leben, das sich ankündigt. Bei den Zwillingen hatten sie nach Tagen des Bangens gejubelt, als der Hormontest endlich Schwangerschaft signalisierte. Sie wollten die Welt umarmen. Und er, der sein Herz oft auf der Zunge trägt, wollte es gleich allen erzählen. Sie hat ihn damals gebremst. Sie hatten sich schon einmal zu früh gefreut.

Und nun sitzen sie auf ihrem alten Sofa. Draußen ist Weltmeister-Wetter. Die Straßenlokale am Grindel füllen sich mit ihren Freunden. Im »Casa Mia« ist der Tisch reserviert. Siegerstimmung draußen. Und sie hocken drinnen wie Verlierer. Es sind nur wenige Minuten der völligen Verblüffung – aber es wird ihn reuen, bis Rosa alt genug ist, um ihm, hoffentlich, zu verzeihen. Ob diese kurze Unsicherheit der Eltern ihr sich ankündigendes Kind bereits prägen würde? Ein gleichsam pränataler Schatten, den die Überwältigung der Eltern auf die unbefleckte Seele des Kindes wirft?

Seine einstige Analytikerin würde wohl sagen: »Diese Minuten des Zögerns werden das Kind nur prägen, wenn die

Eltern dieses Gefühl in die gelebte Beziehung hineintragen.«
Er weiß darum. Deshalb wird er sich sehr genau prüfen in
seinem Verhalten. Er und auch sie, beide wollen dieses Kind.
Sie sehen es als Anerkennung ihrer unbeugsamen Zuver-
sicht der vergangenen Jahre, ihres letztlich ungebrochenen
Glaubens an die Familie – trotz all der Belastungen mit den
Zwillingen. Es ist nur die Angst vor der Erschöpfbarkeit ihrer
Kraft, die sie so verhalten sein lässt.

So gehen sie dann doch hinaus zur öffentlichen Entzwei-
felung. Und er erzählt allen, dass seine Frau nun nach dem
Mutterverdienstkreuz greife. Er spendiert Prosecco auf das
dritte Kind, auch für Gäste, die er nicht kennt. Er will sich
vor seiner ganzen kleinen Welt zu dem heranwachsenden
Leben bekennen, von dem er nicht weiß, ob es Tochter oder
Sohn wird, von dem er nur weiß, dass es sein Kind sein wird
und dass er es lieben wird wie die beiden anderen.

Die Eltern trösten sich damit, dass ihrer Rosa, wie sie später heißen wird, nichts anderes widerfährt als das klassische
Schicksal aller Nachgeborenen. Die erste Schwangerschaft
ist immer das Urerlebnis. Zum dicken Bauch gibt es für die
angehende Mutter Blumen und »Babymoon«-Wochenend-
trips in feine Hotels, beim zweiten Mal lässt der profane Alltag mit Kind schon keine Zeit mehr für große Gefühle. Als die
Frau die Zwillinge unter dem Herzen trug, war das Einölen
ihres Bauches ein festes Ritual, bei Kerzenschein und einem
winzigen Schlückchen Rotwein hat er seine Frau massiert,
bis er keine Fingerkuppen mehr hatte. Im Supermarkt ist sie
nur mit ihren Blicken einkaufen gegangen, aus den Regalen
gefischt hat er die Sachen und natürlich auch nach Hause
getragen. Mit dem dritten Kind im Bauch trägt die Frau ihre
renitenten Zwillinge durch das halbe Viertel, weil die Biester nicht laufen wollen. Kurz: Die zweite Schwangerschaft
verläuft, so auch die Erfahrung vieler anderer Frauen, ganz
nebenbei. Oder auch nicht. Denn mitunter muss ein gerade

auf das erste Kind eingerichtetes Leben wieder umgekrem-
pelt werden. Und das macht niemand ganz nebenbei.

An die Kosten für ein Kind hat das Paar während der ersten Schwangerschaft nie ernsthaft gedacht. Das Geschacher
mit der Familie um die Babyausstattung hatte eher etwas
Sportives. Nun aber müssen sie ernsthaft rechnen und ihre
Zukunft kalkulieren: Kann sie überhaupt wieder eine Baby-
pause nehmen, wie kurz auch immer, ohne allzu großen
Schaden für die Kanzlei? Kann er es sich leisten, noch einmal ein Jahr kürzer zu treten? Beim ersten Mal hatten es
alle gut mit ihm gemeint, hatte er auch vom Zwillingsbonus
profitiert. Aber er kennt auch aus seiner Zeit als Gelegen-
heitsdrehbuchautor eine der Grundregeln der Hollywood-
Dramaturgen: »*Never do the magic twice.*« In der Zauberei ist
es das oberste Gebot. Und auch der angehende Rosa-Vater
glaubt, dass er es sich zu eigen machen muss – aus Angst,
sonst seine letzten beruflichen Optionen zu vergeben.

Verglichen mit diesen Zweifeln ist die finanzielle Unsicherheit eher zweitrangig. Aber auch die ist da. »Wenn
ihr euch kein drittes Kind leisten könnt, wer denn sonst?«,
beruhigt sie Freund Thomas aus Berlin. Er selbst hat es bei
zwei Kindern belassen. Ihre Hamburger Freundin Sunniva
hingegen rührt das Paar mit ihrer Begeisterung für viele Kinder: »Familie ist man erst, wenn die Kinder in der Mehrzahl
sind.« Die Mutter von zwei kleinen Mädchen deckt manchmal in Gedanken den Tisch für drei, so sehr sehnt sie sich
nach einer weiteren Schwangerschaft. Vielleicht liegt es an
der Magie des dritten Gedecks: Inzwischen dürfen Sunniva
und Frank auch noch einen Jungen durchfüttern.

Rein statistisch sind zwei Kinder immer noch das Mittel. Da der Wunsch nach zwei Kindern nach wie vor verbreitet sei, entspreche die Geburt des zweiten Kindes eher
dem »Bild einer ›unproblematischeren Komplettierung‹ der
Familie«, heißt es in der Studie »männer leben« für die

Bundeszentrale für gesundheitliche Aufklärung. Das dritte Kind hingegen, ergab die Väter-Befragung, »war im Vergleich zum zweiten, aber auch zum ersten, mit 57 Prozent deutlich seltener zu dem Zeitpunkt gewollt«.

Wer Kinder will, darf nicht nach der Kosten-Nutzen-Rechnung fragen. Volkswirte, die solche Zahlenspiele dennoch anstellen, schrecken mit dem Unwort von den »Opportunitätskosten«, hinter dem sich eine einfache Rechnung verbirgt: Je besser eine Frau verdient, desto teurer kommt sie ihre Mutterrolle. Je höher der Lohn, desto größer auch der Verdienstausfall in der Betreuungszeit für das Kind. Deshalb fordert die Kommission »Familie und demografischer Wandel« auch deutlicher, als mancher es hören will: »Zu den wichtigsten Bedingungen einer gerechten Familienpolitik gehört ein angemessener Ausgleich zwischen den privaten Lasten und den öffentlichen Gewinnen jeder Investition in Kinder.« In bestem Expertendeutsch kommt die Kommission zu dem Schluss, dass sich der Staat eine großzügigere Alimentierung der Eltern durchaus leisten könnte, theoretisch: »Ein heute geborenes Kind, das im Hinblick auf sein Erwerbsverhalten, sein Einkommen und zahlreiche weitere Merkmale als durchschnittlich anzusehen ist, erzeugt unter den Rahmenbedingungen des gegenwärtigen deutschen Steuer- und Sozialsystems eine nennenswerte ›positive fiskalische Externalität‹, bringt dem Staat also mehr finanzielle Vorteile, als es ihn selbst kostet. Über seinen gesamten Lebenszyklus und unter Berücksichtigung der Effekte aller Nachkommen, die von ihm im Durchschnitt zu erwarten sind, beläuft sich diese Externalität auf rund 77 000 Euro.« Bei drei Kindern wäre das – mit Zwillingsbonus – fast eine Viertelmillion. Damit wären wir aus dem Gröbsten raus. Schöner Traum. In Wirklichkeit wären die meisten Eltern ja schon froh, wenn ihre Erziehungsleistung ein wenig mehr gesellschaftliche Wertschätzung bekäme. Weil das aber nicht geschieht, erkennen die Experten bei Vätern und Müttern ein »wachsendes Gefühl der Ausbeutung«.

»Was ein Kind kostet, dazu gibt es eine ›gängige Rechnung‹«, so die Autorin Christine Brinck in ihrem Buch »Mütterkriege«: Bis zum vollendeten 18. Lebensjahr etwa 120 000 Euro, mit Studium 100 000 Euro mehr. »Eine Menge Geld?«, fragt Brinck und betrachtet die 120 000 Euro »zur Abwechslung« nicht als horrende Einmalzahlung, sondern rechnet sie runter auf Jahr und Tag. Demnach kostet ein Kind-Jahr präzise 6666,66 Euro, ein Monat 555 Euro, eine Woche etwa 130 Euro. Die Stunde schließlich beläuft sich auf weniger als einen Euro. Insofern hat der gute Freund Thomas natürlich recht: Verglichen mit vielen anderen Menschen, schon im engsten Freundeskreis, stehen sie als ordentliche Doppelverdiener blendend da, sollten sie sich vielleicht nicht ein Dutzend Kinder, aber zumindest doch eine Handvoll leisten können. Oder will er, der gemeinhin als großzügig gilt, nun ausgerechnet gegenüber einem neuen Leben kleinlich sein?

Quis nisi nos? Wer, wenn nicht wir? Der Vater weiß, dass er zur von ihm selbst kreierten Familienlosung stehen muss, wenn er vor sich selbst bestehen will. Aber er spürt auch die zunehmende Beklommenheit, die der Gedanke an ein erneutes Teilzeitmodell in ihm auslöst. Es sind viele Meter, die der Vater während seiner Zeit an der Wickelkommode verloren hat im Wettlauf um die berufliche Positionierung. Er erinnert sich nur zu gut, dass er in seinen dunkelsten Stunden von einem *Rat race* gesprochen hat – wie die Laborratten rennen sie alle im Laufrad. Und auch die schnellste Ratte kommt nicht wirklich weiter. Trotzdem möchte er nicht abgehängt werden, schon gar nicht Letzter sein. Es sind gerade die aufrichtig wohlmeinenden Kollegen, ihrerseits alles andere als ängstlich oder karrierefixiert, die ihm von einer zweiten Auszeit abraten. »Dann bist du als Exot unten durch, dann nimmt dich keiner mehr ernst«, warnen sie. Also riskiert der Vater, der jedes weitere Arbeitsjahr, jede neue Lohnrunde nunmehr wirklich braucht, keine zweite Elternteilzeit.

Die Last des ersten Rosa-Jahres wird also klassisch verteilt – alles auf Esthers Schultern. Dass die Anwältin ihre Kanzlei doch nicht schließen muss, hat sie einer anderen berufstätigen Mutter zu verdanken, die es mit sieben Kindern sogar bis an den Kabinettstisch in Berlin gebracht hat: der Familienministerin Ursula von der Leyen. Weil die Politikerin gegen allerlei Widerstände ein Elterngeld durchgeboxt hat, erhält auch eine Selbstständige wie die baldige Dreifachmutter einen kleinen Ausgleich für ihren Einsatz an der Wickelfront. Der späte Vater hätte nie gedacht, dass er als eher Grüner oder Roter mal den Schwarzen dankbar sein würde. Und er hätte auch nie gedacht, dass er als Protestant mal die Katholiken beneiden würde: Als die letzte Chance verstrichen ist, ein Teilzeitjahr zu beantragen, sich doch noch gerade zu machen für sein drittes Kind, bedauert er, nicht katholisch zu sein. So sehr sehnt er sich nach Absolution. Gleich nach der Geburt, während er seine Tochter an die Brust drückt, bittet er sie um Verzeihung. Vom Vorbildpaps zum Fassadenvater – seine Familienkarriere hat er sich anders vorgestellt.

Gleichsam zur Buße geht er ins Krankenhaus, legt er sich unters Messer, lässt sich vasektomieren. Ein kleiner Schnitt für den Herrn Professor, ein großer Schritt für den Vater. Mit der Durchtrennung der Samenleiter ist er unfruchtbar.

Es stimmt, dass ihm zuletzt Klapperstörche Angst gemacht haben, selbst wenn er sie nur abends beim Vorlesen am Bett der Zwillinge im »Wimmelbuch« sah. Doch wenn es ihm allein um die Verhütung eines vierten Kindes gegangen wäre, hätte er mit seiner Frau sicherlich auch einen anderen Weg finden können. Tiefenpsychologisch jedenfalls lässt sich schnell eine Brücke schlagen zwischen Vasektomieren und Kastrieren. Das eine ist ein Routineeingriff, das andere die Entmannung, wie sie etwa früher Eunuchen angetan wurde, damit sich die Haremswächter nicht an den Frauen des Sultans vergriffen.

Während der Vater mit seinem Schicksal hadert, kämpft eine liebe Freundin gegen den Tod. Sie hätte wirklich allen Grund gehabt zu klagen, sie hat es nicht getan. Wenn sie sich denn trafen, eher zufällig auf der Straße, weil die vielen Erkrankungen der Kinder und ihr durch Chemotherapien erschüttertes Immunsystem häufigere Kontakte ausschlossen, hat sie den Dreifacheltern Mut gemacht, sie aufgeheitert. Die Frau mit dem Krebs lacht, während das Paar mit den Kindern stöhnt. Erst in der Kirche, bei der Trauerfeier, wird dem Vater bewusst, wie sehr er sich versündigt mit seinen Grübeleien.

24 Jahre streichen an ihm vorbei, während der gemeinsame Freund Frank predigt und den Kirchendichter Schneller rezitiert; die hinterbliebenen Eltern sitzen ihm gegenüber, wie zu Stein erstarrt. Nichts kann tragischer sein, als die eigenen Kinder zu überleben. Die Freundin selbst hinterlässt einen trauernden Mann. Kinder hatten sie nicht.

Doch was bleibt von einem, wenn nicht die eigenen Kinder?

Der Vater hat in seinen Kindern die eigenen Eltern noch einmal gesehen. In Lilly seine Mutter: die hohe Stirn, das breite Gesicht, das so strahlen, aber auch so zerknittert schauen kann. In Rosa sieht er den Vater: die kleinen Hamsterbacken, die vollen Lippen, die sich so spitzen können. Wird eine seiner Töchter einmal ein Kind haben, das ihn spiegelt? Vielleicht wird sogar gerade Fanny die Mutter eines kleinen Dieter – auch wenn sie selbst heute ihrer Mutter so gleicht.

Was werden seine drei mit ihm verbinden? Was kann er als Vater seinen Kindern mitgeben?

Der für ihn zentrale Satz seines Vaters, wenn man denn ein Leben von 67 Jahren auf einen Satz reduzieren darf, beschäftigt ihn seit Jahren: »Mein Junge, ich habe immer auf der falschen Seite des Schreibtisches gesessen.« Der Vater war im Außendienst. Er musste verkaufen, sicherlich musste dabei auch er sich preisgeben. Die Familie hat das ordentlich ernährt. Ob der Vater seinerseits gut damit gelebt hat, weiß der Sohn nicht. Manchmal erklärt er sich seinen unbändigen Drang, Chef sein zu wollen, und sei es auch nur ein Unter-Chef, damit, als Sohn stellvertretend für seinen Vater endlich auf der richtigen Seite des Schreibtisches zu sitzen. Dass er sich dabei wohlfühlen würde, bezweifelt der Sohn inzwischen – abgesehen von dem kurzen Moment des Triumphes, in dem er verwirklicht hätte, was dem Vater versagt geblieben ist.

Gebt fremden Menschen nicht so viel Macht über euch, möchte er seinen Kindern zurufen. Lasst euch eure Seelenlage nicht von anderen diktieren. Euer Selbstwert hängt nicht davon ab, ob kleine Geister oder intellektuelle Scheinriesen, euch gnädig zunicken oder demonstrativ auf ihre gewienerten Schuhe schauen. Lasst sie gehen, seht ihnen nicht nach. Aber er weiß auch, dass er dies seinen Kindern nicht nur sagen muss. Er muss es ihnen auch vorleben. Das fällt ihm schwer. Er arbeitet daran. Er wächst mit seinen Kindern.

Es fällt ihm auch schwer, sich von den alten Strukturen zu lösen. So wie die Vaterschaft ihn fordert, auch überfordert, fehlt ihm oft die Kraft, aus dem Sog der eigenen Kindheit herauszuschwimmen. Er hofft, dass ihm das bewusste Erleben seiner Töchter Korrektiv genug ist. Vielleicht, denkt der Vater manchmal, hätte ein Sohn oder eine Tochter auch Alfred Dorn in Martin Walsers »Verteidigung der Kindheit« erlösen können von der zwanghaften Bindung an die frühen Jahre, an die Mutter. Aber wäre das nicht auch wieder ein klassischer Missbrauch gewesen? Kinder als Retter ihrer Eltern aus deren Verstrickungen?

Wie gern würde der späte Vater heute, mit dem Abstand der Jahre, das Schicksal Dorns noch einmal lesen. Doch jetzt, da er das Alte loslässt im Erleben des Neuen, die Vergangenheit entrümpelt, um Platz zu schaffen für die eigene Gegenwart und eine eigenständige Zukunft der Kinder, fehlt ihm die Zeit dazu. Statt in große Literatur muss sich der Vater in Kleinanzeigen vertiefen. Wer kann sich schon Gedanken zum Sohnsein oder Vaterleben leisten, wenn Existenzielles wie Autokauf oder Umzug anstehen? Denn, um es mal mit Eckart von Hirschhausen zu sagen, anders als die Leber wachsen weder die Wohnung noch der Kofferraum mit ihren Aufgaben.

Um eine größere Bleibe zu finden, ist sich der Vater für nichts zu schade, trinkt morgens um zehn mit lebensfrohen Maklern schon Schnaps, bezirzt altjüngferliche Hausbesitzerinnen mit Blumen und verteilt, um Eindruck zu machen, an die Vertreter des Immobiliengewerbes in wenigen Monaten mehr Visitenkarten als in all seinen Jahren im Nahen und Mittleren Osten. Mindestens ein Dutzend Mal versucht er es mit Kleinanzeigen:

»Unterbezahlter Redakteur und überforderter Dreifachvater sucht zur Rettung seiner Ehe viel Platz für wenig Geld in bester Lage, möglichst mit Garten.« Dass er bei einer Wohnungsbesichtigung versucht haben soll, einem Makler einen Mietvertrag für eine Wohnung im dritten Stock durch einen angedrohten Fenstersprung abzupressen, ist üble Nachrede. Er hat immer nur bis zur ersten Etage gesucht. Höher hinaus wollte die Familie nie. Und auf den Sims war er nur einmal geklettert, um einen besseren Blick über den Garten zu haben.

Dass sie ausgerechnet im Nachbarhaus ihre Traumwohnung finden, hat den Vater mit seinem Schicksal versöhnt.

Tagelang lobpreist er den Namen der neuen Vermieterin. Irgendwann wird er die gute Frau Wittlinger, selbst Mutter von drei Kindern, mal fragen, ob sie ihm die Wohnung aus Mitgefühl zugesprochen hat oder um andere Mieter in ihrem Haus abzustrafen. Er jedenfalls hat früher Kinderreiche immer nur gegrüßt, solange sie nicht mit ihm in einem Haus wohnten.

Mit ihren drei Kindern kommen sich der Mann und die Frau jedenfalls wie ein Rollkommando vor, das in den schönen Altbau einfällt. Bis der Vertrag unterschrieben ist, hat der Vater, entgegen seiner sonstigen Mitteilsamkeit, denn auch niemandem in der Straße von seinen Bemühungen etwas verraten, aus Angst vor einem Aufstand der künftigen Mitbewohner. Schließlich gelten sie in ihrem Viertel als schrecklich nette Familie, was der Vater für ziemlich ungerecht hält. Verglichen mit ihm, erzählt er manchmal, hocke selbst einer wie der geschlagene Schuhverkäufer Al Bundy, den in der gleichnamigen TV-Serie Frau, zwei Kinder und Geldsorgen drücken, auf der Sonnenseite des Lebens.

Außer der Immobilienfrage muss auch das Mobilitätsproblem gelöst werden. Gerade erst haben die Eltern für die Zwillinge ein britisches Powerpaket im Miniformat und ein kleines Cabrio aus Stuttgart gegen einen Kombi aus dem Osten eingetauscht, immerhin mit »Sportfahrwerk« und in »schwarzmetallic«. Nach dem dritten Kind ist auch der zu klein. Aus der Krise hilft ein Kombi aus einem Nachbarstaat, der auch in der Krippendiskussion den Deutschen vorgemacht hat, was kindgerecht ist: Frankreich. Der Wagen ist groß genug für drei in der zweiten Reihe, aber kein Monstrum, das man nur in amerikanischen Vorstädten parken könnte. Und er hat Schiebetüren, damit sie die Kleinen bequemer in ihre Kindersitze heben können. Die Forderung nach »Sportlichkeit« musste der Vater schon in einem frühen Stadium der Produkteingrenzung streichen. Für fünfköpfige Familien werden gerade noch bezahlbare Fahrzeuge nach der Designerregel »*form follows function*« gebaut.

Ihr neues Gefährt nennen die Eltern nur ihr »Narrenschiff«. Wie in anderen Familien eher die Mutter, sitzt unser Mann übrigens hinten. Nach den ersten Wochen war er den ewigen Fahrerwechsel leid, wenn er seiner Frau das Steuer überlassen musste. Sie ist einfach die bessere Einparkerin. Den Beifahrersitz wiederum blockiert das neue Baby, das dem Zugriff ihrer großen Schwestern entzogen werden musste. Das ständige Umdrehen während der Fahrt, um Handgreiflichkeiten auf der Rückbank gegen die Dritte im Bunde abzuwehren, hatte beinahe zu einem Unfall geführt. Zudem wurden Zerrungen im Nacken- und Schulterbereich chronisch.

Die Zwillinge reagieren auf die Konkurrenz je nach Temperament. Fanny mit lauter Eifersucht: Sitzt Rosa auf dem Schoß, will sie es auch; wird Rosa gestillt, will sie zumindest aus ihrem alten Babyfläschchen trinken; morgens wird die »Lerche« noch früher wach, um ihr Aufmerksamkeitsdefizit auszugleichen. Lilly wiederum beißt tausend Schnuller durch, beißt auch Fanny, die es – in diesem Punkt leider ganz der Vater – ohne Gegenwehr geschehen lässt. Abends schläft die »Eule« Lilly noch später ein und verlangt nach ausgiebigem Händchenhalten. Fanny wiederum, die gerade zu einem etwas ruhigeren Schlaf gefunden hatte, steht nachts alle paar Stunden im Bett – und schreit.

Im Vergleich zu Dramen, die sich in Familien aus dem Krippen-Kreis ereignen, hält sich die Eifersucht der Zwillinge auf ihre Schwester in Grenzen. Der Vater jedenfalls ist froh, dass Rosa nicht das Schicksal von Michael, einem goldigen Jungen aus der Nachbarschaft, erleidet. Der Kleine wurde von seinem großen Bruder Paul einfach im Maxi-Cosy auf den Balkon geschoben, damit er, wie Paul den entsetzten Eltern erklärte, »frische Luft kriegt«. Mitten im Winter.

Von einem »Entthronisierungstrauma« sprechen die Psychoanalytiker, wenn ein weiteres Kind die Kreise des Zuvorgeborenen stört. Durch Rosa fühlen sich die Zwillinge, bislang Prinzessinnen am elterlichen Hof, abrupt entmachtet. Statt im Mittelpunkt zu stehen, müssen sie um Zuwendung, Zeit und Zärtlichkeit mit dem Neuzugang konkurrieren. Anders als Einzelkinder haben die Zwillinge jedoch einen großen Vorteil: Beim Sturz vom Thron können sie sich gegenseitig trösten.

Eltern, die ihre Kinder deshalb gleich auf die Couch legen wollen, rät Experte Remo Largo zur Gelassenheit. »Es gibt keine erzieherische Patentlösung für solche Situationen. Erfahrungsgemäß gibt es am wenigsten Reibereien, wenn die Eltern es so weit wie möglich den Kindern überlassen, wie diese sich zusammenraufen wollen.« Die Welt, so sieht es Largo, sei nun mal ungerecht. Das Schicksal des jüngeren Geschwisters sei es manchmal, sich dem »Diktat« der älteren Kinder unterzuordnen. Nur ausnahmsweise, meint Largo, sind Kinder »solche Diktatoren, dass das jüngere Geschwister vor ihnen geschützt werden muss. Ein Vorteil springt dabei auch für das Jüngere heraus: Die älteren Geschwister dienen ihm in vielerlei Hinsicht als Lehrmeister.«

Eine Hackordnung gibt es auch unter Zwillingen, die – trotz oder gerade wegen ihrer Innigkeit – sogar in erbitterte Feindschaft umschlagen kann. Bei drei Vierteln aller Zwillingspaare dominiert einer den anderen – oft gibt das Erstgeborene den Ton an. Bei besonders geplagten Eltern, zu denen der Zwillingsvater zählt, sind beide dominant und schreien beide gleich laut.

Obwohl es unglaublich scheint: Familien mit mehr als zwei Kindern genießen auch nicht gering zu schätzende Vorteile. Wer etwa an einem Samstag in die Hamburger Innenstadt muss, weil neue Schuhe für die Kleinen längst überfällig sind und zum gemeinsamen Einkauf nur der Samstag als klassischer Familientag bleibt, der muss sich um einen Platz in einem Lokal meist keine Sorge machen. Für Großfamilien ist oft ein Tisch frei: direkt an den Toiletten – wer Kinder hat, ist den Geruch ja gewohnt. Stolz verweisen Raststätten darauf, ihre Hygieneräume mit Wickelflächen aufgerüstet zu haben (»Bitte klappen Sie die Ablage auf den Abort«). An wickelnde Männer denkt dabei offensichtlich niemand. So zwingen volle Hosen seiner Kleinen den Vater das erste Mal seit der Pubertät wieder auf die Damentoilette. Wie damals ist der Gang eine Mutprobe. Auch wenn heute niemand mehr etwas sagt, hat er das Gefühl, so manche Frau wolle wie damals entsetzt aufkreischen: »Raus hier!«

Mit Glück findet sich im Lokal aber auch ein Familientisch direkt gegenüber der Essensausgabe. Da sind die Gerüche vielfältiger, mischt sich das Schreien der ungeduldigen Kinder mit den Kommandos aus der Küche. Wenn die Teller anderer Leute vor ihren hungrigen Augen vorbeigetragen werden, können die Kleinen früh lernen, was Leben heißt: Geduld aufbringen. Die Zuvorkommenheit des Personals (»Diese Pommes frites sind noch nicht für euch« oder »Das Eis ist für den älteren Herrn da drüben«) ist kaum dazu angetan, den Reizgrad der Kinder zu senken. Der TV-Koch Tim Mälzer nannte Familien, die ein Restaurant besuchen, »eine Randgruppe« – und verbrennt sich an der Bemerkung die Zunge. Doch auch wenn es kaum jemand gerne hört: Recht hat er. Leider. Der Vater bleibt die Ruhe selbst, seit er vor solchen Ausflügen drei Baldrian schluckt. Dass die Schorle vom Tisch gefegt wird oder der Salzstreuer auf dem Boden landet, juckt die Kellnerinnen nicht. Sie wissen: Ein scharfer Blick hinüber zum Vater, dem nach einer halben Stunde vergeblichen Wartens dann doch der Schweiß auf der Stirn steht, genügt – und schon taucht er unter den Tisch ab. Einmal Putzerfisch, immer Putzerfisch.

Erstaunlicherweise macht das dem Vater alles nichts mehr aus, selbst als er keine Beruhigungspillen mehr schluckt. Er hat sich damit abgefunden, ein Lebenslänglicher zu sein. Gott sei Dank ist nicht jeder Tag ein Samstag und klingt auch das längste Wochenende einmal aus. Samstagabends tot um neun ins Bett zu fallen und zu wissen, dass noch ein ganzer Sonntag durchgestanden werden muss, löst bei ihm Sehnsucht nach der Sechstagewoche aus. Ausgerechnet in seinem Geburtsjahr 1956 wurde von den Gewerkschaften die Aktion »Samstags gehört Vati mir« aufgenommen. Er kann sich einfach nicht vorstellen, dass sein Vater darüber wirklich glücklich war. Er jedenfalls hätte nichts dagegen, samstags zu arbeiten und es sich dafür in der Woche, wenn die Kinder in der Krippe sind, in der Stadt richtig nett zu machen. Sonntagabends jedoch kuschelt er sich höchst zufrieden ins Bett: wieder ein Wochenende überlebt, immer noch nicht geschieden und nur noch ein paar Stunden, bis er sich wieder ins Büro trollen kann. Auch wenn er auf der Redaktionsgaleere nicht den Schlegel schwingen, geschweige denn auf dem Sonnendeck lümmeln oder gar Wasserski fahren darf – nach 48 Stunden Intensiv-Vaterschaft sehnt er sich geradezu nach dem geregelten Leben an Bord. Was sind schon ein paar Peitschenhiebe gegen drei Kleinkinder rund um die Uhr?

Wahrscheinlich müssen es Eltern einfach nur machen wie Beppo der Straßenkehrer in Michael Endes Buch »Momo«, der »langsam, aber stetig« seine »sehr notwendige Arbeit« verrichtet: bei jedem Schritt einen Atemzug und bei jedem Atemzug einen Besenstrich. Und gerade bei sehr langen Straßen, weiß Beppo, darf man »nur an den nächsten Schritt denken, an den nächsten Atemzug, an den nächsten Besenstrich. Und immer wieder nur an den nächsten.« Vielleicht sollte er sich das auch einmal fürs Büro vornehmen, wo er noch 15 Jahre vor sich hat. Erst jetzt, da er selbst Vater ist,

erahnt er, wie sehr andere Väter eine Entlassung als Todes-
stoß empfinden müssen. Je mehr Kinder, desto tödlicher.

Stetlg fegend schaffen es die Eltern schließlich, mit drei
Kindern in den Urlaub zu fahren, auch wenn er sich davor
ein wenig fürchtet, schließlich gilt Familienurlaub als Urlaub
unter erschwerten Bedingungen: keine Krippe, keine Nanny,
nicht mal die Oma – dafür aber Kinder, die sich im Mini-
Club partout nicht bespaßen lassen wollen. Nach langem
Suchen finden sie eine Familie, die sich auf gemeinsame
Ferien mit ihnen einlässt. Während sich Paare mit Einzelkindern leicht zusammentun, sind Kinderreiche nicht nur
bei der Wohnungssuche, sondern auch in Sachen Freizeit
schwer vermittelbar. Wer hütet schon drei Schwersterzieh-
bare zusätzlich zum eigenen Balg, nur damit die anderen
einen Nachmittag allein an den Strand können? Zudem
müssen auch die Eltern zueinander passen. Mehrfacheltern
mit latenter Dauerreizung gelten an der Sympathie-Börse
als hoch spekulativ. Glücklicherweise gibt es unter den
Eltern der »Strubbelkinder« auch Spielernaturen wie Silke
und Ralf. Silke, die Psychologin ihres Vertrauens, hält die
Urlaubskonstellation für eine »interessante Fallstudie«. Ihr
Mann ist auch ein Putzerfisch und schwimmt Frau und Tochter hinterher, zur Not auch in den Urlaub mit Kinderreichen.

So landet der Vater dann zu Weihnachten auf einer Rent-
nerinsel, in einem Ferienclub, den er in seinem früheren
Leben niemals betreten hätte. Nun steht er mit Männern am
Buffet, die Ringo heißen, T-Shirts mit dem Aufdruck »Dom-
Rep 96« und schwarze Socken zu braunen Sandalen tragen.
Um die letzten Sonnenschirme am Strand balgt er sich mit
Vätern, die goldene Kettchen am Handgelenk haben und
kleine funkelnde Stecker im Ohr, manche auch große Ringe.
Und dass es noch immer Typen mit Minipli gibt, jener Frisur
aus kleinsten Locken, wie Atze Schröder und angeblich auch
Rudi Völler sie tragen, hätte er wirklich nicht gedacht.

Andererseits sind diese Männer sympathisch solidarisch. Sie leihen ihm ihre Sonnencreme und lassen ihn aus ihrem Sangria-Sieger-Eimer trinken, obwohl er beim Sandburgen-Wettbewerb den letzten Platz belegt hat.

Gemein ist ihnen allen, dass sie sämtlich vorher anders Urlaub gemacht haben: die einen am Ballermann, die anderen in Heiligendamm, die einen schwärmen von den Uffizien in Firenze, die anderen von den Stränden der karibischen DDR, der Deutschen Dominikanischen Republik. Alle trinken darauf, dass sie nie gedacht hätten, mal in so einem Club zu stranden, bis dann die Kinder kamen.

Die Kleinen haben auf jeden Fall ihren Spaß. Und ist es nicht eine Freude, wie gut sie im Urlaub essen? Vogeleltern gleich flattern der Mann und die Frau morgens und abends zwischen Essensausgabe und Tisch hin und her, um ihre Grünschnäbel zu stopfen. Erst, wenn auch dem phantasievollsten ihrer Kinder keine Pfannekuchen- oder Eisvariation mehr einfällt, mit der es die Eltern noch schikanieren könnte, verspüren beide die Kraftlosigkeit ihres Flügelschlags.

So sitzt er abends da, der erschöpfte Vater, im zu engen T-Shirt (»New York Marathon 1989«), mit seinen weißen Waden in Shorts, und schaut über seine zweite Portion Pudding und das dritte Glas Wein hinüber zu Ralfi, der sein Geld mit dem weltweiten Verkauf von Prothesen verdient, und zu Silke, der Entwicklungstherapeutin, die seit drei Jahren von ihrer Tochter lernt, was Erziehung ist. Und er blickt hinüber zu seinen Kindern, die seit Aglajas Geburtstag englisch singen können und allen im Speisesaal »Häbbi du juh« zuprosten; mit dem »Birthday« klappt es noch nicht so ganz. Aber es hat ja auch niemand in ihrer Runde Geburtstag, sondern die Kinder haben nur ihren Spaß. Alle rufen: »Rosa, klatsch doch mal«, und Rosa patscht ihre Hände zusammen, glücklich, der Mittelpunkt zu sein.

Auch den Vater durchströmt ein wohliges Gefühl. Und er weiß, dass es nicht der Wein ist. Es ist die Dankbarkeit für den Anblick dieser Kinder. Es ist die Dankbarkeit auch für die Erinnerung an den Geruch seiner alten Bausteinkiste, der ihm nach über 40 Jahren gleichsam wieder in die Nase steigt, wenn er mit seinen Töchtern bunte Türme baut. Es ist die Dankbarkeit für die Gnade, sich abends, wenn er spät nach Hause kommt, an ihre Betten stellen zu dürfen. Dann schließt er die Augen und atmet tief ein, diesen Geruch von Unschuld und Neugier, von unbekümmerter Liebe und unverstellten Gefühlen. Ja, er kann seine Kinder gut riechen.

In solchen Momenten versteht der Vater jene Eltern, die an Kindern nicht genug bekommen können, so wie ihr Freund Markus. Der wünscht sich noch ein viertes Kind, als »Genusskind«, jetzt, wo seine Drillinge in die Schule gehen. Aber da macht Markus' Frau nicht mit. Sybilla sehnt sich danach, wieder als Ärztin zu arbeiten, steigt gerade wieder ein ins Berufsleben. Beim späten Vater verbietet die just erfolgte Operation jeden Gedanken an weitere Vermehrung. Gut so, denkt er dann, dass er sich dieser Frage nicht mehr stellen muss. Sonst wäre die Perpetuierung der Kindlichkeit ein zu verführerischer Gedanke.

Im Bewusstsein der ungeteilten, uneingeschränkten Väterlichkeit, wenn er auf die vor ihm schlafende Unschuld blickt, verdammt er sich dafür, so ungeduldig zu sein mit sich. Wie oft hat er ersehnt, dass die Zeit endlich vergehen möge: die Zeit, bis sie endlich schlafen, bis seine Frau nach Hause kommt und ihn auslöst, bis er wieder ins Büro darf, bis sie endlich aus dem Schreialter raus sind, auf dass dieser schier endlose Krampf mit den Kindern und den ganzen daraus folgenden Widrigkeiten ein Ende habe. In solchen Momenten steigt in ihm die Angst hoch, dass schon bald alles vorbei ist, dass er sich – früher, als ihm jetzt und hier lieb ist – nach dem sehnen wird, was er noch soeben nicht schnell genug abschütteln konnte.

Dann legt er sich nieder vor den Betten seiner Kinder, sucht nach den Händen seiner Mädchen, streichelt ihnen die Wange, streicht über ihr Haar. Die Gnade des Schicksals ist ihm in jenen Minuten nur allzu bewusst. Dazu muss er gar nicht erst an liebe Menschen wie Tina und Lars denken, bei denen alles anders kam, als sie erwartet hatten. Sie wollten dieses Kind, ihren Luc, so wie sie Colin gewollt hatten. Und sie wollen Luc auch weiterhin, obwohl er auf so andere Art besonders ist, als sie erhofften. Er wird vielleicht nie wie Colin spielen, lernen, leben. Er wird auf sie angewiesen sein, sein Leben lang. Aber sie wiegen ihren Luc, ihren lucky Luc, in ihren Armen, streicheln und umsorgen ihn, wie nur liebende Eltern ein behindertes Kind annehmen können. Auch wenn das Bild von ihrem Luc, wie sie es sich ersehnt hatten, verloschen ist – in ihren Herzen leuchtet ihr kleiner » Stern « umso heller weiter. Sie müssen sich neu orientieren, ihr ganzes Leben anders ausrichten – Luc weist ihnen den Weg.

Welche Nackenschläge, fragt sich unser Vater, werden seine Familie wohl noch treffen? Ob sie noch mal so ein Glück haben wie im Urlaub, als die eine Zwillingstochter aus einer offenen Terrassentür hinunterstürzte, kopfüber auf den Waschbeton neben dem Hotelpool? Hilflos sah er seine Tochter fallen – und für den Rest ihres Lebens im Rollstuhl sitzen. Wenn sich Unglück durch Flehen bannen ließe, der Vater würde täglich in die Kirche gehen. Aber so billig ist Gottes Gnade nicht zu haben.

So hält er den Atem an, möchte die Zeit zum Stillstand bringen. Diese verfluchte Zeit. Wenn er sich für den letzten Atemzug seines Lebens etwas wünschen dürfte, dann möchte er diese Augenblicke noch einmal durchleben. Noch einmal zurück dürfen an diese Kinderbetten. Seine Mädchen noch einmal riechen dürfen. Noch einmal diese Glückseligkeit atmen. Er erahnt, was der Dichter Heinrich Heine gemeint haben könnte mit den Worten: »Der Sinn des Lebens ist das Leben selbst.«

Dass er viel zu oft an den Beruf denkt, dafür können die Kinder nichts. In solchen Momenten schwört er, sie nicht unter seinen Sorgen und Ängsten leiden zu lassen. Und schon gar nicht wird er ihnen irgendeine Schuld zuweisen an seinen Verunsicherungen. Mit denen lebt er schon lange, nur dass er als Vater weniger Zeit hat, sie zu bannen. Die Kinder kosten nun mal Aufmerksamkeit und Kraft, die er früher in die Festigung seiner Position investiert hat. Einer der Ersten im Büro gewesen zu sein, als einer der Letzten zu gehen, das gab ihm Sicherheit.

Und dann ist da noch das Alter, das ihm zusetzt. Selbst ansonsten unbezwingbare Helden wie Indiana Jones werden grau. »Wir sind jetzt in einem Alter«, muss der berühmteste Archäologe der Filmgeschichte in seinem neuesten – und wohl auch letzten – Abenteuer erkennen, »in dem uns die Dinge nicht mehr gegeben, sondern eher wieder genommen werden.«

Unser Vater muss keine verlorenen Schätze und Kristallschädel mehr suchen. Der Alltag mit Kindern ist dem späten Vater Abenteuer genug. Er verschafft ihm Erfolgserlebnisse, von denen er früher nicht zu träumen gewagt hätte. Ist es nicht wunderbar, zum ersten Mal einen Kinderwagen repariert zu haben? Der Reifen war platt, aber bei ihm war nicht die Luft raus. War er nicht mächtig stolz gewesen, dass er, statt den Schwager herbeizutelefonieren, selbst Hand anlegte? *L'aventure dans la rue* – das Abenteuer liegt vor der Haustür, und wenn's ein rostiger Nagel ist.

Er habe so etwas wie eine »gereifte Resignation« entwickelt, sagt die kundige Freundin Silke. Er formuliert es mit Kafka: »Heiraten, eine Familie gründen, alle Kinder, welche kommen, hinnehmen«, schreibt der in seinem »Brief an den Vater«, sie »in dieser unsicheren Welt erhalten und gar noch ein wenig führen ist meiner Überzeugung nach das Äußerste, das einem Menschen überhaupt gelingen kann«. Und ist ihm da nicht wirklich etwas gelungen? Sind seine Töchter nicht über alle Honorierungslücken hinweg der größten Bonus, den das Leben überhaupt zu bieten hat?

Es sind die Momente, die für den späten Vater zählen, die er zu entdecken und zu schätzen lernt und die er sich in den Augenblicken des Selbst-Seins vor Augen führt: Wie er vor einigen Wochen das erste Mal mit seiner Frau wieder bei Daniel war, in der »Brasserie Cassis«. Hier haben sie sich früher mit Freunden unter den Tisch getrunken. Jetzt erfreuen sie sich an einer kleinen Flasche Roten – bis um elf die Oma anruft, weil Rosa nicht einschlafen will. Egal, sie waren wieder da. Und haben sie nicht kürzlich, zu bestem Europameisterschaftswetter, beim »Etrusker« draußen getafelt, wie die Paare, die er früher so beneidet hat? Unter dem Sonnenschirm haben sie gegessen, er mit einem Glas Weißwein, sie mit einem Cappuccino, fast wie ein Luder, während ihre Kinder mit bunter Kreide den Bürgersteig ausmalten. Und hat er es nicht genossen, wie ein Pärchen im Vorbeibummeln zu ihnen herübersah, so wie er damals in ihrer In-vitro-Zeit auf solche Paare mit Kindern blickte? Ja, er hat.

Und so sitzt er da, an diesem Abend seines ersten Familienurlaubs, unser später Straßenkehrer und Rest-Lebenslänglicher und spürt, wenn er den Blick schweifen lässt und ganz bei seiner Familie ist und zugleich auch ganz bei sich, dass seine drei kleinen Racker mehr sind als seine verspätete Reifeprüfung. Sie sind ein Segen. Um ihretwillen wird er sich für nichts zu schade sein. Zur Not geht er Steine kloppen.

Und weil es ihren kleinen Kinderseelen eine so große Freude ist, muss er ihnen jetzt noch einmal erzählen, was neulich passiert ist:

Da kommt der Papa also aus dem Krankenhaus nach Hause und setzt sich morgens aufs stille Örtchen. Und wer stört ihn da? Die Fanny, die Lilly und die Rosa.

Und was sehen die drei da? Was musste der Papa nach seiner Operation noch tragen?

Da überschlagen sich die Zwillinge fast mit ihren Kinderstühlen, und ihre Freundin Aglaja hat Mühe, sie noch zu übertönen: »Windel! Papa Windel!« Und Rosa klatscht dazu, natürlich.

Das halbe Restaurant dreht sich nach ihnen um, der Vater bemerkt es nicht. Seine Frau, die ihre Kinder im Blick hat, greift nach seiner Hand, der Hand ihres Mannes. Liebevoll küsst sie ihn, ganz seine Frau, aufs Ohr. Er hört ihren Satz nicht, sie weiß aber, dass er ihn verstanden hat: »Willkommen im Leben.«

Nachtrag

*D*ieses bescheidene Werk entstand unter erschwerten Bedingungen. Deshalb will es weder an den scharfen Kriterien des Sachbuchs noch an den Maßstäben der Literatur gemessen werden. Manches wurde früh morgens mit einem Kind auf dem Arm in den Computer getippt. *»Fanny, lass das!«* Anderes mitten in der Nacht zwischen den Einsätzen im Kinderzimmer auf Karteikarten geschrieben. *»Lilly, Ruhe jetzt!«* Oder während des versonnenen Spiels meiner Kinder diktiert. *»Runter da, Rosa!«* Zu einem Buch wurden die Notizen im Jahresurlaub 2008, der sehr erholsam war, da mich meine Frau von der Kinderbetreuung weitgehend freigestellt hatte. Im Gegenzug fließen Esther alle Einnahmen aus dem Verkauf des potenziellen Bestsellers zu.

Aus familiären wie beruflichen Gründen gezwungen, mit Zeit und Kräften zu haushalten, wählte ich die schlichte Form der wahrheitsgetreuen Niederschrift des Erlebten. Wie der berühmte Bekenner Felix Krull habe auch ich mich »entschlossen, bei meinen Aufzeichnungen mit dem vollendetsten Freimut vorzugehen und weder den Vorwurf der Eitelkeit noch den der Schamlosigkeit dabei zu scheuen. Welcher moralische Wert und Sinn wäre auch wohl Bekenntnissen zuzusprechen, die unter einem anderen Gesichtspunkt als demjenigen der Wahrhaftigkeit abgefasst wären!« Ich allerdings räume ein, um der Unterhaltung willen gelegentlich scharf kontrastiert und auch Zuspitzungen nicht vermieden zu haben; mich in die Nähe eines Hochstaplers zu rücken, der Thomas Manns Romanheld war, wäre allerdings höchst ungerecht. Völlig frei erfunden ist nämlich so gut wie gar nichts.

Sollten meine Bekenntnisse daher Konsequenzen haben, halte ich meinen Kopf dafür hin. Aber darauf kommt es nun auch nicht mehr an.

Ein allerletzter Satz

Außer dem lieben Gott möchte ich auch einigen Menschen danken, etwa Annick Horn und Wolf Michel, die mit einem glücklichen Händchen in vitro zusammenführten, was wohl zusammenwachsen sollte, Timm Schlotfeldt, der als Frauenarzt auch den schwangeren Vater betreute, sowie Kurt Hecher und Gerhard Ortmeyer, die kaiserlich schnitten, bevor Leah Bianchini, Stefan Renz und Volker Petersen, Markus Hess, Claudia Reiter sowie Arne T. Dippel und Michael Jaehne über mehr als die üblichen Kinderkrankheiten hinweghalfen, während die liebe Familie aus Hannelore Göttling-Jakoby, Guido Göttling (danke fürs Kinderwagenreifenflicken), Egon und Ines Göttling sowie Jutta Bednarz mit Juliane und die wunderbare Janne Würfel uns im Versorgungsalltag beistanden, unterstützt von Regine Wolf mit dem Team der »Strubbelkinder« und guten Freunden wie Silke und Ralf sowie Anke und Frank, aber auch von gutmütigen Nachbarn des Epizentrums wie Melanie und Daniel, Rada und Semjon, Jutta und Thorsten, Hanna und HD sowie Thea und Eddie, die uns gegenüber mindestens so große Nachsicht zeigten wie meine Vorgesetzten im SPIEGEL, allen voran Gerhard Spörl und Hans Hoyng, und die mit vielen anderen Freunden, Bekannten, Kolleginnen und Kollegen regen Anteil nahmen an meinem Schicksal als später Vater, dessen Buchpotenzial Stephanie Ehrenschwendner erkannte, was dazu führte, dass Sabine Krecker und Angelika Mette beim SPIEGEL-Verlag sowie Julia Hoffmann und Thomas Rathnow bei der Deutschen Verlags-Anstalt schließlich ein von Claudia Pache und Susanne Bahr sorgfältig ausgeschriebenes, von Heinz Egleder auf grobe Unrichtigkeiten geprüftes, vor allem aber von Norbert F. Pötzl akribisch und umsichtig vorlektoriertes Manuskript in die endgültige Form bringen konnten – womit auch der längste Satz mal ein Ende haben muss.

Literaturhinweise

Für Anregungen und sachdienliche Informationen danke ich etlichen Kolleginnen und Kollegen in zahlreichen Redaktionen, aus deren Artikeln ich viel gelernt und mich großzügig bedient habe, sowie den Autoren der nachfolgend aufgeführten Bücher und Studien, deren Lektüre ich nur empfehlen kann.

Aanderud, Catharina: »Schatz, wie war dein Tag auf dem Sofa? Hausfrau – die unterschätzte Familien-Managerin«. München 2006

Biddulph, Steve: »Das Geheimnis glücklicher Kinder«. München 1994

Biddulph, Steve: »Weitere Geheimnisse glücklicher Kinder«. München 1998

Bombeck, Erma: »Nur der Pudding hört mein Seufzen. Freuden und Leiden einer Hausfrau und Mutter«. Bergisch Gladbach 1978

Bombeck, Erma: »Wenn meine Welt voll Kirschen ist, was tu ich mit den Kernen?«. Bergisch Gladbach 1987

Robert Bosch Stiftung: »Starke Familie. Bericht der Kommission ›Familie und demografischer Wandel‹«. Stuttgart 2005

Bovet, Theodor: »Die Ehe, ihre Krise und Neuwertung. Ein Handbuch für Eheleute und ihre Berater«. Tübingen 1952

Brandstätter, Nadja; Freude, Georg; Frank, Euke: »Späte Mütter, späte Väter. Babyglück im besten Alter«. Wien 2004

Brinck, Christine: »Mütterkriege. Werden unsere Kinder verstaatlicht?«. Freiburg im Breisgau 2007

Broder, Henryk M.: »Der jiddische Tate«, in: »Kursbuch«. Berlin 2000

Bundesverband der deutschen Standesbeamten e. V.: »Hausbuch für die deutsche Familie«. Frankfurt am Main 1950

Bundeszentrale für gesundheitliche Aufklärung: »männer leben. Studien zu Lebensläufen und Familienplanung«. Köln 2004

Deckenbach, Karin: »Die Mutterglück-Falle. Warum wir unser Familienbild ändern müssen«. München 2006

Deupmann, Ulrich: »Die Macht der Kinder«. Frankfurt am Main 2005

Dreikurs, Rudolf; Solz, Vicki: »Kinder fordern uns heraus. Wie erziehen wir zeitgemäß?«. Stuttgart 2005

Düffel, John von: »Beste Jahre«. Roman, Köln 2007

Elschenbroich, Donata: »Weltwissen der Siebenjährigen. Wie Kinder die Welt entdecken können«. München 2002

Elton, Ben: »Inconceivable«. Roman, London 1999

Freudenberger, Herbert; North, Gail: »Burn-out bei Frauen. Über das Gefühl des Ausgebranntseins«. Frankfurt 2005

Fröhlich, Susanne: »Moppel-Ich. Der Kampf mit den Pfunden«. Frankfurt am Main 2004

Fthenakis, Wasilios E.: »Elementarpädagogik nach Pisa. Wie aus Kindertagesstätten Bildungseinrichtungen werden«. Freiburg 2003

Gerhard, Ute u. a. (Hrsg.): »Erwerbstätige Mütter. Ein europäischer Vergleich«. München 2003

Gerster, Petra: »Reifeprüfung. Die Frau von 50 Jahren«. Berlin 2007

Gilbreth, Frank B., Junior; Gilbreth Carey, Ernestine: »Im Dutzend billiger. Eine reizende Familiengeschichte«. Roman, Berlin 1971

Graupner, Heinz: »Das Elternbuch. Ein Schlüssel zur Kinderwelt«. München 1955

Grigelat, Angela: »Auf einmal zwei. Leben mit Zwillingen«. München 2007

Handke, Peter: »Kindergeschichte«. Frankfurt am Main 1981

Hauenschild, Lydia: »Zwillinge, die doppelt süße Last. Ein Ratgeber für die Monate vor und nach der Geburt«. Leipzig 2004

Heye, Uwe-Karsten: »Gewonnene Jahre. Oder die revolutionäre Kraft der alternden Gesellschaft«. München 2008

Juul, Jesper: »Die kompetente Familie. Neue Wege in der Erziehung«. München 2007

Kafka, Franz: »Brief an den Vater«. Frankfurt am Main 1975

Kästner, Erich: »Das doppelte Lottchen«. Ein Roman für Kinder, Berlin 1949

Kast-Zahn, Annette; Morgenroth, Hartmut: »Jedes Kind kann schlafen. Vom Baby bis zum Schulkind: Wie Sie Schlafprobleme Ihres Kindes vermeiden und lösen können«. Ratingen 2004

Kerber, Bärbel: »Die Babyfalle. Weibliche Lebensentwürfe. Auf der Suche nach dem passenden Lebenskonzept«. Berlin 2003

Kröhnert, Steffen; Klingholz, Reiner: »Emanzipation oder Kindergeld? Der europäische Vergleich lehrt, was man für höhere Geburtenraten tun kann«, in: »Sozialer Fortschritt« (54) 12: 280–290, 2005

Kröhnert, Steffen; van Olst, Nienke; Klingholz, Reiner: »Deutschland 2020. Die demografische Zukunft der Nation«. Berlin 2005

Largo, Remo H.: »Babyjahre. Entwicklung und Erziehung in den ersten vier Jahren«. München 2007

Maier, Corinne: »No Kid. 40 Gründe, keine Kinder zu haben«. Reinbek 2008

Malpass, Eric: »Morgens um Sieben ist die Welt noch in Ordnung«. Roman, Hamburg 2007

Matzner, Michael: »Vaterschaft heute. Klischees und soziale Wirklichkeit«. Frankfurt 1998

Mitscherlich, Alexander: »Auf dem Weg zur vaterlosen Gesellschaft«. München 1973

Nebe, Volkmar: »Allein unter Spielplatzmüttern«. Roman, Hamburg 2007

Nebe, Volkmar: »Der Mann mit dem Bobby-Car«. Hamburg 2008

Rathgeb, Eberhard: »Schwieriges Glück. Versuch über die Vaterliebe«. München 2007

Rutschky, Michael: »Lebensromane. Zehn Kapitel über das Phantasieren«. Göttingen 1998

Schulz, Bettina: »Tochter Indira. Die Geschichte einer Adoption aus Indien«. München 2003

Spengler, Tilman: »Wenn Männer sich verheben. Eine Leidensgeschichte in 24 Wirbeln«. Hamburg 1998

Stammer, Heike; Wischmann, Tewes: »Der Traum vom eigenen Kind. Psychologische Hilfen bei unerfülltem Kinderwunsch«. Stuttgart 2008

Thomä, Dieter: »Väter. Eine moderne Heldengeschichte«. München 2008

Uflacker, Hannah: »Mutter und Kind«. Gütersloh 1956
Vinken, Barbara: »Die deutsche Mutter. Der lange Schatten eines Mythos«. München 2002
Walser, Martin: »Die Verteidigung der Kindheit«. Roman, Frankfurt am Main 1991
Winterhoff, Michael: »Warum unsere Kinder Tyrannen werden oder: Die Abschaffung der Kindheit«. Gütersloh 2008

Sollte tatsächlich eine Quelle, aus der ich schöpfen durfte, nicht aufgeführt sein, bitte ich um Nachsicht. Aber eines der ersten Opfer meines neuen Lebens war der alte Perfektionismus.

FSC

Mix
Produktgruppe aus vorbildlich
bewirtschafteten Wäldern und
anderen kontrollierten Herkünften

Zert.-Nr. SGS-COC-1940
www.fsc.org
© 1996 Forest Stewardship Council

Verlagsgruppe Random House FSC-DEU-0100
Das für dieses Buch verwendete FSC-zertifizierte Papier
Munken Premium
liefert Arctic Paper Munkedals AB, Schweden.

1. Auflage
Copyright © 2009 Deutsche Verlags-Anstalt, München,
in der Verlagsgruppe Random House GmbH
und SPIEGEL-Verlag, Hamburg
Alle Rechte vorbehalten
Typografie und Satz: DVA/Brigitte Müller
Gesetzt aus der Meridien
Druck und Bindung: GGP Media GmbH, Pößneck
Printed in Germany
ISBN 978-3-421-04388-7

www.dva.de